JN240876

地方消滅からの脱却

持続可能な地域をめざして

高崎経済大学地域科学研究所【編】
矢野修一【編著】

日本経済評論社

刊行に寄せて

　本書は、高崎経済大学地域科学研究所が取り組む主要事業の1つである「研究プロジェクト」の成果を結実させたものである。

　地域科学研究所は、前身である産業研究所と地域政策研究センターの統合を経て、2015（平成27）年4月に新たな姿で開設された。以来、地域科学研究所では、所属教員が学部の枠を超えて連携し、地域が直面する多様な課題に科学的な視座から取り組んできた。それぞれの専門性を活かした調査研究を進め、その成果を書籍として刊行することで、知見を広く社会に還元している。また、こうした活動を通じ、市民や県民、さらには事業者の皆様と成果を共有し、地域社会の発展や産業振興の基盤構築に寄与してきた。

　具体的には、「公開講座」や外部講師による「公開講演会」、高崎市の歴史や現状を市民・教員・学生が共に学び考える「地元学講座」、さらには地域理解を深めるための「地域めぐり（エクスカーション）」など、多彩な事業を展開している。これらの活動は、学術的な研究成果を社会と結びつける試みとして、高い評価を得ている。

　なかでも、「研究プロジェクト」は地域科学研究所の中核的事業であり、その成果はこれまでにも数多くの書籍として世に送り出されてきた。『富岡製糸場と群馬の蚕糸業』『地方製造業の展開——高崎ものづくり再発見』『日本蚕糸業の衰退と文化伝承』『空き家問題の背景と対策——未利用不動産の有効活用』『農業用水と地域再生——高崎市・長野堰の事例』『地方製造業の躍進——高崎発ものづくりのグローバル展開』『地方都市における中心市街地の課題——人口減少時代とまちづくり』（いずれも日本経済評論社）など、多岐にわたるテーマで地域社会への洞察を深めてきた。

　本書もまたその系譜に連なるものであり、「研究プロジェクト『日本における「持続可能な地域」実現の展望と課題——ガバナンスと域内経済循環の

観点を中心に』」による研究成果をまとめたものである。詳細については序章以降をご参照いただきたいが、「持続可能な地域社会」の実現は、少子高齢化や首都圏集中化が進む現代日本において喫緊かつ重要な課題である。本テーマはまた、多様な学問分野が交差する学際的領域として、学術的にも極めて意義深い挑戦でもある。

　本書が、地域社会の持続可能性に関する研究や実践に携わる方々にとって有益な知見となり、政策形成や地域づくりに寄与する一助となれば幸いである。

2025 年 3 月

高崎経済大学地域科学研究所

所長　佐藤　徹

高崎経済大学地域科学研究所編

『地方消滅からの脱却——持続可能な地域をめざして』

目　次

刊行に寄せて……………………………　高崎経済大学地域科学研究所所長　　iii

序　章　地域社会の持続に向けた課題と論点…………　矢野修一　　1

　はじめに　1

　1．「少子・高齢・格差国家」日本における地域　2

　2．持続可能な地域への課題　9

　3．本書の構成　16

第1章　地域社会の持続に向けた方法序説

　　　　　ショック・ドクトリンを超えて………………………　矢野修一　　25

　はじめに　25

　1．支配的イデオロギーに抗して　26

　2．ポシビリズムのすすめ　33

　3．地域の持続を支える具体的ナラティブ　39

　おわりに　45

第2章　分権改革下で地方財政はどのように変容したのか

　　　　　………………………………………………　天羽正継　　59

　はじめに　59

　1．地方分権改革の推移　60

　2．地方財政の変容　64

　おわりに　76

第3章　地域内経済循環の促進とその課題
　　　　デジタル–コミュニティ通貨の可能性……………………　宮﨑義久　81

　はじめに　81
　1．地域内経済循環をめぐる議論と方法　82
　2．日本における地域通貨の歴史的変遷　86
　3．地域内経済循環の実現に向けた取組──宮城県気仙沼市を事例として　91
　4．地域経済の新しいかたち　97

第4章　温室効果ガス吸収源対策と
　　　　山村の持続可能性をめぐる一考察…………　西野寿章　105

　はじめに──山村、林業の現局面　105
　1．政治経済のグローバル化と日本林業の変容　109
　2．森林環境税と見えない森林整備後の山村像　128
　3．山村の持続可能性を探求するための都市連携政策への視点　132
　おわりに　138

第5章　農業における季節労働力と外国人労働者
　　　　群馬県嬬恋村を事例として……………………………　永田　瞬　147

　はじめに　147
　1．先行研究と本章の課題　148
　2．農業分野における外国人労働者　151
　3．嬬恋村の産業構造とキャベツ生産　155
　4．嬬恋村における外国人労働者の役割　161
　おわりに　168

第6章　持続可能な地域社会と孤独・孤立問題
　　　　高齢者支援の事例から…………………………… 八木橋慶一　173

　はじめに　173
　1．わが国における孤独・孤立対策の動き　175
　2．孤独・孤立問題と「終活」　177
　3．行政・社会福祉協議会による終活支援　184
　4．民間による孤独・孤立対策——NPOと自治会との連携の事例から　188
　おわりに　191

第7章　持続可能な社会に向けた柔軟な働き方
　　　　女性の在宅就業を中心に…………………………… 佐藤英人　199

　はじめに　199
　1．女性の労働参加と在宅就業を巡る議論　200
　2．研究方法　203
　3．コロナ禍前後における女性在宅就業者の動向　203
　4．分析対象者の属性　207
　5．居住地分布の比較　209
　6．コロナ禍における在宅就業の優位性　211
　おわりに　217

第8章　前橋市戦災復興における住宅建設と市民…… 小林啓祐　221

　はじめに　221
　1．戦災復興計画立案前の住宅復興と前橋市政　225
　2．前橋戦災復興土地区画整理の実行と罹災者　228
　おわりに　235

第9章　タンザニアの自律的なエネルギー生産と消費
　　　　農村部の自家水力発電………………………………… 黒崎龍悟　241

　　はじめに　241
　　1．タンザニアの電力事情の概要　243
　　2．ルデワ県の農村にみられる自家水力発電　244
　　3．ルデワ県におけるミニグリッド・プロジェクトの展開　246
　　4．ミニグリッド・プロジェクトと自家水力発電の関係　252
　　おわりに　258

あとがき…………………………………………………… 矢野修一　265

序章

地域社会の持続に向けた課題と論点

矢野 修一

はじめに

　本書は、高崎経済大学地域科学研究所の研究プロジェクト「日本における「持続可能な地域」実現の展望と課題——ガバナンスと域内経済循環の観点を中心に」（2021～23年度）の成果報告書である。高崎経済大学経済学部・地域政策学部の専任教員を中心に、様々な専門分野の研究者が集う本研究プロジェクトは"Sustainable Community Project"の頭文字をとって、この間、「SuCoP」と称してきた。

　SuCoPは、少子化・高齢化・首都圏集中化が進み、「地方消滅」とまで騒がれる現代日本の現実を可視化し、「持続可能な地域」を実現するための経済的・制度的・思想的基盤を探ることをテーマとして開始された。

　昨今の世界情勢に鑑みれば、冷戦終結後、およそ30年にわたり続いた「ポスト冷戦」は終焉を迎えたと言ってよい。各経済主体がひたすら目先の経済合理性を追求する新自由主義的グローバル化を支えてきた土台は大きく揺らいでいる。こうしたなか、日本における地域の持続は、ますます大きな、そして真剣かつ緊急に対応すべき課題となった。それは、けっしてノスタルジックな標語にとどまらない。

　食料やエネルギーの自給率を高め、水資源を確保する。森林など国土を保全し、自然災害に備えるとともに、脱炭素を少しでも進める。各地の多様な暮らしと文化を保持し、インバウンド観光需要にも応える。これらは、地域が持続してこそ実現できる。そして、地域の生業が維持されてこそ「健康で

文化的な最低限度の生活」を全国各地で営む条件が整う。

　さらには、日本政府も無視し得ないはずの「持続可能な開発目標（SDGs: Sustainable Development Goals）」の 17 ゴールは、すべて地域の持続可能性に関係している（南・稲場 2020：81-115）。2030 年までに本気で SDGs を達成しようとするなら、地域の持続を確かなものにせねばならない。

　ポスト冷戦が終結した今、地域の持続は、日本政府に課せられた「最低限度の義務」である。政府によっては、これまで確かに様々な取組がなされてきたが、必ずしも適宜適切に行われたとは言えない。危機を煽り、政府が上から競争を仕切ったところで、地域の持続に向けたダイナミズムなど生まれない。

　序章では、プロジェクトリーダーとして、SuCoP 研究の背景、市民開放で行われた具体的プログラムなどを紹介しながら、本書の意図や問題意識、概要についてまとめる。

1.「少子・高齢・格差国家」日本における地域

（1）人口減少と「地方消滅」——自治体間競争というレッド・オーシャン

　少子化・高齢化を伴う地方衰退・東京一極集中という問題は、今に始まったことではない。日本の総人口は 2008 年にピークを打ったが、生産年齢人口は、ポスト冷戦の初期、1990 年代半ばに減少に転じ、2007 年には超高齢社会に突入している。合計特殊出生率「1.57」がショッキングな事態として報じられたのは 1989 年だが、2023 年、それは「1.20」にまで低下した。総務省「住民基本台帳」によれば、2024 年 1 月 1 日時点において、日本人の人口は 1 億 2,156 万 1,801 人で前年比 86 万人以上の減少、前年より人口が増加したのは、東京都のみである。

　1985 年のプラザ合意以後、日本企業の海外進出が本格化し、企業城下町を中心に地域は疲弊した。バブルの崩壊はさらなる打撃となった。冷戦終結後の世界では ICT 革命にも導かれ、多くの産業において、サプライチェーンは、ますます国境を越えるようになった。

　新自由主義的グローバル化が進展するなか、日本は先進国の中で例外的に経済が停滞し、「失われた30年」に喘いだ。GDPは、今や中国・ドイツに抜かれて世界第4位に転落し、数年のうちにインドにも凌駕される状況にある。

　厚生労働省「毎月勤労統計調査」によれば、1人当たり実質賃金は2年連続で低下し、2023年度は前年比2.5%減となった。また厚労省が2024年7月に発表した「国民生活基礎調査」によれば、2022年の1世帯当たり平均所得金額は524.2万円で2年連続の下落、中央値は405万円、平均所得以下の世帯数が62.2%、300万円未満が36%である。59.6%の世帯が「生活は苦しい」と答えている。

　要するに、低成長が続く2020年代の今、日本は紛れもなく「少子・高齢・格差国家」となっている。

　自治体財政も苦境にある。総務省によれば、全国1,741市町村の2022年度「財政力指数」は平均0.49であり、指数が1を超えるのは71自治体にすぎない。これまで、中央からは地域振興策が矢継ぎ早に発せられたが、乱立したイニシアティブは、人口や経済成長率に関する現実離れした予測、新技術への過度な期待に基づくものが多く、地方は翻弄され続けた。それでも、人員・財源が窮迫するなか、様々な言説に危機意識を煽られ、地方は上からの処方箋に従わざるを得なかった。

　2014年、増田寛也を座長とする「日本創成会議」は、若年女性（20〜39歳）の人口に注目した将来予測から、896の自治体に対し「消滅の可能性あり」とする診断を下し、日本全国にショックを与えた（増田編著2014）。マスコミを動員しながら行われた地方消滅の大合唱に対して、数多くの反論が提起されたが（小田切2014；山下2014）、「消滅可能性都市」は2014年の新語・流行語大賞にノミネートされるほどのブームとなり、増田レポートは、政府による「地方創生戦略」の露払い役を演じた。補助金の恩恵にあずかるべく、世の中は、各自治体による似たような総合戦略で溢れかえった。

　2024年4月、民間の有識者組織「人口戦略会議」（三村明夫議長・増田寛也副議長）は、2023年12月に公表された国立社会保障・人口問題研究所の

「地域別将来推計人口」に基づき、2050 年までに 744 の自治体が消滅する可能性があると発表した（人口戦略会議 2024）。再びの消滅可能性診断だが、増田レポートから 10 年を経て、図らずも明らかになったのは、政府による地方創生と人口減少対策の同時展開が「失敗」したということであろう。「消滅可能性」で危機を煽り、自治体間の子育て世代獲得競争を取り仕切ったものの、人口減少にも、東京一極集中にも歯止めをかけられなかったのである。

政府が仕掛ける自治体間競争の問題点は、たとえば「ふるさと納税」という制度に、端的に現れている。

2008 年度に 81 億円の規模で始まったふるさと納税は、2023 年度には 1 兆円を超えるまで膨れ上がったが、返礼品と民間の仲介サイトへの手数料支払いで、寄付額の半分が消える。集まる寄付金は地域間で大きな偏りがあり、上位 100 の自治体（全体の約 5％）で総額の 45％を占める。逆に、首都圏の「ブラックホール型自治体」は税源浸食に悩まされている（『日本経済新聞』2024 年 8 月 3 日）[1]。

ふるさと納税については「寄付文化の醸成」「関係人口の創出・増加」「政府版クラウドファンディングの創設（代理寄付制度）」など、賛同する声があるものの（『日本経済新聞』2024 年 6 月 17 日）、「納税者の任意で住民税を自治体 A から自治体 B へ付け替える」という事実は動かない。返礼品に対する納税者の「人気」による配分では「公平性」は担保されないし、日本全体としては、税源が拡大するどころか、民間仲介業者に手数料を抜かれてしまう。財政が厳しいなか、制度が存在する以上、いかに問題があろうと、各自治体は官製通販競争に参加せざるを得ない（土山 2024：75）。

手数料名目で民間仲介業者が税収を奪取する新自由主義的な富裕層優遇制度との批判もあり、総務省は、2025 年 10 月からポータルサイトの特典ポイントを禁止する旨、発表したが（『日本経済新聞』2024 年 7 月 10 日）、制度の存続を前提とした弥縫策にすぎない。このままだと、土建国家時代と同様、ふるさと納税にまつわる利権が自治体・地元事業者・政治家・仲介事業者の間で構造化し、不毛な制度を変えようにも変えられなくなるだろう（土山2024：77-78）。

今や、ふるさと納税仲介ビジネスと消滅可能性自治体向けのコンサルティング・ビジネスが交差・融合し、「喰われる自治体」が懸念されている（『週刊東洋経済』2024 年 5 月 11 日号）。現状では、ふるさと納税によって日本全体で地方が活性化することはない。自治体間の財源共喰いであり、自治の機会をますます遠ざける（金井 2024：70）。この制度は、持続可能な地域の実現という課題の認識・対応をねじ曲げるものであるとすら言える。

政府主導の政策は、仕切り方を間違えば、各自治体を「レッド・オーシャン」に追い込み、「ない夢」を追わせるだけの競争になりかねない。条件不利地域がある以上、地域の持続に向け、財政制度を通じた再分配政策が必要なことは論を俟たないが、それを適切なものとするには、市民の継続的な関心と関与が不可欠である[2]。

（2）地域の紐帯形成と合理性の判断基準——新自由主義の黄昏

増田レポートは 2014 年の「まち・ひと・しごと創生法」を後押ししたが、10 年の時を経て、政府自身が「人口減少や東京圏への一極集中などの大きな流れを変えるには至っておらず、地方が厳しい状況にある」と認めざるを得なくなっている。そのうえで政府は、「残された課題」「新たな課題」「今後の推進方向」として、以下の 10 点を挙げている（内閣官房他『地方創生 10 年の取組と今後の推進方向』2024 年 6 月 10 日）。

① 東京圏への過度な一極集中への対応
② 少子化への対応
③ 地域の生産年齢人口の減少への対応
④ 地域資源を生かし、付加価値を高める産業・事業の創出
⑤ 地域における日常生活の持続可能性の低下などへの対応
⑥ 都市部と地方との連携機会の拡大
⑦ 大規模災害被害からの創造的復興に向けた貢献
⑧ 地方創生の取組に悩みを抱える自治体へのきめ細やかな支援
⑨ 地方創生の取組を加速化・深化するデジタル活用の更なる拡大

⑩ 地域・社会課題の解決に向けた規制・制度改革

　総花的に並べられる 10 の項目が相変わらずの重要課題であることは、誰も否定しないだろう。ただ、世界の政治経済状況が大きく変化するなか、金融・財政に対しアベノミクスがもたらした「異次元の重荷」を背負いつつ、今までどおりの御触書で対処するのは容易ではない。人口減少など、国家的課題であり、地域の工夫でどうにかなるものではない。

　では、地域の持続に向け、何をどうすればよいだろうか。どこから着手すべきだろうか。

　八方塞がりのような状況下、緊急事態を演出し、人々を諦めさせるイデオロギーが蔓延りがちだが、まずは、日本の歴史的経験や国内外各地域における日々の実践に可能性を求め、現実的な選択肢を広げる必要があるのではないか。魔法の杖は見当たらないものの、時代の変化とともに、合理性や可能性の尺度は大きく変わりうるのではないか。尺度が変われば、人々の日々の営みに新たな光を見いだせるのではないか。

　SuCoP に集うメンバーですべての課題をカバーできるわけではないし、紙幅も限られているが、本書では、こうした問題意識のもと、地域社会の課題を少しでも可視化し、課題解決の端緒なりとも発掘しようとした。

　2014 年当時、増田レポートにいち早く反論した小田切徳美は、農山村の空洞化が現実の問題であることは否定しなかった。日本の農山村では、確かに「人の空洞化（人口の流出）」「土地の空洞化（耕作放棄・担い手不足）」「むらの空洞化（集落機能の停滞）」が進んだ。

　しかしながら、だからといって「消滅」が運命づけられているわけではない。実際、「限界」集落では、様々な主体が、様々なやり方で地域の持続を図り、しぶとく生き残ってきた。増田レポートが罪深いのは、粗雑な手法によって特定の地方・農山村の消滅を展望して「諦め」と「誇りの空洞化」をもたらし、「農村たたみ」に拍車をかけるからである[3]。

　小田切は、グローバル化が進む今だからこそ、食料・エネルギー・水・森林を供給する日本の「戦略地域」として農山村を位置づけ、「低密度居住地

域」として捉えなおそうとする。そして、長年にわたる研究、全国各地での
フィールド調査に基づき、農山村の再生を図りながら国民の「田園回帰」を
促し、各地域それぞれに個性がある都市・農村共生社会を構築する必要性、
さらにはその現実性を説いてきた（小田切 2014）。

　基本的に本書でも、ここに示されるスタンスを共有するが、SuCoP を組
織するうえで大きな力となったのは、プロジェクトメンバーのひとり、西野
寿章の「町村営電気事業史研究」である（西野 2020）。

　強力な国家権力のもと裁量の余地が限られ、交付金はなく、起債条件も厳
しいとなれば、戦前町村の財政構造は非常に脆弱であった。にもかかわらず、
大電力資本に見放された農山村や離島の一部自治体は、どのような社会的・
経済的条件によって電気事業を設立し、経営したのか。どのようにして電気
供給の末端部（ラスト・ワンマイル）を形成したのか。西野（2020）は、戦
前・戦後日本の農山村における内発的な（町村営電気、住民出資の電気利用組
合・電灯会社による）地域電化の過程を明らかにした画期的研究である[4]。大
資本によらぬ地域電化を「自治的社会資本整備」ととらえ、その歴史を踏ま
えながら、中央集権的ガバナンスを克服する「地域主体の地域づくりモデ
ル」を構想している。SuCoP では、このスピリットを発展的に継承するこ
とを試みた。

　西野が明らかにしたように、町村営電気は、域内電化という当初の目的を
果たしたのみならず、収益を上げ、地方財政にも貢献した。諸富徹によれば、
戦前の大阪や現在のドイツでは、自治体が電力・ガス事業等を運営し、そこ
で得た収益をもとに、必要ではあるが採算のとりづらいその他の公共サービ
スを提供し、公益を実現してきた（諸富 2018）。町村営電気事業は、近年、
自治体の新たな経営手法として注目されている「シュタットベルケ」（都市
公社）の日本における先駆けとも言える。

　素朴な新自由主義においては、ホモ・エコノミクス（合理的経済人）が自
由競争を通じ私的利益を追求する「自己調整的市場」の効率性が前提される。
こうした見地に立てば、シュタットベルケなどは「非効率」「不採算」事業
の温存につながるのであり、それら事業の早期民営化というおなじみの処方

箋が下されるだけだろう。

　しかしながら、世界金融危機、大規模自然災害、COVID-19 のパンデミック、米中対立の深刻化、ウクライナ戦争、中東情勢の緊迫化などに現れているように、ポスト冷戦は終焉を迎え、新自由主義的グローバル化を後押しした状況は激変した。これに伴い、政府・自治体・企業・協同組織・個人など様々な主体が意思決定で準拠すべき合理性・効率性の尺度を再考する必要に迫られている。

　一般的に、食料・資源・エネルギー・肥料価格は高騰した。地政学的条件の変化から輸送路の変更を余儀なくされ、運賃・保険料率が上昇した[5]。経済安全保障や人権デューディリジェンスへの関心が高まり、企業はグローバル・バリューチェーンの再考を迫られるようになった[6]。総じて、近視眼的経済合理性を追い求めるグローバル化の前提は崩壊し、経済はデフレからインフレ基調に変化した。しかも日本においては、為替が不安定化し、事によっては構造的円安（≒円弱）にもなりかねない状況にある。

　こうしたなか、以前なら時代遅れだの、荒唐無稽だのと歯牙にもかけられなかったであろう地域に根差したチャレンジを再評価すべき時が来ているのではないだろうか[7]。

　合理性・可能性の判断基準は、もとより、きわめて環境依存的である。参照すべき時間軸・空間軸が変化すれば、各主体にとっての合理性や可能性の基準も変わる。時代が要請するのは、「いまだけ・ここだけ・自分だけ」の新自由主義的な発想・行動を変える「共通の関心」を長期的に育む具体的しくみである。

　日本の地域電化史が示唆するところでは、安価で安定的な電力供給とその収益による公共サービスがあればこそ、地域住民は協力金や出資に応じ「おらが電気エネルギー」に長期的視点から関心を持つようになった。「持続可能な地域」の実現には、短期利益至上の「株主資本主義（stockholder capitalism）」、中央や富裕層から滴り落ちる利益をただ待ち望む「おこぼれ資本主義（trickle-down capitalism）」、市民の当事者意識の醸成を阻む「おまかせ民主主義（delegative democracy）」を克服し、長期的・安定的経済基盤、各ス

テークホルダーの「関与・受益・責任」のシステムを構築するためのガバナンス改革が鍵となる[8]。昨今、「物言う株主（activist）」が注目されがちだが、戦争や災害からの復興・再生を含め、「持続可能な地域」の実現には、当事者意識を保持する「物言う市民」「物言う生産者」の連帯がより重要となるだろう。

　もちろん「地域の持続」「社会の変革」は、国家権力の争奪と同次元の課題ではない。変革の前提条件として権力奪取を掲げ、大文字の政治に頼りきったり、大きなプロジェクト、大きなイノベーションを待望したりするだけでは、状況は変わらない。一度の爆発的努力で社会を変えるのは無理である。

　地域の持続に向けては、日々のくらしのなかに政治と経済を見いだし、長期的視点で継続的に耕す努力が求められる。中央政府の仕掛ける虚実入り交じった緊急事態にひるむことなく、小文字の政治、プロジェクト・スモール・エックスにこそ光をあて続けなければならない（ハーシュマン 2008；矢野 2008；2011；2014）[9]。

　本書各章の議論のすべてが以上のような問題意識にそっくり沿うものではないが、これが SuCoP の起点となり、各種プログラムの背景をなしてきたのは確かである。

2.　持続可能な地域への課題

　高崎経済大学地域科学研究所の研究プロジェクトは、ただ何人かのメンバーで共同研究を行い、3 年の研究期間終了後、報告書を出版して終わりという企画ではない。研究年度進行中、様々な研究会や公開講演会を適宜開催し、プロジェクトメンバーのほか、学内外の研究者や一般市民、学生も交えながら論点を深め、テーマを共有・拡散するものである。少額とはいえ、正式に予算が付いている以上、地方の公立大学法人が行う地域貢献・社会貢献としての機能も求められている。

　SuCoP も 3 年間にわたり、各種公開イベントを実施し、こうした役割を

担ってきた。以下、補足説明を加えつつ研究会・講演会の内容を振り返り、持続可能な地域の実現に向けた様々な課題を確認していこう。

2021 年度

2021 年度は「公開」のイベントは自粛した。COVID-19 のパンデミックは全世界、各方面に大きな影響を与え、SuCoP の進行にも支障を来した。当初は、3 年の研究期間の 1 年目から、メンバー各自の調査・研究のほか、学内外から講師を招き、定期的に公開研究会・講演会を開催する予定だったが、2021 年度当初は、メンバー間でオンライン会議を開くのが精一杯であった。

それでも、11 月 20 日には、大島堅一氏（龍谷大学政策学部教授。肩書きは当時のもの。以下同様）に「炭素排出ゼロ時代の地域分散型エネルギーシステム」と題する基調報告をオンラインでお願いし、カーボンニュートラルに向けた国内外の政策動向について知見を深めた。安全対策や放射性廃棄物の処理などを含め、経済合理性を欠く原子力発電の衰退は不可避であり、脱炭素の実現には、徹底した省エネルギー、再生可能エネルギーを中心とするインフラ整備、その実現に向けた政策体系が必要となる（大島編著 2021）。

大島氏報告のとおり、3.11 以後、電力システムに関する「合理性」の判断基準を変えなければいけなかったし、実際に変えようとしたはずだが、国や財界は現在に至るまで、原発の再稼働のみならず新増設にも前のめりである。

東日本大震災を受けて、原発の運転期間を原則、稼働後 40 年・最長 60 年としていたはずの方針は転換された。エネルギーの安定供給と地球温暖化対策を錦の御旗に、2023 年には GX 脱炭素電源法を成立させ、「60 年超」の運転が可能となった。老朽原発の危険性を訴える専門家は多いものの、財界も原発新増設を支持しており、原発推進の流れは止まりそうにない[10]。

地方消滅の危機が煽られるなか、地域の持続を原発再稼働・新増設、放射性廃棄物受入れによって果たそうとする動きも止まない。リスクや負の財を引き受けるのと引き換えに国家から財政的支援を引き出そうとする考え方はいまだに根強い（齋藤 2013：38）。

2022 年度

翌 2022 年度も、前半はオンライン研究会が続いた。

7 月 2 日には、賀川豊彦による協同組合運動を「コモン」の観点から再評価する本山美彦氏（京都大学名誉教授／公益社団法人国際経済労働研究所所長）の報告「ロシアによるウクライナ侵攻から学ぶべき課題——農業自給率を高める」をめぐって議論を交わした。

当日は、賀川の「立体的農業」（傾斜地を含めた空間の活用、農業の多角化、地域資源の循環的活用など）や農民福音学校での人材育成の現代的意義を再確認するとともに、日本の大都市に残る共有地の有効利用などにも話が及んだ[11]。

協同組合・協同労働は、地域の持続にも重要な役割を果たす。妥協の産物ゆえの限界があるとはいえ、日本でもようやく労働者協同組合法が施行されたことは、朗報のひとつと捉えてよいだろう（白井 2021）。

7 月 30 日には、杉山睦郎氏（元・FS グリーンネット社長／元・埼玉県障害者雇用総合サポートセンター企業支援アドバイザー）を講師として招き、「障害者雇用の現状と課題」と題する報告を行っていただいた。雇用統計の確認から始まり、特例子会社社長の経験をもとに、法律や支援制度の概要、埼玉モデルの意義などが語られたが、障害者雇用を進めるには、企業、支援機関、障害者自身、法制度など、それぞれ課題は多い。

2024 年 4 月から法定雇用率は引き上げられた（民間企業で 2.3% から 2.5%、2026 年 7 月以降は 2.7%）ものの、課題山積の状況は変わらない。地域の持続には、障害者雇用も大きなテーマであり続けるだろう[12]。

2022 年も晩秋に差しかかり、感染状況が多少落ち着きを見せ始めた頃、SuCoP では対面式の公開講演会の開催に踏みきった。

11 月 22 日には、福島県から㈱元気アップつちゆ顧問の加藤勝一氏を招いて、「東日本大震災と原発事故からの復興再生まちづくり——土湯温泉の元気アップ」と題する公開講演会を開催した。

2011 年 3 月の東日本大震災、福島第一原発の爆発に伴う甚大な被害から、福島の山あいにある温泉街はどのように復興を遂げたのか。観光交流セン

ターやまちおこしセンターの建設、湯遊つちゆ温泉協同組合による源泉の所有・管理供給、新公衆浴場の整備、バイナリー（地熱）発電・小水力発電事業、オニテナガエビ養殖など、様々なプロジェクトを多角的・有機的に展開してきたキーパーソンから、並大抵ではない復興再生の軌跡を語っていただいた。

　自然災害のもたらす危機に直面した結果、地域の紐帯が強まり、再生の動きが高まる可能性はしばしば指摘されるところである（ハーシュマン 2008）。土湯温泉の取組にも、その一端が見いだせるが、加藤氏は、復興・再生の「成功例」とされる所ですら、地域の先行きがけっして楽観できないことを率直に語った[13]。

　12 月 6 日には、石田正昭氏（三重大学名誉教授／京都大学学術情報メディアセンター研究員）による公開講演会「協同組合の現状と展望――持続可能な地域の実現に向けて」を開催した。

　貧困や格差の拡大、気候変動の深刻化、パンデミックの周期的到来、さらには核戦争の脅威など、様々なリスクが人類の生存を脅かしかねない状況下、協同組合はどのような役割を果たせるのか。

　歴史的要因もあり、日本では協同組合の分立が続いたが、食料・エネルギーなどの「地産地消」「国消国産」、熟議に基づく地域ガバナンスの確立に向けて、「協同組合連携」を今以上に進める必要がある。石田氏の講演では、地域の持続に向けて、賀川豊彦が人体に準えて提唱した保険協同組合（骨格系）、生産者協同組合（筋肉系）、販売協同組合（呼吸器系）、信用協同組合（循環器系）、共済協同組合（神経系）、利用協同組合（泌尿器系）、消費協同組合（神経系）が友愛に基づき連携することの意義があらためて浮き彫りにされた[14]。

　2023 年 2 月 10 日には、高崎経済大学経済学会とタイアップする形で、宇都宮浄人氏（関西大学教授）による講演会「鉄道開業 150 年・日本の課題――新時代のモビリティ政策とは」が実施された。

　低成長の今、地方都市で、地球環境問題に対応するとともに、持続可能なまちづくりを進めるには、交通事業の収支を単体でプラスにするという発想

を超えなければならない。公共交通が独立した民間事業者による収益事業として成り立つ時代は終わった（宇都宮 2015：173）。事業者に「公共サービス義務」を課しながら遂行されるヨーロッパの「持続可能な都市モビリティ計画」のように、地域の交通を公共サービスとして位置づけ、官民の役割分担を明確化する必要がある。宇都宮氏は「ナショナルミニマム」と「外部性」の観点から、地域公共交通を捉えなおした。

　3 月 9 日には、高崎経済大学名誉教授・戸所隆氏による「持続的発展をめざして 50 年間取り組んだアーバンデザイン──滋賀県草津市を中心に」と題する公開講演会を行った。

　戸所氏には、都市地理学の基礎理論に基づき、「地域の成立要件」「都市の本質（接近性・結節性・創造性・中心／周辺構造・地域の個性・新陳代謝性）」といった論点を挙げながら、草津市を事例として持続可能な地域社会づくりを語っていただいた。

　1954 年の市制施行時、3 万人程度だった草津市の人口は、宅地開発、製造業拠点誘致もあって順調に増え続け、戸所氏自身が関わった立命館大学びわこ草津キャンパスの開設、駅周辺開発を経て、2024 年には 14 万人に達した。地方消滅が叫ばれる時代に成長した地方都市の事例研究として興味深い講演となった。

　2023 年 3 月 18 日には、SuCoP の理論的・精神的支柱である西野寿章氏の高崎経済大学退職記念講演会として「地域をみつめて 35 年──語り継ぐべき人々の生業と歴史」が行われた。

　この公開講演会では、経済地理学・農村地理学・町村営電気事業史研究の知見に基づき、共有林・水利・堤防・地域電化事業などを通じて育まれる「共通の関心」こそがコミュニティの存立基盤であることが、あらためて確認された。地域の生業の合理性と可能性に目を向けるには、真に学際的かつ長期的な視点が必要である。

2023 年度

年度が替わり、2023 年 6 月 30 日には、株式会社 CUBIC STARS 取締役

会長で、元・財務副大臣／前・久留米市長の大久保勉氏による講演会「福岡久留米でのバイオ・エコシステム形成への取組み」を行った。

久留米の「地域バイオコミュニティ」の内容やしくみをもとに、「1000社に3社」うまくいけば成功とされるベンチャービジネスを育むには、地方自治体・起業家・金融機関・投資家など、関係者の熱い志と協力が肝要であることが語られた。「エコシステム」である以上、単純な競争メカニズムでは維持できない。

7月19日には、高崎経済大学名誉教授で元学長の石川弘道氏を招き、「地方公立大学の持続的発展に向けて」と題する講演会が行われた。

公立大学が「持続可能な地域」の紐帯となるには、大学行政の流れや人口動態、進学率などを念頭に、質の高い教育・研究の維持・発展に向けて、それぞれの大学の課題を明確にしたうえ、全学的な対応が必要になることが述べられた。

講演後半では、授業料無償化が地方公立大学に与える影響についての言及があったが、2024年に入り、無償化どころか、国立大学の学費値上げが喧しく議論されるようになった。時代に逆行し、大学に対しては新自由主義的嵐が吹き続け、居住地域・家計所得によらぬ教育機会均等の理念が揺らぎつつある[15]。

7月22日には、株式会社 TM Future 代表取締役・竹内美奈子氏（日本バスケットボール協会理事／車いすバスケットボール連盟副会長）と株式会社群馬プロバスケットボールコミッション代表取締役社長・阿久澤毅氏をパネラーとして「プロバスケットボールチームとホームタウンの互恵的発展に向けて——群馬クレインサンダーズの挑戦」と題する公開シンポジウムを開催した。

日本における「持続可能な地域」の実現に向けて、プロスポーツチームとホームタウンがどのような取組を行えるのか、特にBリーグの群馬クレインサンダーズと群馬県太田市の関係が講演、質疑応答のテーマとなった。

厳格なフランチャイズ制をとるプロスポーツリーグ所属のチームは、地域の紐帯を強化する可能性を秘めるが、異種スポーツ間でファンを食い合うの

ではなく、野球、サッカー、バスケットボールなどがどのように棲み分け、あるいは共同を実現するのかが課題となるだろう。

11 月 21 日には、守友裕一氏（宇都宮大学名誉教授／福島大学食農学類客員教授／中山間地域フォーラム理事）による講演「災間の時代の地域とこれからの課題——原子力災害被災地と内発的発展論と関わらせて」を実施した。

2011 年の東日本大震災以後も、日本では大規模地震をはじめとする自然災害が頻発している。地域の持続を求めるのなら、今を「災後」ではなく、先の災害（災禍）と次なる災害（災禍）の「災間」（さいかん）ととらえることがまずは重要となる。

現在の日本において、「災間」の意識がどれだけ共有されているか、心許ない状況だが、本書を含め、SuCoP そのものがそうした意識の醸成に貢献することを念頭に置いた企画であることは上述のとおりである。

2024 年 1 月 26 日には、西部忠氏（北海道大学名誉教授／専修大学教授）を招き、高崎経済大学経済学会主催で SuCoP に関連するテーマ（「地域通貨と域内循環」）の講演会を行った。

ここでは、暮らしに不可欠のエネルギーや衣食住をできるだけ地産地消化し「漏れバケツ（the leaky bucket）」を塞ぐため、地域通貨を利用して域内乗数を高めるべきことが論じられた。地域通貨のメディアデザインは多様かつ柔軟であり、デジタル技術によって地域経済の分析・診断（コミュニティ・ドック）が可能になれば、パフォーマンスの向上につなげることができる。この点に関しては、本書第 3 章で具体例を検討し、議論を深めている。

2024 年 3 月 16 日には、SuCoP として最後の公開講演会「スポーツで高崎を変える——ソフトボールシティへの挑戦」が高橋伸次氏（高崎経済大学地域政策学部教授）を講師として行われた。37 年間、本学専任教員を務めるとともに、体育会ソフトボール部を率い、全国大会常連校に育て上げた高橋氏の退職記念講演を兼ねたものである。

「音楽のまち」「映画のまち」「パスタのまち」「だるまのまち」を標榜する群馬県高崎市は、ビックカメラや太陽誘電など社会人女子の強豪チームが集積することから「ソフトボールのまち」でもある。ソフトボールブームをオ

リンピック金メダル獲得時の一時的なもので終わらせることなく、高崎を真の「ソフトボールシティ」とするには、地域における学校教育、それを支える指導者の継続的養成といった長期的ビジョンが重要となる。

全人教育や市民のレクリエーション、地域の紐帯形成にも貢献しうる各スポーツが、商業主義に毒された IOC やビッグビジネスが差配するオリンピックに振り回されれば、「非日常の過剰、日常の貧困」という事態（尾崎 2021）を招き、スポーツは、地域の持続可能性とは無関係に、資本蓄積と国威発揚の道具に成り下がる。スポーツが「持続可能な地域」というテーマと関連づけて論じられることは、必ずしも多くはないが、重要な論点のひとつであろう。

以上、2021〜23 年度まで、新型コロナ禍にたたられたものの、SuCoP では学内外から講師を招き、多岐にわたるテーマで研究会・講演会を重ねた。

講演会は、学生や一般市民にも開放され、地域の持続に向けた様々な課題や実践的取組をメンバーとともに学ぶ機会となった。筆者の力量や紙幅の制限もあり、その成果のすべてを本書に盛り込むことはできない。しかしながら、本学の理事・教員のみならず、県内外の自治体職員、協同組合・協同組織金融機関役職員、中小企業関係者、高校の教員や生徒、マスコミ関係者など、SuCoP がなければ出会わなかったであろう人たちを大学に集め、討議し、貴重な知見を共有できた。これも地域の持続に向けたささやかな一歩だろう。

3. 本書の構成

序章の締め括りとして、本書各章の内容を簡単に紹介しておこう。本書は、序章のほか、以下 9 つの章で構成されている。

第 1 章「地域社会の持続に向けた方法序説——ショック・ドクトリンを超えて」（矢野修一）では、地域社会の持続を妨げる支配的イデオロギーに対するオルタナティブ、現実的可能性に基づく別のナラティブ（物語）が提示される。

政治と経済は「くらし」と不可分であり、国家と企業を媒介しないことに

は人々が手出しできないものではない。権力は、時に緊急事態と例外状態を演出し、「これしかない」として「上から」処方箋を押しつけ、人々に「下から」の社会改良を諦めさせる。それに抗するべく、若干の具体例にも言及しながら、地域における「小文字の政治」と「生業」を再評価し、社会の潜在的可能性を開花させるために、市民が保持すべきスタンスが確認される。

第2章「分権改革下で地方財政はどのように変容したのか」（天羽正継）では、1990年代半ば以降の地方分権改革に伴う日本の地方財政の変容を明らかにし、政策を評価する。

まず、地方分権改革に向け、社会的な関心を集めた提言の内容、実際に行われた政策について概観したのち、地方税、地方交付税、市町村合併、自治体運営、ふるさと納税を事例に、地方財政にもたらされた変化を明らかにする。市場主義的・新自由主義的傾向が強い地方財政改革では、地域は「持続不可能」であり、政策の転換が必要であると結論づけられる。

第3章「地域内循環の促進とその課題——デジタル–コミュニティ通貨の可能性」（宮﨑義久）では、「漏れバケツ理論」を手がかりとして、地域経済を持続可能なものとするには、「地域内経済循環」の考え方、決済システムやデジタル技術の発展で力を増した「コミュニティ通貨（地域通貨）」が鍵となることが論じられる。

宮城県気仙沼市を事例として、ポイントシステムを活用した観光DMOの構築、間伐によって発生した森林資源の再生可能エネルギーへの転換、独自の地域通貨発行による地域内経済循環について、その可能性が語られるとともに、課題も検討される。

第4章と第5章では、日本の農山村を取り上げ、地域の持続に向けた課題を検討している。

第4章「温室効果ガス吸収源対策と山村の持続可能性をめぐる一考察」（西野寿章）では、21世紀に入り、木材生産現場である山村において限界集落問題が顕在化する一方、木材自給率・製材品価格いずれの点からみても、林業そのものは回復傾向にあるという奇妙な状況の裏に、日本政府による温室効果ガス削減政策の問題点を見いだしている。

　現在の政策では、間伐により整備された山林を残せても、山村所有者の手取り収入となる山元立木価格は皆伐後の再造林が不可能なほどの低水準となり、地域社会は持続しようがない。空き家や耕作放棄地に政策的に移住者を呼び込んでも、山村の持続は保証されない。本章では、カーボンニュートラル政策に対応しながら、山林の経済的価値の向上につながる具体策を模索している。

　第5章「農業における季節労働力と外国人労働者——群馬県嬬恋村を事例として」（永田瞬）では、大規模キャベツ産地としての嬬恋村を事例に、外国人労働者が地方の農業で果たす役割を考察している。

　農家数の減少とともに、外国人労働者を活用しながらの大規模展開が進んでいる嬬恋村では、今後も短期の季節労働者として技能実習生を受け入れるのか。それとも、通年就労を前提とし、家族の呼び寄せや定住が可能な特定技能者を受け入れていくのか。岐路に立つ嬬恋村のキャベツの収穫過程に着目し、地域経済の持続において外国人労働者の果たす役割を明らかにしている。

　続く第6章、第7章、第8章では、「居住」「住宅」という観点から「持続可能な社会」のあり方を考える。

　第6章「持続可能な地域社会と孤独・孤立問題——高齢者支援の事例から」（八木橋慶一）では、孤独と孤立を定義づけたうえ、孤独死・孤立死を防ぐための地方自治体の役割について考察する。孤独・孤立は全世代にわたる問題だが、特に高齢独居世帯の終活支援に注目している。

　具体的事例として、群馬県内のNPO法人と自治会が連携して行われる、若者による高齢者の生活支援ボランティアを取り上げる。持続可能な地域の実現には、自治体の施策を通じ、高齢者の孤立・孤独対策に若者が関与するといったように、世代を超えた交流関係の構築が必要であることが確認される。

　第7章「持続可能な社会に向けた柔軟な働き方——女性の在宅就業を中心に」（佐藤英人）では、コロナ禍前後の東京大都市圏を事例として、女性の労働参加に資する在宅就業のあり方を検討している。

　人口減少に直面した日本で持続可能な社会を構築していくためには、勤労意欲の旺盛な女性が労働参加することが不可欠である。しかし、既婚女性の中には仕事と家事の両立を断念して、結婚や出産・育児をきっかけに離職し、キャリアを中断する人が少なくない。在宅就業は時間と場所にとらわれない柔軟な働き方のひとつであり、女性の労働参加に寄与することが期待されている。

　一方、コロナ禍という特殊な状況下での在宅就業は、女性に賃金労働と家事労働、加えて育児の負担を増大させるなど、新たな問題を生じさせており、対応が必要である。

　第8章「前橋市戦災復興における住宅建設と市民」（小林啓祐）では、太平洋戦争時、住宅の7割を失った群馬県前橋市の戦災復興計画が市民の住居・生活再建にどのような影響を与えたかについて検証するとともに、現代的含意を導き出している。

　前橋市の罹災者は、自らの生活のために必要な住宅について、戦災直後は自力での建設を求められたうえ、建築物は仮建築とされた。遅れて立案された戦災復興計画後は、土地区画整理に伴い、土地の一部を減歩分として提供することを求められた。戦災後、復興を進めながら復興計画を作るという状況下、罹災者は、度重なる労力・資金の負担を強いられた。

　復興の現実と計画のズレは、現代の日本において頻発する地震・台風などの天災の場合も生じうる。前橋市の事例は、「災後」の復興には、市民を交えた「災前」の準備が必要であることを示唆している。

　第9章「タンザニアの自律的なエネルギー生産と消費──農村部の自家水力発電」（黒崎龍悟）では、東アフリカの農村での取組に着目し、日本における地域の持続について、国際的観点から示唆を得ようとしている。

　サハラ以南アフリカ諸国は世界でも突出して電化率が低いが、タンザニア山岳地帯の農村では、住民自ら小規模水力発電を手がけ、発電システムの所有者が利用者とともに水源の涵養や保全活動を行っているところもある。政府主導の電力網ではカバーできない地域の発電を担い、不公平感の払拭にも一役買っている。

　生活の基盤を容易に他者に委ねないアフリカ社会の特質は、地域電化システムにも現れている。技術や知識を地域社会や個人につなぎとめておくことは、自律的なエネルギーの生産と消費を現代の日本で実現させるためにも学ぶべき教訓である。

　少子化と人口減少に歯止めがかからず、「衰退途上国」とも囁かれる日本において、「地域」を「持続可能」にするのは容易ではなく、課題は数多い。本書がカバーするのは、ほんの一部であり、課題解決の手法を具体的に論じ切れていない部分も多々ある。それでも、日本における「持続可能な地域」の実現に向け、多くの人々と問題意識を共有し、一歩踏み出すきっかけとなれば幸いである。

注

1 ）人口戦略会議によれば、「ブラックホール型自治体」とは、低出生率がもたらす人口減少（自然減）を他地域からの人口流入（社会増）で埋め合わせる自治体を指す。東京 23 区中の 17 自治体を含め、25 の自治体がこれに分類される。

　　　地方から流出した人口を飲み込むブラックホール型自治体では、世田谷区をはじめ、ふるさと納税の税源浸食によって子育てや教育への支援が細りかねない。預貯金等、民間の金融資産は、相続に伴って地方から東京圏に流出し、その金額は今後 30 年間で 58 兆円に上ると推計されているものの（『日本経済新聞』2024 年 4 月 14 日）、それによって自治体財政が直接潤うわけではない。一方、地域経済を担う地方金融機関は、預金流出への対応を迫られることとなる。

2 ）ふるさと納税や財政制度に関しては、本書第 2 章も参照のこと。

3 ）増田レポートでは、「消滅」の定義が明らかではなく、なぜ 30 年後に若年女性が半減すると「消滅可能性」ありとなるのか、判然としない。また、なぜ人口 1 万人以下になると「消滅可能性」が「消滅」に変わるのかも分からない。そして、人口が小規模であるほど少しの変化が長期推計に影響を及ぼすはずだが、増田レポートでは、都市から地方への直近の移住傾向が軽視されている（小田切 2014 : 43-46）。

　　　増田レポート式「消滅論」に従えば、「消滅可能性国家」日本というブラックユーモアも導き出せるであろう。

4 ）西野（2020）の内容やその歴史的意義については、矢野（2021）を参照。

5 ）たとえば、中東情勢の変化によって、海運大手はスエズ運河・紅海から南アフ

リカ喜望峰経由へと迂回するようになり、アジア・ヨーロッパ北部間で約15日、アジア・地中海沿岸で約20日、輸送時間が延びた。これに伴う輸送コスト増がヨーロッパやアジアの物価上昇につながっている（『日本経済新聞』2024年8月22日）。

6）多国籍企業によるオフショアリング（offshoring）とフラグメンテーション（fragmentation）がリチャード・ボールウィンの言う「第2のグローバル化」の主要な特徴をなしたが（ボールドウィン2017）、今や海外生産は、地政学的状況の変化に伴い友好国との間で（friendshoring）、あるいは、輸送コストを考えて近隣国との間で（nearshoring）行われるべきものに変貌しつつあり、自国回帰（reshoring）も現実的選択肢となっている。グローバル化とは、市場と技術の単純な関数ではない。

7）新自由主義に基づく自由化・グローバル化・金融化全盛の時代から、世界ではオルタナティブな理論の構築、政治的経済的な実践が試みられていた。日本でも、宇沢弘文の「社会的共通資本」、飯田哲也の「エネルギー・デモクラシー」、内橋克人の「F（食料）E（エネルギー）C（ケア）自給圏」などが構想・提唱されていた（飯田2000；飯田他編著2014；宇沢2000；内橋2003）。いずれも、現在の日本において真摯に再評価されるべき重要かつ現実的なアイデアである。

8）近年、「株主資本主義」に対しては、格差拡大、金融危機をもたらしたとして批判の目が向けられてきた。富裕層が潤っても、ただ自由競争に任せるだけでは、富が下層階級にまで滴り落ちること（trickle-down）はない。アメリカの経営者団体ビジネスラウンドテーブルは、株主以外の幅広い利害関係者にも配慮した「ステークホルダー資本主義（stakehoder capitalism）」に転換する姿勢を表明し、世界経済フォーラムでも「ステークホルダーが作る持続可能で結束した世界」が掲げられるようになった。実効性や本気度はともかく、グローバル資本主義のエスタブリッシュメントは「勝者総取り（winner-take-all）」批判を回避すべく、ガバナンス改革を標榜せざるを得なくなっている。

　「おまかせ民主主義＝委任型民主主義」は、アルゼンチンの政治学者ギジェルモ・オドンネルの造語である。権威主義体制において、選挙が形式的に行われるものの、全権委任型の政治が蔓延る状況を指す（O'Donnell 1999）。諸事例を精査すれば、日本を含め、先進国で実践される政治にも「おまかせ民主主義」の傾向が見いだせる（佐野2012；矢野2014；2023）。

9）詳しくは、本書第1章参照。

10）池内了は、安全性最優先の原理に則り、経年劣化・金属疲労でいつ破壊されるか分からない老朽原発の運転禁止を訴えている（『東京新聞』2024年5月17日夕刊）。一方で、あるアンケート調査によれば、日本企業のトップの7割以上が

既存原発の再稼働を訴え、新増設についても半数以上が支持している（『日本経済新聞』2024 年 6 月 25 日）。

　原子力規制委員会は、GX 脱炭素法に基づき、大飯原子力発電所 3 号機・4 号機の 30 年超の運転を許可した。経済産業省は、原発新増設の安全コスト追加分について電気代への上乗せを検討している（『日本経済新聞』2024 年 6 月 25 日・6 月 27 日）。放射性廃棄物の最終処分場問題、周辺住民の事故時避難計画策定問題などを積み残したまま、原発再稼働・新増設の大きな流れができあがりつつある。

　原発推進派は地球温暖化を都合よく活用するが、東日本大震災後も頻発する大地震など「不都合な真実」には目をつぶる。権力の想定する危機や緊急事態は恣意的であり、市民感覚とのズレも多々生ずる。

11）本山報告は、のちに公刊された単著に収められた（本山 2022）。

12）障害者雇用の推進は、地方にも居住する障害者の自立、生産年齢人口減少への対応という点で非常に重要な課題である。

　現在では、チャットシステムを利用したコールセンター業務、アバターを用いた遠隔接客などの技術革新、日本におけるテレワークの定着、企業によるキャリアパスの改善などによって障害者が働く環境は改善されつつある。しかしながら、2023 年の厚労省調査によれば、中小企業の障害者雇用率は 1.95％であり、法定基準を達成しているのは 5 割未満にとどまっている（『日本経済新聞』2024 年 8 月 22 日）。

　障害者雇用に向けては、担い手不足が懸念される地域の農業も受け皿となり「農福連携」も注目されている。各地で一定の成果は見られるものの、それぞれの障害者の特性に合わせた適切な作業の選択など、拡大に向けた課題も多い（『日本経済新聞』2023 年 4 月 15 日）。

　また最近では、企業が法定雇用率を満たすため、農園作業に従事させる「障害者雇用代行ビジネス」に頼るケースが見受けられ、適正な雇用管理と能力開発に取り組むことを求める障害者雇用促進法の趣旨に反しているとの指摘がある（『日本経済新聞』2024 年 10 月 20 日）。

13）「元気アップつちゆ」は、2015 年以後、東北復興ソーシャルビジネス・アワードをはじめ、数々の表彰を受け、経済産業省「地域未来牽引企業」「はばたく中小企業小規模事業者」などにも認定されている。

14）日本における協同組合間連携については、石田編著（2021）において具体的に論じられている。

15）苅谷剛彦は、教育資源をめぐる地域間・階層間格差が顕著になっている今、国立大学の授業料値上げを検討するなら、それに合わせて、地方国立大学での授業

料免除や奨学金拡大を実施すべきとしている（苅谷 2024）。高崎経済大学のような地方公立大学でも、一考すべき論点である。

参考文献

◎邦文（著者 50 音順）

飯田哲也（2000）『北欧のエネルギーデモクラシー』新評論。

飯田哲也・環境エネルギー政策研究所編著（2014）『コミュニティーパワー──エネルギーで地域を豊かにする』学芸出版社。

石田正昭編著（2021）『いのち・地域を未来につなぐ──これからの協同組合連携』家の光協会。

宇沢弘文（2000）『社会的共通資本』岩波新書。

内橋克人（2003）『もうひとつの日本は可能だ』光文社。

宇都宮浄人（2015）『地域再生の戦略──「交通まちづくり」というアプローチ』ちくま新書。

大島堅一編著（2021）『炭素排出ゼロ時代の地域分散型エネルギーシステム』日本評論社。

尾崎正峰（2021）「人々のスポーツのために──五輪に振り回されず問い続ける」『世界』5 月号。

小田切徳美（2014）『農山村は消滅しない』岩波新書。

金井利之（2024）「分権型社会への遠い途」『世界』5 月号。

苅谷剛彦（2024）「国立大学授業料問題を考える──教育機会均等化の視点重要」『日本経済新聞』8 月 5 日朝刊。

齋藤純一（2013）「コミュニティ再生の両義性──その政治的文脈」伊豫谷登士翁・齋藤純一・吉原直樹『コミュニティを再考する』平凡社新書、所収。

佐野 誠（2012）『99％のための経済学（教養編）──誰もが共生できる社会へ』新評論。

白井和宏（2021）「労働者協同組合法（ワーカーズ法）成立と課題──「自助組織」ではなく「ディーセント・ワーク」「社会的連帯経済」に向かう出発点」『現代の理論』第 25 号、2 月 10 日。

人口戦略会議（2024）『令和 6 年・地方自治体「持続可能性」分析レポート──新たな地域別将来推計人口から分かる自治体の実情と課題』4 月 24 日。

土山希美枝（2024）「ふるさと納税という幻想」『世界』5 月号。

西野寿章（2020）『日本地域電化史論──住民が電気を灯した歴史に学ぶ』日本経済評論社。

アルバート・ハーシュマン（2008）矢野修一・宮田剛志・武井 泉訳『連帯経済の

　　可能性——ラテンアメリカにおける草の根の経験』法政大学出版局。

リチャード・ボールドウィン（2018）遠藤真美訳『世界経済　大いなる収斂——IT がもたらす新次元のグローバリゼーション』日本経済新聞出版社。

増田寛也編著（2014）『地方消滅——東京一極集中が招く人口急減』中公新書。

南博・稲葉雅紀（2020）『SDGs——危機の時代の羅針盤』岩波新書。

本山美彦（2022）『「協同労働」が拓く社会——サステナブルな平和を目指して』文眞堂。

諸富徹（2018）『人口減少時代の都市——成熟型のまちづくりへ』中公新書。

矢野修一（2008）「持続可能性と連帯経済——プロジェクト・スモール・エックスへのまなざし」高崎経済大学附属産業研究所編『サステイナブル社会とアメニティ』日本経済評論社。

矢野修一（2011）「「まだない」ものに向き合う社会科学——ポシビリズムと希望学の対話」『経済志林』第78巻第4号、法政大学経済学会。

矢野修一（2014）「デフレ下日本の経済構想——オルタナティブの素描」高崎経済大学産業研究所編『デフレーション現象への多角的接近』日本経済評論社。

矢野修一（2021）「〈書評〉西野寿章『日本地域電化史論——住民が電気を灯した歴史に学ぶ』」『高崎経済大学論集』第63巻第3・4号。

矢野修一（2023）「「現実主義」に関する一考察——2020年代の「現実」のなかで」『地域政策研究』第25巻第3号、高崎経済大学地域政策学会。

山下祐介（2014）『地方消滅の罠——「増田レポート」と人口減少社会の正体』ちくま新書。

◎欧文

O'Donnel, Guillermo（1999）*Counterpoints: Selected Essays on Authoritarianism and Democratization*, Notre Dam: Indiana, University of Notre Dame Press.

◎参考ウェブサイト（最終閲覧 2025年2月28日）

厚生労働省「毎月勤労統計調査　令和5年度分結果確報」 https://www.mhlw.go.jp/toukei/itiran/roudou/monthly/r05/23fr/dl/pdf23fr.pdf

厚生労働省「2023（令和5）年　国民生活基礎調査の概況」 https://www.mhlw.go.jp/toukei/saikin/hw/k-tyosa/k-tyosa23/dl/10.pdf

総務省「住民基本台帳に基づく人口、人口動態及び世帯数（令和6年1月1日現在）」 https://www.soumu.go.jp/main_content/000959269.pdf

総務省「令和4年度地方公共団体の主要財政指標一覧」 https://www.soumu.go.jp/iken/zaisei/R04_chiho.html

第1章

地域社会の持続に向けた方法序説
ショック・ドクトリンを超えて

矢野　修一

はじめに

　序章でも述べたとおり、世界情勢が大きく変貌するなか、地域社会の持続は、日本において、これまでにも増して重要な課題となっている。食料・エネルギーの自給率向上、水資源の確保、国土保全、多様な暮らしと文化の継承などは、地域が持続してこそ実現する。地域の生業が維持されてこそ「健康で文化的な最低限度の生活」を各地で営める。

　喫緊の課題であるにもかかわらず、現在の日本では、地域の持続に向けて必ずしも適切な対応がなされていない。「消滅可能性」というショッキングな言葉で地方の不安や危機意識を煽り、中央への依存に導こうとする言説がいまだに蔓延っている。自己責任・自助努力の原則を振りかざし、「競争するほかに手はない」とうそぶくサッチャー流の新自由主義的主張も根強い。

　「政治」をきわめて狭く定義し、もっぱらプロの代議士と役人が議場と役所で行う営みとする。民主主義を選挙という定期的手続き、勝敗ゲームに限定し、あとは口出し無用とばかり、代議士と役人に丸投げさせる。「経済」と言えば、営利企業が主役となって目先の自己利益の最大化を狙う市場競争と同一視する。この手のイデオロギーこそが、政治と経済から人々を遠ざける。人々の諦念や権力への依存を深めるとともに、不毛な競争を助長して、地域の持続を難しくするのである。

　人口減少や経済停滞など、現在の日本における地方の衰退は、各地域の自助努力のみで対処できる課題ではない。だが、人々が永田町・霞ヶ関の「大

文字の政治」に頼りきり、中央から下りてくる大規模プロジェクトや国家イベント、夢のような技術革新をただ待ち望んでいても状況は変わらない。

地域社会の持続に向けて、まず必要なのは、支配的イデオロギー、粗雑な現実主義によって看過もしくは過小評価されがちな人々の日々の営み、すなわち「小文字の政治」と「生業としての経済」を可視化し、課題とともに、そこに積極的意義を見いだす方法の提示である[1]。新自由主義的基準に照らせば非合理的であり、したがって非現実的とされる営みの現実的可能性を見いだすことは、大文字の政治を動かし、適切な再分配を導くにも必要な一歩となる。

具体的施策に関する詳細な議論は次章以降に譲り、本章ではまず、シビック・プライドを奪い、人々を諦めに導く支配的イデオロギーについて批判的に検討する。その後、人類学や開発経済学、社会経済史学の知見、若干の実践例に触れつつ、粗雑な現実主義へのオルタナティブを提示し、政策・意思決定の選択肢が支配的イデオロギーの提示する限界以上に広く、多様であることを確認する。

地方消滅の大合唱が止まないなか、先人たちが多くの犠牲を払いながら積み上げてきたもの、今もどこかで誰かと誰かが協力しながらやり遂げようとしている「プロジェクト・スモール・エックス」をまっとうに評価する枠組みが求められている[2]。

1. 支配的イデオロギーに抗して

(1) ショック・ドクトリンとそのバリアント
——諦めさせる、もしくは丸投げさせる論理

ナオミ・クラインは大著『ショック・ドクトリン』において、軍事クーデター、テロリストの攻撃、市場の暴落、戦争、津波、ハリケーン、パンデミックなど国家の惨事に乗じ、ショックで茫然自失の市民に考える余裕を与えないまま、平時には不可能な新自由主義的改革を「上から」一気に推進する惨事便乗型資本主義（disaster capitalism）に警告を発した（クライン

2011：5-6, 10, 15-16, 22)。

　新自由主義者によれば「強力な私的所有権、自由市場、自由貿易を特徴とする制度的枠組みの範囲内で個々人の企業活動の自由とその能力が無制約に発揮されることによって人類の富と福利が最も増大する」(ハーヴェイ 2007：10)。生み出された「富と福利」は、富裕層・大企業・大都市から貧困層・零細企業・地方に滴り落ちる (trickle-down)。

　1980 年代以降、ポスト冷戦期に至るまで、新自由主義政策が世を席巻したが、それは経済理論としての正しさ、経済パフォーマンスの向上によるものでは、けっしてない。

　ミルトン・フリードマン率いるシカゴ学派は、社会主義のみならず西側のケインズ主義的福祉国家、南の開発主義国家を理論的にも政治的にも打倒すべき敵と捉え、新自由主義プログラムの実現に向け周到に準備していた (クライン 2011：76-79)。国家の惨事により既存制度が破壊された空白をつき、強権的権力がこのプログラムを一気に遂行した。新自由主義は「ショック・ドクトリン」という、意図された一大政治プロジェクトを通じ、暴力的に広められた。

　フリードマンの言葉を文字どおり受けとめるならば、新自由主義者は、国家も制度も民族も超え、誰もが従わざるを得ない市場メカニズムが人間社会を結びつけると信じている (伊東 1995：100-101)。しかしながらクラインは、理想社会の構築に向けて「白紙状態」を希求する新自由主義に、思想としてのそもそもの危険性を見いだしている。南米で実践されたように、左派の政治家や市民グループ、労働組合を弾圧することも躊躇しない。「正しい」政策の策定と実行が民主主義的に不透明になること、不確実になることを忌避する新自由主義は、目指す理想とは裏腹に、権威主義との親和性が非常に高い (クライン 2011：28, 103-136；ハーヴェイ 2007：20；矢野 2004：68-70, 173-174；2016：204-205)。

　この点は、今の日本でも見過ごされるべきではない。東日本大震災以降も大規模自然災害が続く日本では、2014 年、2024 年と 2 度にわたり、政財界に近い有識者組織から全国の自治体に対して「消滅の可能性あり」の診断が

下された。COVID-19 のパンデミック時には、根拠不十分なまま、官邸から緊急事態宣言が発せられた。中国・北朝鮮を念頭に、東アジアにおける安全保障上の危機が叫ばれ、ウクライナ戦争を台湾有事、さらには日本の有事に結びつける動きも止まない。2012 年 12 月以降は、虚実入り交じった緊急事態を隠れ蓑に、市民どころか国会すら遠ざけ、閣議決定によって、安全保障やエネルギーなどに関し、大きな政策転換が行われ続けている（矢野2023：43-47, 55-57）。

　現在の日本で地域の持続を考えるならば、まずはクラインの議論を踏まえ、市民を意思決定からできうる限り遠ざけようとする権威主義的政治手法に敏感になる必要がある。

　権威主義体制のもとでは、人々は公的世界、政治的意思決定から排除され、私的生活に押し込められる（ハーシュマン 2008：160-161；矢野 2019：255-259）。手続き的な選挙は行われるものの、体制批判は抑圧される。ギジェルモ・オドネルはこれを「委任型民主主義（delegative democracy）」と名づけたが、端的に「おまかせ民主主義」と称してもよいだろう（O'Donnell 1999：159-173；佐野 2012：203-205）。

　遠く南米の話ではなく、民主国家であるはずの日本でも、こうした意味での権威主義が忍び寄っている。総理大臣経験者を含め、権威主義的手法を恃み、一般市民に対して「おまかせ民主主義」と私生活への没入を促す政治家はあとを絶たない。ワイマール憲法の全権委任条項を念頭に「ナチスに学べ」とまで主張し出すありさまである（矢野 2023：56-57）。

　こうした日本の現状に鑑み、ここでジュールズ・ボイコフの議論にも注目しておきたい。ボイコフは、クラインの惨事便乗型資本主義に触発され、「祝賀資本主義（celebration capitalism）」を概念化した。これは、オリンピックや万国博覧会など、巨大な祝祭が創り出す「例外状態」を利用して、開催期限と国際公約を楯に、市民に考える余裕を与えないまま、大規模な資本蓄積を官民挙げて推進する事態に着目する概念である[3]。

　ボイコフによれば、祝賀資本主義には大きく 6 つの側面がある（Boykoff 2014：5-20）。

　まず第1に、これは、通常の政治ルールが適用されない「例外状態」のもとで発現する。市民の思考を停止させ、民主主義的手続きを迂回しながら、どさくさ紛れに実行される。第2に、片務的「官民協調（PPP: Public-Private Partnership）」の導入である。本来、民間の負うべきリスクが官によって、すなわち税金によって負担される。官が支出し民が儲けるという、民間にとって非常に「おいしいビジネス」が展開される。第3に、マスコミを動員し、祝祭コマーシャリズムによって大衆の支持を獲得する。第4に、これを機にセキュリティ産業が成長する。反オリンピック運動が抑圧され「監視資本主義」が助長される。第5に、聞き心地の良い「環境と社会の持続可能性」への貢献が連呼される。世代間公平を謳う理念が資本蓄積の隠れ蓑にされ、片務的PPPが進められる。そして第6に、一大政治経済スペクタクルがマスメディアを通じ演出され拡散する。これを機に祝祭空間を意図的に創出し、「劇場型国家運営」が進められる。

　祝賀資本主義とは、オリンピックや国際博覧会の誘致・開催が繰り返されてきた日本でこそ注視すべき事態である[4]。コンパクト開催・既存施設の利用という謳い文句とは裏腹に、当初予定から費用が膨れ上がり、開催都市に利益はもたらされない[5]。推進派は「捕らぬ狸」の経済効果を水増しするが、儲けるのは大手広告代理店やゼネコンなど巨大資本というのが片務的PPPの実態である。開催の大義として災害復興や雇用創出などの美辞麗句が並べられても、地方の隅々、一般市民にまで遍く行き渡る「おこぼれ」など期待できない。市民の視点からは、カジノ建設や新たなジェントリフィケーションなど、祝祭と抱き合わせで進められるプロジェクトにも注意する必要がある[6]。

　要するに、ショック・ドクトリンに翻弄され、おまかせ民主主義に傾き、国家イベントからのおこぼれを期待するだけでは、地域の持続など叶わないということである。権力に「パンとサーカス」を求める悪弊・旧習から脱却するとともに、ショック耐性を日常的に高めなければならない。諦めさせる、もしくは丸投げさせる論理を振りかざし権力が演出する緊急事態・例外状態に、市民がその都度あたふたしていては、費用・便益・リスクに対する合理

的判断もままならなくなる[7]。

（2）くらしのアナキズム──「耕す」ための論理

　大文字の政治を繰り広げる権力は「現実主義」を振りかざし「この現実は変えられない」「これしか選択肢はない」として、人々を諦めさせようとする。だが半世紀以上も前、丸山真男が喝破したように、現実主義など往々にして「既成事実主義」「ご都合主義」「権力迎合主義」の混成体にすぎない（丸山 1964：172-177：矢野 2023：47-48）。

　変えられない現実という診断は単なる誤認、もしくは権力の都合に合わせた意図的曲解ですらある。地方消滅が不可避の現実のごとく語られ、そこに民間ビジネスがつけいる昨今（『週刊東洋経済』2024 年 5 月 11 日）、粗雑な現実主義者には見えない（見ようとしない）「萌芽的現実」としての「可能性」に目を向ける必要がある。

　ここではまず、虚実入り交じった緊急事態にさらされる市民が保持すべきスタンスとして、人類学者・松村圭一郎の言う「くらしのアナキズム」に注目したい。危機を煽る勇ましい言葉と極論が飛び交うときにこそ、安易な答えから距離をとる姿勢が重要となる（松村 2024：202）。

　一般的に「アナキズム」には「無政府主義」という日本語があてられるが、「国家転覆主義」「秩序を壊す思想」と短絡すべきではない。松村によれば、それは、国家に頼ることなく、相互扶助に基づき、自分たちで「公共」「秩序」を生み出し維持できると信ずる思想であり、実践である。国家や政治家よりも、各地域・現場の生活者のほうが身の回りの問題に対処できるという自覚を持つこと、すなわち当事者意識によってこそ、民主主義は成立し、持続する。政治や経営は自称専門家が独占的に営むものではなく、普通の人々が担うべき機能である。誰かがお膳立てしたシステムの上で快適に暮らしていると、いざという時、自分たちで問題に対処する知恵も自信も失ってしまう（松村 2021：13, 19, 22-23, 151, 176-177, 230）。

　人類学の知見に基づけば明らかなように、昔も今も、途上国でも先進国でも、完全な自己責任原則、市場メカニズム、国民国家による上からのガバナ

ンスだけで社会が編成されたことなどない。松村の言葉を借りれば、国家や市場が万事制御しているようでも、そこには「スキマ」がある。ショック・ドクトリンのごとき緊急性の論理を抜け出すためには、日頃から国家と市場に「アナキズム的なスキマ」を見いだし、それを広げ、人と人との関係を「耕して」おく必要がある（松村 2021：55, 201）。松村の議論は、本章での「小文字の政治」「生業としての経済」に通ずる。

　巷間言われるところの民主主義とは、選挙限定民主主義、（多数決こそ唯一・最善の意思決定方法と断ずる）勝敗民主主義にすぎない。政治とは、選挙だけではないどころか、極論すれば、選挙ではない。意思決定に先立ち、人と人との関係を耕しておくことこそ政治であり、これによって緊急事態にも対応できるコミュニティの土台が形成される。日本で頻発する震災後の状況を見ても明らかなように、国や行政が機能しなくなる事態は現実に生じうる。不測の事態を打開する鍵は、大きな組織ではなく、小さなつながりにこそある（松村 2021：53, 144-148, 172-175）。

　したがって、小文字の政治における意思決定では、日常的な関係を耕すため、単純な多数決ではなく、時間をかけた合意形成が重要となる。誰もが簡単にその場を離脱できない以上、誰かが負ける政治ではコミュニティが崩壊する。反対意見の人も消極的に黙諾しうるような、妥協と意見のすりあわせによって「誰かが負けるのを避ける」のが政治となる。そこでは、多数決よりも高度な政治的技量と対立を煽らない思慮深さが求められる。コンセンサスにもとづく共同性は、人類史的に見れば実現不可能な「理想」ではなく、むしろ民族誌的「事実」である（松村 2021：148, 163-164；2024：52-54）[8]。

　アナキズムは、個人がバラバラに好きなことをしてよいとする思想・実践ではない[9]。「政治権力がなくても成り立つ自生的秩序」という構想は、公助を減らし、問題の解決を自助・共助・思いやりのレベルに押しつけようとする国家を補完するものでもない。くらしのアナキズムでは、国家を監視し、よりよき状態を要求し、透明性と説明責任を実現できないようなら、国家に不同意を突きつけるための自治が根本に据えられる。

　また松村は、スキマを見いだすべく、フェルナン・ブローデルや網野善彦

らの議論に依拠しながら、非日常的で自由な空間としての市（いち）の歴史を振り返り、大きな資本をもとにリスクを取れる者だけが利潤を手にできる投機の場としての資本主義市場（しじょう）と市場（いちば）とを区分した。また B. マリノフスキ、マルセル・モース、デヴィッド・グレーバーら人類学者に言及しながら、国家があろうがなかろうが営まれる「人間の経済」とは「他者とともに生きる原理」であるとし、人間を貨幣換算するための組織的暴力によって生み出された「商業の経済」と明確に区別した（松村 2021：67-68, 115-130, 205-213, 222-223）。

　今や頑強な国家と資本主義市場が暮らしの隅々まで支配している。それは変えようのない現実のごとく立ちはだかる。確かに政府の転覆や権力奪取、資本主義体制の即時打倒によって日本社会の現状を変革するなど不可能だし、最善の策でもないだろう。

　ただ、人類の歴史を真摯に振り返り、人々の暮らしをつぶさに観察すれば明らかなように、国家と市場のただなかにスキマを見いだし、自立と共生（コンヴィヴィアリティ）の足場にすることは可能だと松村は言う[10]。議論の根底には、国家など暮らしのための道具にすぎないという現実感覚、スキマ拡大のためには既存の行政機構も活用できるし、活用すべきだという認識がある（松村 2021：67-72, 216-224）。暮らしをより良くするために、いちいち国家を破壊して無政府状態をつくる必要はない[11]。

　序章で言及したように、「少子・高齢・格差国家」日本では実質賃金が伸び悩み、生活苦を感じる国民が増える一方、権威主義的手法を排除せず、家業のごとく政治を営むような国会議員が跳梁跋扈し、検査・認証不正を感知し得ないほどガバナンスの脆弱な大企業が内部留保をため続けている。

　それでも、日本は曲がりなりにも民主国家であり、先の大戦を含め、数多くの犠牲を払いながら法律や制度が整えられてきた。人々のウェルビーイング向上、地域の持続に向け、それらを限界ギリギリまで活用する一方、必要となれば、新たな法制度を整えるべく皆で声を上げられる。お上のお達しや施し、新商品や新技術を待つことなく、生活者が協力・連帯し、ブリコラージュ的に自ら動き出すこともできる。

現在の日本を覆う不条理のただ中にもスキマを見つけ、自立と共生の足場を築き上げることが当面の目標ならば、学者・研究者に求められるのは、首尾一貫した大理論、浮世離れした勇ましい革命論の構築ではないだろう。

社会科学者は、往々にして「客観的科学の道具立てと方法とがあまりにも強大になり過ぎて、常識と普通の人間の理解を絶望的なまでに背後に置き去りにし、結果的に人が行為の動機を失うという状況」を生み出しがちだった（本山 1993：142）。今、学者に求められるのは「すでに動き出している人たちのあとを追いかけ、その意義を言葉にすること」「希望や自信がもてる理論武装のひな型をつくること」ではないか（松村 2021：231）。

次節では、地域の持続につながる萌芽的現実を見いだす方法のいくつかについて検討する。時代が変化するなか、日本の地域は存続させなければならないし、存続しようがあるはずなのである[12]。

2.　ポシビリズムのすすめ

「ポシビリズム（possibilism）」とは、孤高とも異端とも評される社会科学者アルバート・ハーシュマンによる造語である。凝り固まった専門的・日常的言説によっては捉えきれないものの、生起しつつある萌芽的現実、すなわち社会の「可能性」を見きわめ、開花につなげるための方法論を指す。こうしたスタンスをとるハーシュマンは「世俗の思想家」とも呼ばれる（Adelman 2013）。

本節では、ポシビリズムのアイデアについて、その一端を紹介しながら、新自由主義経済学によっては否定されがちな地域の取組を正当に評価し、地に足のついた発展戦略を模索するための視点を獲得したい。ポシビリズムとは、悲観・楽観・傍観・諦観を超えて、普通の人々が「まだ、何とかなる」と思えるような現実的根拠を提示するための手法である[13]。

(1)「前提条件神話」の克服

開発経済学の分野で「不均整成長論」を展開して以来、ハーシュマンが課

題としてきたことのひとつに「前提条件がクリアされなければ、いかなるプロジェクトも成功しない」という考え方、すなわち「前提条件神話」の克服がある。地域の持続に向けた方法を探るにも、まずは必要となる視点である。

　開発経済、国際協力の学者・専門家は各分野の因習的な思考法や概念に囚われ、発展に向けた人々の真摯な取組を非合理的だとか、前提条件が欠けているから不可能だとか決めつけ、変化の芽を摘んでしまったり、見落としたりすることが往々にしてある。

　だが学者や専門家が言う「前提条件」には、必ずしも事前に整えなくても、発展プロセスの途上で事後的に満たせばよいものもあるのではないか。ひとつの問題の解決は別の問題を解く鍵を用意することもあるのではないか。人々を取り巻く条件のうち、何が発展の促進要因で阻害要因であるか、何が足りないかなど、発展のプロセスが起動し、あとになって初めてわかる場合もあるのではないか。だとすれば、重要なのは、何から着手できるか、どのような順番で問題を解決したらよいか（継起的問題解決）の戦略を考えること、さらには「何をしたか、あるいは何をした結果、何がどうなったか」を見きわめることではないか。

　要するにハーシュマンは、発展の戦略として、学者・専門家の提示する前提条件リストを事前に満たすことよりも、不確実な世界における「実践」を通じた「学習プロセス」や「副次効果」を重視した。今ある資源を所与のものとしたうえで事前に目的と手段を整合させるよりも、次に進むべき方向がより明確に示されやすい投資を連鎖的に引き出すことによって、「現時点では隠された、散在している、もしくはうまく利用されていない資源や能力を発展目的に応じて呼び起こし協力させること」のほうが重要だと主張したのである（ハーシュマン 1961：9；1973：241-245；矢野 2004：146；2019：259-260）。

　「前提条件神話」の克服に向けた戦略の基本理念、すなわち問題をヨコに並べて一気に解決するのではなく、タテに並べて順番に対処するのをよしとする姿勢は、1950 年代の途上国にとどまらず、現代日本の地域にもあてはまるだろう。「○○が足りないから再生できない」という発想は、資本・技

術・人材など、足りないものを持ち込みさえすれば再生できるという安易な外部依存につながりやすい。前提条件神話を乗り越えなければ、地域の現実を否定し、すべてを変えなければ何も変わらないという意識にまで飛躍しかねない。必要なのは、違う「メガネ」で地域を見つめ、萌芽的現実を開花させる一歩を踏み出すことである。

　ポシビリズムというメガネは、ショック・ドクトリンを支える新自由主義経済学とは拠って立つ人間観や時間概念が大きく異なり、オルタナティブな風景を可視化する。

　新自由主義経済学は、ホモ・エコノミクス（合理的経済人）を理論の土台に据え、未来を現時点で予測できるものとして取り扱う。時間が過去から現在、未来へと同じペースで流れ、その中でホモ・エコノミクスが常に合理的判断を下すのであれば、適当な経済モデルに前提条件なるものをインプットすると、将来も的確に予測できることになる。「首尾一貫した大理論」「客観的科学の道具立てと方法」に見える経済モデルの拠って立つ人間観や時間概念は、実のところ、きわめて単純かつ非現実的である。

　生身の人間は、完璧には将来を予測できないがゆえに認識・判断を誤る。ただ、予想と結果のギャップに戸惑い、失望しつつも、実践を通じて学ぶ存在でもある。また、実際の社会で流れていく時間は、現状を前提に将来を予測できる均質な時間ではない。流れていくうちに各主体やそれら同士の関係が変容し、時に前提自体も変わる、質的変化を伴う不可逆的時間である。

　以上を踏まえれば、ホモ・エコノミクスと単線的・均質的時間概念に基づく「前提条件―結果」「手段―目的」「投入―算出」「費用―便益」の区分は、意思決定の絶対的な基準とはなりえない。変わらない主体を前提し、単線的・均質的時間概念に基づいて決められた工程表など、不確実性の支配する中で地域の潜在的可能性を引き出し、学習効果を高めるという目的には役立たない。まったくのあてずっぽうは論外としても、地に足のついた戦略は、地域の実情を真摯に観察することから始まるのであり、新自由主義的には無駄や非効率として切り捨てられるもののなかに、現状打開のきっかけを見いださなければならない（矢野 2004：219-224：2019：250, 260-262）。

（2）余剰への向き合い方

　地域を持続させるには無駄なく計画を立て、目標に向け一直線に進むべきと考えられがちだが、何が無駄で、何がそうでないか、事前に判断するのは難しい。経済モデルに従って事前に無駄と決めつけると、思いがけない発見、長期的な合理性を失うことがある。「無駄の効用」は日常会話にも登場するが、ハーシュマンは、「緊張経済（taut economy）観」に対して「スラック経済（slack economy）観」を提示し、社会科学の研究対象として「無駄」に向き合おうとした。

　緊張経済観とは、市場競争によって各経済主体が能力の限界までのパフォーマンスを常に強いられることによって、無駄と非効率が排除され社会全体としてより良い資源配分がもたらされるとする考え方である。競争によって非効率な主体を退場させる。消滅すべきものは消滅させる。これこそが新自由主義経済学の根幹をなす。

　ハーシュマンによれば、緊張経済観は、経済全体では余剰を生み出すとする一方、個別企業は常に余裕なくフル稼働を強いられるというパラドクスに陥っている。一般に人間社会は、生存水準を上回る余剰の存在によって特徴づけられ、それが一定の衰退を許容する。「競争による緊張が無駄を省く」のではなく、「社会の余剰が無駄を許す」という前提に立つほうが、社会の調整プロセスや組織運営をより現実的に捉えられる。こうした見方がスラック経済観を支えている。

　スラックは確かに緩みや無駄を体現している。不確実性の支配する状況下、事前にどれだけ綿密な計画を立てても、社会がどれほど機能的に組織されているように見えても、発生する。しかしながら、スラックという余裕が常に存在するからこそ、緊急事態への対応、衰退からの回復、さらには、まだないものを生み出すイノベーションが可能となる。ハーシュマンによれば、新自由主義的には、衰退しているがゆえに消滅させるのが合理的な企業・組織・国家であっても、そのまま消滅させるのではなく、回復させるべき局面があるし、回復可能な場合も多い（ハーシュマン 2005：5-14；矢野 2004：287-290：2019：262-265）。

　短期的視点で無駄を省こうとするスタンスが長期的には非効率性・非合理性を生む。時間軸と因果関連を拡張すれば、無駄は無駄ではなくなる。スラックのない社会はなく、あってこそ社会は持続する。「ない」と思ったり「なくそう」と思ったりしてはならない。

　消滅可能性が指摘される地域に関しても同様である。スラック経済観に立てば、実際に回復させるための手段や選択肢が広がるだろう。時代遅れで無駄に見えていたものは、地域を取り巻く状況が変化するなか、メガネを変えれば宝にすらなりうる。

　ハーシュマンは、スラックを単なる無駄とみなさず、競争によってスラックを除去することの非現実性、無理に除去することに伴う経済的・政治的・社会的コストを指摘した。スラックが現実世界でどのような効果をもたらすか、社会科学の研究対象とし、新自由主義の想定する市場競争とは違った社会の調整プロセスを見いだそうとした。スラック経済観は、「スキマ」の発見には不可欠となる。

（3）離脱・発言・忠誠

　以上のような議論を踏まえつつ、政治と経済の相互作用を描こうとしたのが、1970年に出版され、今や社会科学の古典のひとつと位置づけられている『離脱・発言・忠誠——企業・組織・国家における衰退への反応』である（ハーシュマン 2005）。ここで議論を簡単に振り返っておこう。

　企業・組織・国家は様々な要因によって良好なパフォーマンスを維持できなくなる。企業の商品・サービスや業績、組織のメンバーシップに不満を抱いたとき、消費者や投資家、メンバーなどは2つの方法で「反応」する。

　ひとつが「離脱（exit）」であり、商品の購入停止、株の売却、離職、脱退、転出といった形で現れる。数量的に計測できる場合も多く、主に経済学が注目してきた選択行動である。一方、クレーム、投書、陳情、内部告発、訴訟、ストライキ、デモなど、様々な手段で不満を具体的に表明するのが「発言（voice）」であり、主に政治学のテーマとされてきた。

　経営者、組織のトップは、これらの反応を通して問題の発生を感知し、そ

れに「応答」する。売上げ・株価・メンバー数・評判などの低下を危惧する
リーダーは、改善・回復に向けた行動をとる。こうした「反応─応答」の反
復によって、不満の元となった企業経営・組織運営の問題点は改善され、正
常な軌道に戻る。

　ハーシュマンが描いたのは、煎じ詰めると、こうしたことにすぎないが、
それぞれの判断の背景を追うと、シンプルな概念から描き出される構図は複
雑になっていく。

　不満を抱いた人々は何らかの反応を起こすが、その具体的内容や度合いは
それぞれが商品・サービス・メンバーシップに抱く「忠誠（loyalty）」、すな
わち商品やサービスへの愛着、企業・組織への帰属意識などに影響される。
忠誠の度合いによっては、代わりの商品・組織があるからといって、すぐに
離脱せず、時に発言を駆使しながら、不確実な改善をあえて期待するかもし
れない。忠誠者たちによる離脱の脅しが彼らによる発言の効力を高めること
もある。日用品、こだわりの品、思い入れが深い組織など「何から離脱する
のか」によって、人々の思惑・判断は異なってくる。

　さらには、企業・組織のあり方、市場の構造しだいでは、離脱・発言とい
うオプションが常に利用できるとは限らない。反応が感知されるかどうか、
改善に向けた応答がなされるかどうかも不確実となる。競争状態にあり、多
くの容易な離脱先があると、（新自由主義経済学の想定と異なり）かえって企
業や組織の怠慢が助長されたり、発言が単なるガス抜きで終わったりする場
合もある。離脱の可能性が発言の力を増すこともあれば、過剰な（あるいは
早期の）離脱によって発言が機能せず、回復するものも回復しないというこ
とも起こる。回復メカニズムが働かず、社会全体で格差や不均衡が拡大して、
衰退過程にある企業・組織・国家がそのまま滅びるというシナリオも描ける。

　こうしてみると、消滅可能性を指摘される地域がどういう状況にあり、何
をどうすべきか、考える場合、一見精緻な新自由主義の競争モデルよりも、
前提条件神話を疑い、スラックに目を向け、「離脱・発言・忠誠」という枠
組みに依拠するほうが、よほど現実的なヒントを見いだせるのではないだろ
うか。

　人口や富の流出（exit）の続く地域は、そのポテンシャルが日の目を見ないまま消滅する運命にあるのか。人々は簡単に地域を離れられるのか。地域の紐帯（loyalty）を強め、人と金を域内にとどめる仕組みを作れないか。何が紐帯になるだろうか。日常的な不満や気づきを気軽に口にし、互いに伝えること（voice）によって、困りごとを解決したり、これまで気づかなかった地域資源の所在・活用方法を見つけられたりしないだろうか。

　「方法序説」と銘打った章ではあるが、最終節では、地域内経済循環を念頭に、若干具体的なナラティブを展開し、現在の日本における持続可能な地域、緊急事態に対するレジリエンスを保持する地域経済、地域社会のイメージを膨らませたい。スキマを見つけ、現状を打開しようとすれば、現実主義者による「反動のレトリック」とは別のナラティブを準備しなければならない（ハーシュマン 1997：矢野 2023）。

3.　地域の持続を支える具体的ナラティブ

　「少子・高齢・格差」国家の日本では、働き方や地球環境、地政学的状況の激変に伴い、短期的・近視眼的合理性に基づく生産・消費・物流は持続困難となっている。女性やトラックドライバー、外国人労働者、海外の低賃金労働者、地球環境などに負わせていた費用の外部化は限界を迎え、ポスト冷戦に伴うグローバル・バリューチェーンの再編が必至の状況にある。こうしてジャスト・イン・タイムの原則が揺らぐ一方、第 3 章でも論ずるように、技術革新の成果を取り入れながら、地域内経済循環の合理性と実現可能性が高まりつつある。

　合理性と実現可能性を判断する時間軸・空間軸の変更が迫られる今、人々の間で、ショック・ドクトリンではなく地域を持続に導くビジョンとナラティブが共有できれば、共通利益の所在とその発現に向けた具体的プロセスがイメージされやすくなり、協調に向けた主体的行為のハードルを幾ばくかは下げられる。

　ストーリーがあってこそ人は動き、人が動くことによって萌芽的現実が開

花するとすれば、地域の持続に向けてはビジョンとナラティブも重要となる（Benner et al. 2021：24-26；枝廣 2018：205-206）。何らかの目標に向けた人々の協調行動、集合行為を新自由主義で分析すれば、フリーライダー論に行き着き、ホモ・エコノミクスにとっての非合理性が結論づけられるのみである〔ハーシュマン 1988；2005；矢野 2004：326-328；2008 92-99；2019：267-269）。

（1）地消地産——輸入代替戦略の復権

地域の持続に向けて今注目されているもののひとつが現代版「輸入代替戦略」である。

かつて輸入代替工業化は、開発経済学において中心的戦略のひとつであった。新興独立国がモノカルチャーを脱し、外貨を節約しながら工業化に着手しようとする場合、一定の輸入規模に達している工業製品の国産化、すなわち確実な内需に向けての工業化が実現可能で有効な政策とされていた。供給主導で静態的比較優位の原則を振りかざす主流派経済学に対し、需要主導型の輸入代替工業化は、国内の相互依存を深化させ外部経済を享受する方法としての有効性、およびその学習効果が期待された（アムスデン 2011；矢野 2016）。

開発経済学では、現時点での輸入工業製品の国内需要を満たすだけではなく、途上地域の未利用資源、活かしきれていない企業者能力を引き出しながら、時間をかけて消費財・中間財・資本財へと輸入代替を進めるとともに、工業製品輸出にまでつなげることが目指されていた。相次ぐ大戦と恐慌による世界市場の混乱、ソビエトやインドにおける計画経済の成功、冷戦期アメリカの戦略的意図、一次産品代替製品の開発といった諸要因が、保護関税を含め、国家による上からの産業政策、輸入代替工業化に合理性と実現可能性のお墨付きを与えた。

しかしながら、アメリカによるヘゲモニーのあり方が変容し、「埋め込まれた自由主義」の影響力が低下すると、開発経済学でも新自由主義の影響力が増していった。債務危機以後の途上国開発、ポスト冷戦の市場経済移行を担った IMF・世界銀行は新自由主義の色濃いワシントン・コンセンサスに

基づき、国内経済の相互依存よりもグローバル経済への統合を優先させた（アムスデン 2011；矢野 2004；2006；2013）。

　新自由主義開発経済学では、政府の介入や輸入代替工業化を非効率と汚職の根源と捉え、規模の経済を実現させる輸出指向工業化が対置された。しかしながら、「輸入代替工業化」対「輸出指向工業化」という構図は、新自由主義的な戯画化にすぎない。歴史を振り返れば明らかなように、両者は排他的どころか、補完的であるとともに継起的である。先進国はもとより、奇跡と言われた東アジアの成長も、確実な内需向けの製造業による資本蓄積と雇用、学習効果があってこそであり、輸入代替なしには工業製品輸出での成功はありえなかった。輸入の増大が国内工業化を誘発し、輸入代替の経験が工業製品輸出の土台となった。雁行形態的プロセスをなす輸入代替工業化は、アウタルキーとは無縁である（アムスデン 2011：114, 121-133, 141-142；ハーシュマン 1961：118-119, 205-216；矢野 2004：150-153；2016：205-207）。

　現在の日本では、「漏れバケツ理論」に基づく地域内経済循環、地域内経済乗数の考え方が浸透し、「地産地消」ならぬ「地消地産」を後押しし始めているが（枝廣 2018：70）、歴史的に積み上げられてきた輸入代替工業化の理論と実践は、その合理性と実現可能性を裏づける根拠のひとつとなるだろう。

　漏れバケツ理論では、地域経済をひとつのバケツにたとえ、地域を活性化する方法として、ただ域外から多くの金を持ち込む（バケツに水を入れる）のではなく、まずは、地域の金をできるだけ域外に漏らさず、域内で循環させるしくみを作る（バケツの穴を塞ぐ）ことが重要とされる。今では、域内乗数効果に注目しながら、生産・分配・消費・投資・域際収支の面から地域経済が綿密に分析されるようになり、地域開発政策・戦略の評価に活かされている（枝廣 2018：30-31, 144-145；西部 2013；2023）[14]。

　昭和の企業城下町モデルのように各地が好条件で（輸出指向工業化と同じく）外需向けの企業誘致を競い合うのではなく、現在の日本では、地域主体で産業を興し、生業を維持・拡大すること、そのためには、地域に必須だが外部の供給源に頼っているものを、いかにして域内で生産するか（地消地産）

が有効な施策のひとつとなる。地域をめぐる環境が激変するなか、確実な需要、収支改善、学習効果と域内相互依存を狙った域内需要主導型発展モデルによる「地域の、地域による、地域のための経済（金融・投資・再生可能エネルギー）」が合理的で実現可能な選択肢となりつつある[15]。

　ここでは、新自由主義的グローバル化を支えたグローバル・バリューチェーン（GVC）モデルとは真逆の方向性が模索され、輸入代替戦略が復権しているのである。課題はあれ、地域で一定以上消費している必需品を域内生産に切り替え、地消地産の経験を地産外商につなげられれば、かつての開発経済学の想定通り、輸入代替あってこその輸出という理路に沿うことになる。

（2）自治的社会資本整備──エネルギー・コミュニティの可能性

　最後に取り上げるのは、地域の需要を満たすのみならず、社会的紐帯にもなりえる「自治的社会資本整備」である。ここでは特に「地域電化」に注目したい。

　本書序章でも言及したように、西野寿章は、綿密な史・資料分析に基づき、戦前・戦後日本の農山村における内発的な地域電化の成立過程、それを可能とした各地域の社会的・経済的条件を明らかにした。ここで検証しているのは、1908年、岐阜県明和町営電気の事業開始から、1968年、北海道雄武枝幸町電気組合の北海道電力への一般供給切り換えまで、約60年にわたる地域電化の営みである（西野 2020）[16]。

　日本の電気事業史研究は、資本主義の発展を支えたとされる五大電力会社に関するものが中心だった。農山村・離島の公営電気事業については、経済合理性を欠き、衰退すべくして衰退したものとされ、詳細に研究されることは少なかった。戦後高度経済成長期の分析でも、五大電力を引き継いだ9電力体制が企業努力、経営合理化によって「低廉で安定的な電気供給」という「公益」を実現し、日本電力業の「黄金時代」を担ったなどと総括される。だが既存研究でいう黄金時代とは、未電化地域の住民や自治体、農業組合が配電線延長工事のための資金調達に苦労を重ねていた時期だった（西野

2020：221, 238-239, 274-276）。

　これに対して西野は、未電化地域のすべてではないにしても、一部の町村営電気、集落単位の電気利用組合、住民出資の小規模電灯会社が、国策による独占以前、ただ域内電化に成功しただけではなく、経営的にも十分に成り立っていたことを明らかにした。農山村の電化事業は経営的に行き詰まったというより、戦時経済体制の一環として国家統制の下に置かれ、1943 年、800 あまりの電灯会社が 9 つの配電会社に集約されたにすぎない（西野 2020：248）。国家の力及ばず地域の力で開始され維持されてきた電力事業が国家の都合で統合されただけのことであり、小規模だからといって、必ずしも経済合理性を欠いていたわけではなかった。

　戦前日本の農山村研究といえば、地主・小作制度の封建的性格、階級支配の構造に焦点があてられ、そこで実現したガバナンスや公益事業も、「地主的地方自治」「名望家支配」「温情的小作人支配」といった概念で規定されることが多い。封建遺制のもたらす後進性、閉鎖性は否定できないものの、西野は、一部地域の地主や自作・自小作・小作農らが「互いの地位や立場に応じた負担を通して」「地域電化を受益世帯全戸で成し遂げた事実」に注目するとともに、それを実現した条件（共有林の存在など）を析出した。

　すなわち一部地域では、小作人・低所得層にとって高額となり得る個人負担を集落共同で軽減する措置をとり、村落一斉電灯を実現しようとした。近世の入会林野が明治以降の資本主義の発展過程における諸矛盾を補う機能を持った。こうした状況は階級史観には収まりきらず、また新自由主義モデルでは合理性も可能性も明らかにならない。西野は、日本の町村営電気事業史から地域住民による「関与・受益・責任」の普遍的性格を抽出し、その現代的再生を模索したのである（西野 2020：56-57, 88-89, 105-113, 293, 302）。

　前節で展開した「離脱・発言・忠誠」に即せば、西野が「住民出資による地産地消型のエネルギー自治」の先駆的事例として評価しようとした町村営電気事業は、以下のように整理できるだろう（ハーシュマン 2005：106-111）。

　地域に長く居住し、容易には「exit できない／loyalty を有する」人々が金額の多寡、身分の差はあれ、自ら恩恵を受ける発電・配電事業に寄付や出

資を行い、それに責任を持って関与し、長期的に関心を持ち続けた。時に、村民大会などにおける（平等ではないにせよ）発言（voice）の機会、僅かながらの配当を得ながら、お互いが逃げようのない「公的（public）領域」における事業運営の持続と効率化に努めた。

西野は、地域電化の歴史的経験を「現代化」すべく、民主的ガバナンスを備えた「電力公営化」を構想している。すなわち、10電力から送配電部門を分社化した専門会社を都道府県単位で買収し、都道府県民を組合員ないし株主とした公営配電組織を構築するという計画である。現状では電気事業法などが大きな壁になるものの、もしこれが実現すれば、地域住民の当事者意識、すなわち電気事業経営・電源選択・節電への責任意識の涵養、安定的で安価な電気の供給、配電網管理に伴う雇用の創出、定額使用料の自治体財政組み入れなどが期待できる。

自治的社会資本整備を通じて形成されたエネルギー・コミュニティがシュタットベルケ（都市公社）的に運営されれば、単体事業としては赤字になりがちな公共交通機関の維持、介護施設整備、介護職員の処遇改善などにもつながり、経済的基盤に裏打ちされた真の地方分権が実現できる（西野2020：295-302, 305；2021：99-100)[17]。

電力公営化となれば、現状、実現に向けたハードルは高いとはいえ、エネルギー・コミュニティ構想は、けっして荒唐無稽ではない。東日本大震災後の日本では、再エネといっても、電源にのみ関心が集まり、早期普及が優先された。ある種のショック・ドクトリンが蔓延し、電気事業の公益性について議論は深められることなく、全量固定価格買取制度に依存した再エネビジネスが肥大化した。地域の視点を欠いたまま、外部資本に依存する植民地型再エネ開発では電力モノカルチャー化が進んでしまいかねない。現代において、住民の出資や寄付を伴う発・送電は、真剣に考慮されるべき事業形態なのである（飯田2014：42-44；枝廣2018：104-118；西野2021：82-98)[18]。

日本における再エネについては、巨大ビジネスによるメガソーラーや陸上・洋上風力が話題になることが多いが、住民が関わりつつ、地域の水資源を活用し、しぶとく生き残ってきた小水力発電には、今後さらに注目すべき

であろう。たとえば、農業用水路を活用した小水力発電は、電気の供給量だけで評価されるべきものではなく、日本全体で 40 万キロメートルに及ぶ既存施設の活用、住民の関与など、ガバナンスや持続可能性、副次効果の点からは、けっして無視できない[19]。

　地域独占・総括原価方式・大規模発電・遠距離送電の因習と既得権益にしがみつき、原発の再稼働・新増設に前向きな勢力からすれば、地域分散型・地域主導型の再エネシステム、とりわけ小規模で局所的な水力発電など、経済合理性を欠き、不確実性・不安定性が懸念されるのかもしれない[20]。確かに小水力発電には、水利権・電気事業法・水路管理者の許諾などの法的手続き、需給バランスを保つための技術的課題、流域水循環の保全と管理、何より地域住民の合意形成など、課題や改善の余地があることは確かである（瀧本 2021：201-213)[21]。

　しかしながら、各地で展開されている小水力発電には、中央集権的・排他的なガバナンスのもと、一般市民の関与を許さない高度な技術を使い、いったん事故を起こせば不可逆的で甚大な被害を及ぼし、さらには、処理の困難な廃棄物を生み出し続ける原子力発電では望み得ないメリットがある[22]。合理性の基準をどこに置くかで、システム全体への評価は変わる。原発の高コスト性は長らく指摘されてきたとおりであり、けっして経済合理性に優れたシステムではない（大島 2011：2021)。

　総合的に判断すれば、限られた資金や人材を今後どこに仕向けるべきかは、明らかだろう。地域の小水力発電を含め、自治的社会資本整備によるエネルギー・コミュニティは、社会的紐帯を強化し、ショック・ドクトリンに抗する現実的かつ合理的な選択肢のひとつとなりうるのである[23]。

　　おわりに

　本章では、地方消滅という言説、権力の演出する緊急事態・例外状態を前に、市民が保持すべきスタンス、新自由主義的尺度では無理・無駄・時代遅れと断定されがちな営みの合理性と可能性を明らかにするための方法論、さ

らには、若干の具体的戦術について検討してきた。

　地域社会が持続するには、地域に生きる者がシビック・プライドを持ち、まずは主体的に動けなければならない。統治しやすく従順な地域の担い手として国家の下請けに甘んずるのではなく、適切な要求、さらには、場合に応じ異議申し立てを行わなければならない。土台となる生業があってこそ「発言」できるし、「発言」してこそ生業を維持できる。

　3.11 以後の状況を「コミュニティ・インフレーション」として、冷めた視点で捉える論者もあるなか、本章を閉じるにあたり、あらためて、今後も留意すべき論点を確認しておきたい[24]。

　まずは、当然の前提だが、地域の持続を論ずる際、「コミュニティ＝善」のごとく、無条件に礼賛しないことである。

　権力関係はそこかしこに芽生える。コミュニティは同調圧力が作用しやすく、内側から弱き者に向けられる暴力の可能性、共同性に内在する抑圧や排除、生きづらさの芽には、常に敏感でなければならない（齋藤 2013：33；松村 2021：136, 218-219）。戦前日本の農山村と異なり、今を生きる人々にとって、紐帯が拘束服、居場所が収容所にならないよう、居場所の複数性や可変性（「離脱」の機会）、居場所内民主主義（「発言」の機会）が制度的・慣習的に保証されなければならない[25]。

　また、地域の持続には、顔の見えるコミュニティにおける「相互扶助に基づく、人称的で具体的な連帯」とともに、政治的共同体における「相互尊重に基づく、非人称的で制度を媒介とした連帯」が重要となることも確認しておきたい（齋藤 2013：42-46）。

　本章でも言及したように、それぞれの初期条件が有利・不利、様々である以上、地域が持続するためには、財政制度を通じた再分配が必要となる[26]。だが、こうした再分配が当該地域以外からも支持され、持続するためには、市民の間で、たとえ顔は見えずとも、ともに政治的共同体を構成する一員であること、制度を通じて平等な地位を互いに保障し合う関係にあることについての了解がなければならない[27]。

　こうした論点に向き合おうとするとき、近年注目されている「関係人口」

なる概念から一定の示唆が得られるように思われる。

　「地方創生」という課題を前に、「定住人口」「交流人口」に加え、「様々な契機・動機で特定の地域に継続的に関わる人々」としての「関係人口」に言及する学術論文・報告書・記事などが増えている。日本全国で人口減少が不可逆的な状況下、消滅可能性の懸念される地域に対し、継続的に「関心」を持ち「関与」してくれる「観光以上、定住未満」の人をどう増やすかを模索するなかで広がってきた概念である[28]。

　関係人口を積極的に評価する論者からは、地域に山積する課題は「人がつながっていくための「関わり代」になる」とか、「関係人口が増えるというのは、実は都市在住の人たちの選択肢が増えること」「自分の居場所や出番があると思える」ことだとの指摘もなされる（田中・永岡 2024：57-59）。

　ここでは、関係人口という概念を、コミュニティの閉鎖性を克服するとともに、市民の連帯による政治的コミュニティを再生するための「端緒」と捉えておきたい。

　地域の諸課題に多様な「関係者」が関与することによって、地域間・ジェンダー間・世代間で異なる価値観をすり合わせるきっかけになるかもしれない（田中・永岡 2024：61-63）。いったん関わっても、続けられないとなったら「逃げる」という選択肢を有する者の地域への関与は、「軽さ」「薄さ」「頼りなさ」が問題になることもあれば、閉鎖的・因習優先的な域内に積極的な改善圧力を生み出すことになるかもしれない。さらには、定住していない者の当該地域への関心が市民の連帯、政治的共同体の再生につながり、（ふるさと納税などとは次元の異なる）適正・適切な制度的再分配を継続的に支えるまでになれば、関係人口にも意味を見いだせることになるだろう。

　現状では、関係人口への過剰な期待は禁物である。それは、プロジェクト・スモール・エックスを積極的に評価する概念にもなれば、政府の場当たり的な政策を助長する曖昧な概念ともなり得る。

　居場所、出番、お役立ち感でくすぐり、地域おこしだ、田園回帰だと、若者を政策的に呼び込むことが地域への無責任な関与を促したり、将来設計のための現実的手段を欠いたまま若者を誘致し、「ない夢」を追わせることに

なったりしてはならない。地域産業の振興抜きに、資本や経営ノウハウを持たない若者に起業を促すのは無謀である[29]。

アウタルキーがあり得ない以上、都市と地方の良好かつ持続的な関係を模索すべきなのは当然だが、「結局は、地域の主体性が地域づくりの根幹になければならず、その主体性形成に新旧住民が互いに関わり合うこと」「新旧住民が歴史的に積み重ねられてきた地域の規範を現代化しつつ、共有するための手法を考えること」が重要となる（西野 2024：18）。

そのためにも、まずはショック・ドクトリンを超えなければならない。

注

1）本来、政治とは、政治家の専売特許ではなく、代々引き継がれる家業でもない。人の集まるところで行われる様々な意見表明、異議申し立て、利害調整、合議など、すべて政治である。後述のとおり、地域の持続には、公式の権力の争奪にも増して、普通の人々による日常的な政治がきわめて重要となる。本章ではこうした問題意識から、あえてこれを「小文字の政治」と称し「大文字の政治」と区分する。

　また人類史的にみれば、経済とは、営利企業が自己利益の最大化、勝者総取りを狙って行う市場競争にとどまるものではない。ここでは、暮らしの必要性を満たすために、競争というよりは互いに支え合いながら生産・分配・消費に関わる主体が行う営みを「生業としての経済」と称する。

2）梅田悟司の絶妙なコピーにあるように「世界は誰かの仕事でできている。」が、必ずしも仕事のすべてに光があたるわけではない。パンデミックや自然災害などの非日常的状況、あるはずのモノやサービスが突如利用できなくなる緊急事態に直面してはじめて、人は「エッセンシャル・ワーク」の大切さに気づかされる。

　日本の各地域では、様々な人々が時に対立し、時に協力しながら日々の生活を営んできた。ちょっとした工夫や手仕事、助け合いのしくみを含め、日常的課題への対応は、ドキュメンタリー番組で取り上げられるような大技術や大革命ではないのかもしれない。だが、名もなき人々による無数のチャレンジの積み重ねで地域が持続してきたのは確かだろう（矢野 2008）。

3）クラインは、惨事という緊急事態に便乗しての「政府の民営化」を通ずる資本蓄積を批判した。ボイコフは、祝祭という例外状態を整える国家を利用しての資本蓄積に着目した。資本蓄積の前提として、統治機構が「緊急事態」「例外状態」を創出ないし利用する局面への注目に両者の共通点がある（Boykoff 2014：4）。

４）太平洋戦争後の日本では、夏季・冬季のオリンピックが２度ずつ、国際博覧会は、1970 年の大阪万博から 2005 年の愛知万博まで５度にわたり開かれ、2025 年にも大阪・関西万博が予定されている。招致活動を含め、戦後日本では、祝祭が資本蓄積の一大装置として機能してきたと言ってよい。

　オリンピックや国際博覧会に比べれば小規模ながら、地方にとっては、持ち回り開催の国民体育大会が同様の機能を果たしていたのかもしれない。これについては、そのあり方をめぐって各知事からも縮小や廃止の議論が出始めている。

５）膨れ上がる費用は東京 2020 でも話題になったが、2025 年開催予定の大阪・関西万博も同様である。会場建設費について、誘致時は 1,250 億円とされたものが 2020 年に 1,850 億円に膨れ上がり、2023 年秋には 2,350 億円にまで増大した（公益社団法人 2025 年日本国際博覧会協会、2023 年 11 月 7 日発表）。これに巨額のインフラ建設費、会場警備費などが加わる。万博会場隣接地に IR（統合型リゾート施設）を建設・運営しようとする事業体は万博開催に便乗したインフラ整備を待望しているだろう。大阪・関西万博にまつわる諸問題は、松本編著（2024）所収の各論文で端的に指摘されているとおりである。

　オリンピックにせよ、万博にせよ、開催都市の負担が増し、イベント後、緊縮財政を余儀なくされるとすれば、惨事便乗型資本主義同様、祝賀資本主義は、片務的 PPP を通じて新自由主義的自治体運営をもたらすこととなる。

６）「アンダーコントロール」という虚言で放射能汚染問題を隠蔽し、「復興五輪」というまやかしのスローガンを掲げて開催されたものの、東京 2020 が大震災で被害を受けた各地の復興にどう貢献したのかは定かでない。東京 2020 も大阪・関西万博も、大規模自然災害からの復興を支えるどころか、ただでさえ不足する建設労働者や資材、そして財源を浪費し、足を引っ張ったとさえ言える。

　海外では、雇用創出とともに貧困撲滅も祝祭招致の決まり文句だが、実際にもたらされるのは、富裕層・大資本向けの都市再開発に伴う人々の排除と強制退去である（ボイコフ 2021：66-68, 225-226）。

７）緊急事態の演出は往々にして権力の意向次第であり、リスク判断は、安全保障についてはもちろん、巨大地震や原発事故への備えも恣意的な面がある。

　たとえば、南海トラフ巨大地震の発生可能性は「30 年以内に 70 ～ 80％」とされ、2017 年、気象庁はこの地震について「巨大地震注意」「巨大地震警戒」という臨時情報の発出を決定していた。2024 年 8 月 8 日、宮崎県日向灘を震源とする地震について、初めて「巨大地震注意」が発出された。これを受け、太平洋沿岸自治体の中には避難所設置に動いたところもあるし、東海道新幹線は減速運転区間を設けて警戒した。その一方、南海トラフ巨大地震の「防災対策推進地域」に立地する川内原発と伊方原発は、臨時情報に伴う措置を定めておらず、この地

震でも特段の対応をしなかった（『AERA』2024 年 9 月 9 日）。

　南海トラフ地震の発生確率そのものがどれほどの科学的根拠に基づくものか、訝る向きもあるが（小沢 2023）、本件に限らず、原発事故に対するリスク判断は相変わらず甘い。甘くしなければ、地震大国日本での原発の安定的稼働などできないからである。25 年以上も前、高木仁三郎は「原発事故のシミュレーション計算のあやしさ」「原子炉立地審査指針の論理構成のあいまいさ」「暗黙の仮定」などを指摘していたが、東日本大震災を経ても、状況はさほど変わっていないのだろう（高木 1999：208）。

8）選挙というプロセスの正当性だけを得たい権威主義的政治家にとってはどうでもよいことかもしれないが、地域の持続には、選挙権を持たない主体の関与も重要となる。小文字の政治では、外国人や当該地域に住民票のない人々、未成年者らの声（voice）を拾い、コンセンサスを形成しなければならない局面が多々あるだろう。政治を選挙に限定しないという意味は、こうした点にも関わる。

　議会政治（大文字の政治）が不要なのではない。議会は、日頃から住人一人ひとりが立場を超えて対話し、合意点を探る場が確保されていてこそ、茶番ではなく民主的なものになる（松村 2021：171）。

9）「自己責任」が本来的意味を超えて濫用される今、地域の持続に向けては、「人はひとりでは生きられない」し、実際に「人はひとりでは生きていない」というあたりまえの感覚を取り戻さなければならない（矢野 2011：7-9）。

　松村は警鐘を鳴らす。「人生のなかで、ひとりでは解決できない問題をかかえることのほうがふつうで、健康で自由を謳歌できる時間のほうがまれだ。でも、いまの日本の都市生活は、そのまれな状況を前提に営まれているようにみえる」（松村 2021：191）。

　人口を引き寄せる日本の大都市（ブラックホール型自治体）は、新自由主義のナラティブがまかり通りやすい風景に彩られ、「地方消滅」を含め、問題や課題は、都会人の視界からますます遠ざかっていく。

10）周知のとおり、イヴァン・イリイチは「コンヴィヴィアリティ（自立共生＝相互依存のうちに実現された個的自由）」を掲げ、生産性を基軸とする産業主義に対置した。「産業主義」「商業の経済」の横行で感知しづらくなっているものの、互いの生活を支え合い、豊かさを分かちあうという意味での「経済」はそれでも絶えることなく、暮らしに根づいている。松村は、匿名経済が支配するなかでも胎動し始めた「「宛先」のある経済」に可能性を見いだしている（松村 2021：203-204, 214-217）。

11）ショック・ドクトリンの本質を剔りだしたクラインは、ブリコラージュ的なオルタナティブを掲げた。すなわち、白紙から理想社会を構築しようとするのでは

なく、住民がその場にあるもの、手に入るものを使い、ひたすら実質的な改革に取り組み、地域社会を強化することによって、平等で住みやすい場にすべきことを提唱しながら大著を締めくくった（クライン 2011：680-681）。

12) 賢明なことに、松村はコミュニティを無条件に礼賛しない。この論点には、本章「おわりに」で立ち戻る。

13) ハーシュマンは数々の業績を世に残し、経済学・政治学・社会学・経営学など多様な分野に影響を与えた。ポシビリズムを含め、ハーシュマンの議論の全体像については、矢野（2004；2008；2019）のほか、Adelman（2013）、ハーシュマン（2005；2008）の訳者あとがき・解説などを参照。

14) イギリスのシンクタンク New Economic Foundation が提唱した「漏れバケツ理論」については、本書第3章でより詳しく論じている。

　　持続可能な地域の実現に向け「福祉」の文脈で語られたことだが、「見えない縁を見ようとする力」「縁がなかったらそれを作ろう、結ぼうという力」が重要であることは、もちろん「経済」にもあてはまる（南・稲場 2020：106）。地域内経済循環を可視化し活性化するべく、西部忠が「人間ドック」に準え命名した「コミュニティ・ドック」も言い得て妙である（西部 2013；2023）。

15) 日本各地で芽生えつつある動きをもとに、かつて内橋克人が提唱した「FEC自給圏」とは、まさに地域に必須の食料（food）、エネルギー（energy）、ケア（care）を域内でまかなおうとするものだった（内橋 2003）。

　　近年では、内閣府・経済産業省の導入した「地域経済分析システム（RESAS）」、とりわけ「地域経済循環マップ」を活用して地域経済を「見える化」したうえ、「漏れの少ない地元経済」の青写真を共有し、地域経済を取り戻そうとする動きも盛んである（枝廣 2018：47-60）。

16) 西野の画期的研究については、矢野（2021）を参照。西野（2019）では、著者自身によって西野（2020）の内容がコンパクトにまとめられている。

17) 西野が掘り起こした戦前・戦後日本の農山村における公営電気事業の歴史、それを踏まえた電力公営化構想は、現在の日本で取り組まれているコミュニティパワーにとって指針のひとつとなるだろう。モデルは欧米のみにあらず、日本でも、参照すべき様々なプロジェクト・スモール・エックスが積み重ねられてきた。

　　日本におけるエネルギー自治をベースとした地域内経済循環、シュタットベルケ実現の可能性については、諸富（2018）ならびに諸富編著（2019）所収の諸論稿が非常に興味深い。

18) 世界風力エネルギー協会は「コミュニティパワーの三原則」として、① 地域の利害関係者がプロジェクトの大半もしくはすべてを所有している、② プロジェクトの意思決定はコミュニティに基礎をおく組織によっておこなわれる、③ 社

会的・経済的便益の多数もしくはすべては地域に分配される、を掲げている。コ
ミュニティパワーの事業主体は、合同会社や有限責任事業組合、一般社団法人、
NPO 法人など様々あり得るが、日本の現状では、法人格の信頼性や意思決定の
スピードなどの面から株式会社という形態が選択されやすいようである（飯田
2014：34-37：古屋 2014：68-75）。

　紙幅の都合上、本章での詳述は避けるが、現在に至るまで着実な歩みを続けて
いる会津電力（福島県）やほうとくエネルギー（茨城県）、しずおか未来エネル
ギー（静岡県）、おひさま進歩エネルギー（長野県）といった株式会社形態のガ
バナンスや事業内容については、飯田他編著（2014）に収められている諸論稿を
参照。

19）大規模集中の電力供給システムの脆弱性を指摘する瀧本裕士は、地域における
潜在的水資源の理論包蔵水力や発電出力計算に基づき、日本各地の小水力発電
（小規模分散型エネルギー供給システム）について、課題とともに、それらの意
義と可能性を論じている（瀧本 2021：187-192）。

20）高木仁三郎によれば、その昔、日本政府が風力・バイオマス・太陽電池などの
地域分散型テクノロジーを軽視し、原子力に飛びついたのは、商業化の可能性を
含め、経済合理性に優れていたからではない。軍事転用も視野に入れつつ、原子
力エネルギーシステムの中央集権性と支配力を意図的に選択したからこそである。
原子力産業は、技術の成熟を待たず、強引かつ政治的に形成されてきた（高木
1999：88, 216-217）。

　小水力発電システムと比較すれば明らかなように、原発にまつわり高木が提起
した「巨大テクノロジーと民主主義はどこまで相容れるか」は、今もって重要な
問いである。問われているのは、市民の政治的な意思と行動である。飯田哲也は、
3.11 後の避難住民集会で出た「地域での自然エネルギーづくりは現代の自由民権
運動だ」という言葉を紹介している（飯田 2014：44）。

21）ここでは詳述しないが、地域分散型再生可能エネルギーシステム一般にまつわ
る「系統連系問題」については、安田（2021）参照。

22）水車など「ピコ水力発電」の設営と研究を日本各地で進めてきた岡村鉄兵によ
れば、発電単体としての事業性が低くとも、学習効果・副次効果を含め、そのメ
リットは非常に大きい。

　小規模で高度な技術を要さないため、地域の誰もが発電事業に着手できる。ピ
コ水力発電に利用可能な水路、維持管理のための組合は日本の農村各地にあり、
大規模な新規投資を要さない。小さいがゆえに技術的な改良や工夫が容易で、失
敗しても経済的損失が小さく、やり直しができる。地域の自然資源である水や用
水システムを熟知する住民とともに発電施設を製作し、運用と管理を託せば、住

民は技術に習熟し、失敗からも学ぶことができる。外部に売るのではなく、地域での活用を前提とする電気は、その活用法を工夫し、地場の他事業との連携が見込める（岡村 2021：107-111, 143）。

23）本書第9章および黒崎（2021）では、アフリカにおける小水力発電の社会的・経済的・政治的意義や現代日本社会への示唆について論じている。

24）吉原直樹は、3.11以後、「祈り」「癒し」「絆」「つながり」といった言葉と結びつけ、「コミュニティ」への過剰な期待や願望が、コミュニティの実態から乖離したところで膨らむ状況を「コミュニティ・インフレーション」と捉え、警鐘を鳴らしてきた。コミュニティは、新自由主義の言説にも、国家主義の言説にも絡め取られやすい（吉原 2013）。

　　伊豫谷登志翁は、高度成長に支えられた福祉国家時代への回帰が困難な状況下、排他的ではなく、貧困の共有でもない「新しい共同性」の実現が課題とした。その実現は困難だが、新しい共同性の追求は、少なくとも、近隣諸国との紛争を煽ったり、外国人や移民を選別あるいは排除することによってナショナルな共同性を扇動することであってはならない（伊豫谷 2013）。コミュニティ・インフレの状況下、その危険性が見え隠れするがゆえの指摘である。

25）当然ながら、コミュニティだからといって、そのすべてが「生き心地の良い町」ではない。しがらみや押しつけが蔓延しては「生きづらさ」が増す。

　　日本において自殺率が顕著に低い地域を調査した岡檀は、その特性として、「コミュニティにおける多様性の承認」「自己効力感に基づく社会への主体的関与」「ゆるやかなつながり」「弱音を吐きやすい環境」「地理的条件（傾斜の弱い平坦な土地で、コミュニティが密集しており、気候の温暖な海沿いの地域）」を挙げている（岡 2013）。「生き心地」には、経済以外の要因も関わっている。

26）財政制度のあり方については、本書第2章で検討している。

27）齋藤純一は、コミュニティの再生には、「市民の連帯」を通じて、もうひとつのコミュニティである政治的共同体を再生する必要があるとしている。そこに住まない市民であっても、国家の制度や政策について、「特定コミュニティへの恣意的な利益誘導になっていないかどうか、特定コミュニティに偏った過大な負荷を課していないかどうか」に関心を持ち、評価することなしには、コミュニティの再生はできない（齋藤 2013）。

28）小田切徳美は、関係人口を「地方部に関心を持ち、関与する都市部に住む人々」と端的に捉え、ゼロ（無関心・無関与）と100（移住・定住）の間に、いくつかの「関わりの階段」を設定することの意義を説いている。「関わり価値」を形成し、移住・定住を絶対目標としない多様な関わり方を政策的に支えることによって関与のハードルを下げ、都市と農村の共生に結びつけようとしている（小田切

　2018）。

29）政府は様々な制度によって移住促進を図ってきたが、西野寿章が検証したように、たとえば「地域おこし協力隊」も、2008 年制度化当初の「条件不利地域への移住」という趣旨からは、今や遠くかけ離れている。2022 年では、条件不利地域以外で活動している隊員が 85％を占める。

　　受け入れ自治体は、移住者の人生にどのように関与するのかについての認識と責任を持つ必要があるが、山村の場合、農業・林業といった、住民・移住者の経済基盤となる基幹産業の振興は十分ではない。耕作放棄地、放置林だらけの山村では、観光による地域振興も構想しにくい（西野 2024：12-17）。

　　これに関連する議論は、本書第 4 章でも展開されている。

主要参考文献

◎邦文（著者 50 音順）

アリス・アムスデン（2011）原田太津男・尹春志訳『帝国と経済発展——途上国世界の興亡』法政大学出版局。

飯田哲也（2014）「コミュニティパワーとは」飯田他編著（2014）所収。

飯田哲也・環境エネルギー政策研究所編著（2014）『コミュニティパワー——エネルギーで地域を豊かにする』学芸出版社。

伊谷樹一・荒木美奈子・黒崎龍悟編（2021）『地域水力を考える——日本とアフリカの農村から』昭和堂。

伊東光晴（1995）『二一世紀の世界と日本』岩波書店。

伊豫谷登士翁（2013）「豊かさを共有できた時代の終焉」伊豫谷他（2013）所収。

伊豫谷登士翁・齋藤純一・吉原直樹（2013）『コミュニティを再考する』平凡社新書。

内橋克人（2003）『もうひとつの日本は可能だ』光文社。

枝廣淳子（2018）『地元経済を創りなおす——分析・診断・対策』岩波新書。

大島堅一（2011）『原発のコスト——エネルギー転換への視点』岩波新書。

大島堅一（2021）「大規模集中型電源（原子力、石炭火力、LNG 火力）のコスト問題」大島編著（2021）所収。

大島堅一編著（2021）『炭素排出ゼロ時代の地域分散型エネルギーシステム』日本評論社。

岡檀（2013）『生き心地の良い町——この自殺率の低さには理由がある』講談社。

岡村鉄兵（2021）「日本の農村における地域水力の展開——水車を設置してみえてきたこと」伊谷他編（2021）所収。

小沢慧一（2023）『南海トラフ地震の真実』東京新聞。

小田切徳美（2018）「関係人口という未来——背景・意義・政策」『ガバナンス』2月号。

ナオミ・クライン（2011）幾島幸子・村上由見子訳『ショック・ドクトリン——惨事便乗型資本主義の正体を暴く』（上・下）岩波書店。

黒崎龍悟（2021）「創造的模倣としての水力発電——タンザニア農村における試みから」伊谷他編（2021）所収。

齋藤純一（2013）「コミュニティ再生の両義性——その政治的文脈」伊豫谷他（2013）所収。

佐野 誠（2012）『99％のための経済学（教養編）——誰もが共生できる社会へ』新評論。

高木仁三郎（1999）『市民科学者として生きる』岩波新書。

瀧本裕士（2021）「現代日本における地域水力の意義と可能性」伊谷他編（2021）所収。

田中輝美・永岡里菜（2024）「対談　人口減少時代の課題がひらく未来」『世界』5月号。

西野寿章（2019）「日本山村における地域電化と地域社会、住民の対応——1909〜1968」諸富（2019）所収。

西野寿章（2020）『日本地域電化史論——住民が電気を灯した歴史に学ぶ』日本経済評論社。

西野寿章（2021）「地域・産業の電化過程と小水力発電」伊谷他編（2021）所収。

西野寿章（2024）「日本における「田園回帰」現象の性格と自治体の責任」『地域政策研究』第 26 巻第 4 号、高崎経済大学地域政策学会。

西部 忠（2013）「地域通貨のメディア・デザインとコミュニティ・ドック——進化主義的制度設計による新たな政策論の展開」西部忠編著『地域通貨』ミネルヴァ書房。

西部 忠（2023）「地域内経済循環、再生産、地域内乗数——地域通貨による貨幣循環の可視化」『農業と経済』春号。

デヴィッド・ハーヴェイ（2007）渡辺治監訳『新自由主義——その歴史的展開と現在』作品社。

アルバート・ハーシュマン（1961）麻田四郎訳『経済発展の戦略』巌松堂。

アルバート・ハーシュマン（1973）麻田四郎・所 哲也訳『開発計画の診断』巌松堂。

アルバート・ハーシュマン（1988）佐々木毅・杉田 敦訳『失望と参画の現象学——私的利益と公的行為』法政大学出版局。

アルバート・ハーシュマン（1997）岩崎 稔訳『反動のレトリック——逆転、無益、危険性』法政大学出版局。

アルバート・ハーシュマン（2005）矢野修一訳『離脱・発言・忠誠——企業・組織・国家における衰退への反応』ミネルヴァ書房。

アルバート・ハーシュマン（2008）矢野修一・宮田剛志・武井 泉訳『連帯経済の可能性——ラテンアメリカにおける草の根の経験』法政大学出版局。

古屋将太（2014）「コミュニティパワーを立ち上げる」飯田他編著（2014）所収。

ジュールズ・ボイコフ（2021）井谷聡子・鵜飼 哲・小笠原博毅監訳『オリンピック 反対する側の論理——東京・ロス・パリをつなぐ世界の反対運動』作品社。

松村圭一郎（2021）『くらしのアナキズム』ミシマ社。

松村圭一郎（2024）『人類学者のレンズ』西日本新聞社。

松本 創編著（2024）『大阪・関西万博「失敗」の本質』ちくま新書。

丸山眞男（1964）『現代政治の思想と行動（増補版）』未来社。

南 博・稲葉雅紀（2020）『SDGs——危機の時代の羅針盤』岩波新書。

本山美彦（1993）「了解・形態・場——マルクス的世界経済論の視点から」『経済評論』第 42 巻第 5 号。

諸富 徹（2018）『人口減少時代の都市——成熟型のまちづくりへ』中公新書。

諸富 徹編著（2019）『入門 地域付加価値創造分析——再生可能エネルギーが促す地域経済循環』日本評論社。

安田 陽（2021）「地域分散型エネルギーと系統連系問題」大島編著（2021）所収。

矢野修一（2004）『可能性の政治経済学——ハーシュマン研究序説』法政大学出版局。

矢野修一（2006）「開発経済学の基本理念——その「来し方」と「行く末」に関する考察」本山美彦編著『世界経済論——グローバル化を超えて』ミネルヴァ書房。

矢野修一（2008）「持続可能性と連帯経済——プロジェクト・スモール・エックスへのまなざし」高崎経済大学附属産業研究所編『サステイナブル社会とアメニティ』日本経済評論社。

矢野修一（2011）「「まだない」ものに向き合う社会科学——ポシビリズムと希望学の対話」『経済志林』第 78 巻第 4 号、法政大学経済学会。

矢野修一（2013）「2 つのアメリカ帝国と「埋め込まれた自由主義」の盛衰」『高崎経済大学論集』第 55 巻第 3 号、高崎経済大学経済学会。

矢野修一（2014）「デフレ下日本の経済構想——オルタナティブの素描」高崎経済大学産業研究所編『デフレーション現象への多角的接近』日本経済評論社。

矢野修一（2016）「新自由主義批判とアジア・コンセンサスのエチュード」平川 均他編著『新・アジア経済論——中国とアジア・コンセンサスの模索』文眞堂。

矢野修一（2019）「ハーシュマンと不確実性／可能性への視座」岡本哲史・小池洋

　　一編著『経済学のパラレルワールド——入門・異端派総合アプローチ』新評論。
矢野修一（2021）「〈書評〉西野寿章『日本地域電化史論——住民が電気を灯した歴
　　史に学ぶ』」『高崎経済大学論集』第 63 巻第 3・4 合併号、高崎経済大学経済学
　　会。
矢野修一（2023）「「現実主義」に関する一考察——2020 年代の「現実」のなかで」
　　『地域政策研究』第 25 巻第 3 号、高崎経済大学地域政策学会。
吉原直樹（2013）「ポスト 3.11 の地層から——いまコミュニティを問うことの意味」
　　伊豫谷他（2013）所収。

◎欧文（著者アルファベット順）

Adelman, Jeremy（2013）*Worldly Philosopher: The Odyssey of Albert O. Hirschman*, Princeton: Princeton University Press.

Benner, Chris & Manuel Pastor（2021）*Solidarity Economics: Why Mutuality and Movements Matter*, Cambridge: Polity Press.

Boykoff, Jules（2014）*Celebration Capitalism and the Olympic Games*, Routledge.

O'Donnel, Guillermo（1999）*Counterpoints: Selected Essays on Authoritarianism and Democratization*, Notre Dam: Indiana, University of Notre Dame Press.

第2章

分権改革下で地方財政はどのように変容したのか

天羽　正継

はじめに

　1993年6月、衆参両院で「地方分権の推進に関する決議」が行われ、そこでは「国と地方との役割を見直し、国から地方への権限移譲、地方税財源の充実強化等地方公共団体の自主性、自律性の強化を図り、二十一世紀に向けた時代にふさわしい地方自治を確立することが現下の急務である」とうたわれた（内閣府「地方分権アーカイブ」）。その後長らく、地方分権は国政上の優先課題とされたが、それから30年余りが経過し、現在では地方分権を求める声は減り、メディアや国民の関心も著しく低下しているとも言われる（谷2023：26）。その一方で、人口減少や東京一極集中による地域経済の衰退が叫ばれるようになって久しい。

　こうした中で、地方分権改革の対象であるとともに、地域経済から影響を受け、また地域住民に対して様々な行政サービスを提供する地方財政は、どのように変容したのであろうか。本章の課題は、この点を明らかにするとともに、これまでの地方財政に関する政策の特質を明らかにした上で、そうした政策からの転換を主張することである。

　本章は次のように展開される。第1節では、これまで実際に行われた地方分権改革と、それに関する提言について概観する。地方分権改革に関する提言は、その内容のすべてが実現されたわけではないものの、その理念がその後の地方財政に関する政策に影響を与えた可能性があることから取り上げる。第2節では、分権改革下における地方財政の変容について、いくつかのテー

マごとに概観する。最後に「おわりに」では、それまでみてきた分権改革や地方財政に関する政策がいかなる特質を有していると考えられるのかについて述べた上で、筆者の主張を述べる。

1. 地方分権改革の推移

(1) 第1次地方分権改革

　先述の「地方分権の推進に関する決議」が行われた後、1993年10月には臨時行政改革推進審議会が地方分権の推進について答申を行い、国はこの答申に基づき、94年12月に「地方分権に関する大綱方針」を閣議決定した。この閣議決定を踏まえて95年7月には地方分権推進法が施行され、その規定に基づいて地方分権推進委員会が設置された。同委員会は96年12月から97年10月にかけて4次にわたる勧告を内閣総理大臣に行い、これに基づいて国は99年3月に「地方分権の推進を図るための関係法律の整備等に関する法律」（地方分権一括法）を国会に提出した。地方分権一括法は同年7月に成立し、翌年4月から施行された（井川2008：6-8）。

　井川博は、地方分権一括法のポイントとして以下の諸点を挙げている。第1に、機関委任事務の廃止である。機関委任事務に対しては、中央政府と地方政府の役割分担を不明確にし、中央政府からの通達等による統制・関与を通じて地方政府の政策形成・実施の自主性を大きく制約しているとの強い批判があった。機関委任事務の廃止により、地方政府が執行する事務は自治事務と法定受託事務とに区分され、国の包括的な指揮監督権が廃止された。

　第2に、中央政府の地方政府に対する関与（統制）の見直しが行われた。具体的には、機関委任事務制度の廃止に伴い、国等の包括的な指揮監督権が廃止されるとともに、関与の原則・手続きなどに関する規定が地方自治法に新たに設けられた。これにより、地方債の発行や法定外普通税の創設が許可制度から協議制度に移行することとなった。

　第3に、地方自治法に地方政府の役割と中央政府の配慮に関する規定が新設され、中央政府および地方政府が分担すべき役割の明確化が図られた。第

4 に、都道府県・市町村への権限移譲が進められ、森林法、都市計画法、児童扶養手当法など 35 本の法律が改正された。第 5 に、組織や職員の設置を義務付ける法律の見直しが行われた。

その他に、地方政府の行政体制を整備・確立するという観点からの法律改正が行われており、本章に関係するものとしては、自主的な市町村合併を推進するために、住民発議制度や財政支援制度の充実など、市町村合併の特例に関する法律の改正が行われた（井川 2008：8-10）。

地方分権推進委員会は一連の勧告を終え、2001 年 6 月に最終報告をまとめた。そこでは残された課題として、地方財政秩序の再構築、法令による義務付け・枠付けの緩和、住民自治の拡充、「地方自治の本旨」の具体化などが列記された（谷 2023：28）。以上、1993 年 6 月の衆参両院決議から地方分権推進委員会の最終報告までが「第一次地方分権改革」とされる（内閣府「地方分権アーカイブ」）。

（2）三位一体の改革

地方分権推進委員会が最終報告を行った後、時の小泉純一郎内閣は後継組織として地方分権改革推進会議を立ち上げた。しかし、同会議は税財政面の改革案をめぐって委員が対立し、目立った成果を上げられなかった（谷 2023：28）。

一方、2001 年 6 月に閣議決定された「骨太の方針 2001」では、地方財政改革の方向性として、地方の歳出の抑制を行うこと、受益と負担の明確化を図る目的で国庫補助負担金および地方交付税の削減を行った上で、税源移譲を含めた国と地方の税源配分の見直しを行うことが記されていた。「三位一体の改革」の幕開けである（細井 2024：32-34）。

その後、2005 年 11 月に政府・与党で三位一体の改革について合意が行われた（政府・与党「三位一体の改革について」）。同改革は、国庫補助負担金の改革、税源移譲、地方交付税の改革からなる。以下、それぞれの成果についてみていく。

国庫補助負担金の改革では、2004〜06 年度の間に 4.7 兆円に上る廃止や交

付金化などの改革が行なわれた。03年度予算で行われた改革を含めると改革の総額は5.2兆円となり、このうち税源移譲に結び付くとされた額は3.1兆円で、残りの2.1兆円は税源移譲に結び付かない国庫補助負担金のスリム化（廃止・削減）、交付金化によるものである。具体的には、スリム化によるものは1.3兆円、交付金化によるものは0.8兆円であった（井川2007：9）。

　税源移譲では、2006年度税制改正において、所得税から個人住民税への恒久措置として3.0兆円規模の税源移譲が行われた。なお、そのうち都道府県分が2.2兆円、市町村分が0.8兆円であった（総務省「『三位一体の改革』の成果」）。

　地方交付税の改革では、臨時財政対策債を含めた実質的な地方交付税総額が、2003〜06年度にかけて5.1兆円の大幅な減少となった。減少の要因としては、この間における地方税収の増加による影響もあるが、地方財政計画の規模が圧縮された影響が大きいと考えられる（井川2007：9）。

（3）第2次地方分権改革

　地方分権改革をめぐっては地方の側も積極的な提言を行った。特に全国知事会は急速に存在感を高め、小泉首相は三位一体の改革を進めるにあたり、3兆円の税源移譲の原資となる補助金削減案の作成を知事会など地方6団体に要請した。

　三位一体の改革は地方側が思い描く姿にはならなかったものの、全国知事会はさらに分権改革に突き進み、地方6団体で「新地方分権構想検討委員会」を設けて2006年11月に最終報告書をまとめた。こうした地方側の活動もあって、第1次安倍政権は07年4月に「地方分権改革推進委員会」を立ち上げた。そして、これ以降が「第2次地方分権改革」と呼ばれている（谷2023：28-29）。

　しかし、第二次地方分権改革で主に行われたのは地方自治体の権限に関する改革であり、財源面での改革は実施されなかった。そのため、本章のテーマである地方財政との関係から、第二次地方分権改革についてこれ以上は述べないこととする。

（4）地方分権 21 世紀ビジョン懇談会報告書

　ここでは、竹中平蔵総務大臣（第 3 次小泉改造内閣）の私的諮問機関である「地方分権 21 世紀ビジョン懇談会」[1] が 2006 年 7 月にまとめた報告書（以下、ビジョン懇報告書）についてみていくこととする。ビジョン懇報告書はあくまで私的諮問機関の意見書であり、その提言内容がその後すべて実現されたわけではない。それにもかかわらず同報告書に注目するのは、その内容が市場主義的・新自由主義的な思想を強く反映しており、その後の地方財政に関する政策に影響を与えた可能性が考えられるからである[2]。

　ビジョン懇報告書は地方分権改革の目指すべき方向性として「自由と責任」「小さな政府」「個性の競争」「住民によるガバナンス」「情報開示の徹底」という原則を提示し、「新分権一括法の提出」「地方債の完全自由化」「いわゆる “再生型破綻法制” の整備」「税源配分の見直し」「交付税改革」「国庫補助負担金改革」「地方の歳出削減、歳入面での検討」「地方行革」「道州制、市町村合併、都道府県と市町村の関係の見直し」を開始するべきと述べる。以下ではこれらのうち、中でも市場主義的な色彩を強く帯びている地方債の完全自由化、再生型破綻法制の整備および交付税改革について概観する。

　地方債について、ビジョン懇報告書は「地方の自主性に委ねられ、資本市場において各自治体の信用力に応じた地方債の格付けが行われる状況が速やかに実現されるよう、国は以下の環境整備等に取り組むべきである」と述べ、「公募地方債の発行条件の統一交渉の即時全廃」「公営企業金融公庫の廃止後の資本市場を活用した新たな枠組み」「地方債の多様化」「地方債に対する交付税措置の廃止」を主張する。

　再生型破綻法制の整備については、まず「護送船団方式により形成された『国が何とかしてくれる』という神話が、財政規律の緩みにつながってきた面を否定でき」ず、「経営に失敗すれば、自治体も破綻という事態に立ち至る、という危機感を持つことが、地方財政の規律の回復のために必要であるとの指摘がある」と述べる。そして、「いわゆる “破綻” の意味するところを明確にし、透明な早期是正措置によってその事態を回避し、再生への道筋

を明らかにすることが重要である」と述べ、「この観点から、いわゆる "再生型破綻法制" の検討に早期に着手」するべきと主張する。

　地方交付税については、「国の規制や基準付けに基づく部分を縮小させ、地方が自由に歳出を決定できる部分を拡大すべきであ」り、「地方が自由に歳出を決定する部分については、現行の複雑な交付税の算定基準を抜本的に改め、誰でもわかる簡便な算定基準に順次変えていくべきである」と主張し、そのために「平成 19 年度予算から人口と面積を基本として算定する新型交付税を導入することとする」と述べる。また、「地方自治体の自由と責任を実現するには、交付税に依存しない自立した自治体を増やすことが重要であ」り、「地方の歳出削減、税源移譲、交付税改革により、今後 3 年程度で人口 20 万人以上の自治体の半分が不交付団体となるようにすべきである」とも述べる。

2. 地方財政の変容

　前節では、1990 年代半ば以降に実施された地方分権改革と、それに関する提言について概観した。それではこうした分権改革の下で、地方財政はどのように変容したのであろうか。以下ではこの点について 5 つのテーマごとにみていくこととする。

（1）地方税

　前節で述べたように、三位一体の改革により、2006 年度税制改正において所得税から個人住民税への 3.0 兆円規模の税源移譲が行われた。しかし同時に、臨時財政対策債を含めた実質的な地方交付税総額は 5.1 兆円と大幅に削減され、国庫補助負担金についても 2.1 兆円が税源移譲に結び付かないスリム化および交付金化の対象となり、差し引きすると地方の財源は削減されることとなった。実際に、臨時財政対策債を含む地方交付税を対前年度比で 12% の減とするとする 04 年度予算案と地方財政対策が 03 年 12 月に発表された際には、予算が組めない地方自治体が現れるという「地財ショック」が

表 2-1　国税と地方税の収入額

（単位：億円、％）

年度	租税総額		国税		地方税	
2002	792,227	100.0	458,442	57.9	333,785	42.1
2003	780,351	100.0	453,694	58.1	326,657	41.9
2004	816,417	100.0	481,029	58.9	335,388	41.1
2005	870,949	100.0	522,905	60.0	348,044	40.0
2006	906,231	100.0	541,169	59.7	365,062	40.3
2007	929,226	100.0	526,558	56.7	402,668	43.3
2008	853,894	100.0	458,309	53.7	395,585	46.3
2009	754,262	100.0	402,433	53.4	351,830	46.6
2010	780,237	100.0	437,074	56.0	343,163	44.0
2011	793,468	100.0	451,754	56.9	341,714	43.1
2012	815,100	100.0	470,492	57.7	344,608	42.3
2013	866,017	100.0	512,274	59.2	353,743	40.8
2014	946,346	100.0	578,492	61.1	367,855	38.9
2015	990,679	100.0	599,694	60.5	390,986	39.5
2016	983,486	100.0	589,563	59.9	393,924	40.1
2017	1,022,847	100.0	623,803	61.0	399,044	39.0
2018	1,049,756	100.0	642,241	61.2	407,514	38.8
2019	1,033,866	100.0	621,751	60.1	412,115	39.9
2020	1,057,586	100.0	649,330	61.4	408,256	38.6
2021	1,142,900	100.0	718,811	62.9	424,089	37.1
2022	1,203,899	100.0	763,377	63.4	440,522	36.6

出所：総務省『令和 6 年版地方財政白書 資料編』より作成。

生じた（細井 2024：45-46）。

　それでは、三位一体の改革により地方税収はどのように変化し、その後推移したのだろうか。表 2-1 は、2002〜22 年度における国税と地方税の収入金額および構成比の推移を示したものである。まず、国税と地方税を合計した税収総額は、02 年度の 79 兆円から 22 年度の 120 兆円へと、変動がありつつもほぼ順調に増加している。

　地方税の構成比は、2002 年度の 42.1％から 05 年度の 40.0％まで低下した後に上昇に転じ、09 年度には 46.6％に達している。一方で収入金額は、06 年度の 37 兆円から翌年度の 40 兆円へと大きく増加している。これは言うまでもなく、06 年度に国税の所得税から地方税の住民税へと税源移譲が行われた結果である。

表 2-2　地方財政と国

年度	歳出総額		国から地方に対する支出	地方から国に対する支出	歳出純計額		
	国	地方			国	地方	合計
	(A)	(B)	(C)	(D)	(A)−(C) (E)	(B)−(D) (F)	(E)+(F) (G)
2012	1,044,969	964,186	362,159	9,308	682,810	954,877	1,637,687
2013	1,058,980	974,120	367,916	7,676	691,064	966,444	1,657,508
2014	1,060,355	985,228	360,051	7,054	700,304	978,174	1,678,478
2015	1,061,292	984,052	354,709	7,220	706,583	976,833	1,683,415
2016	1,064,419	981,415	353,897	8,072	710,523	973,342	1,683,865
2017	1,057,801	979,984	348,264	7,344	709,537	972,640	1,682,178
2018	1,061,875	980,206	342,387	7,477	719,488	972,729	1,692,216
2019	1,090,758	997,022	356,557	8,555	734,201	988,467	1,722,667
2020	1,549,074	1,254,588	569,026	9,560	980,048	1,245,029	2,225,076
2021	1,517,863	1,233,677	544,779	7,993	973,084	1,225,684	2,198,768
2022	1,401,928	1,173,557	483,273	7,848	918,656	1,165,708	2,084,364

出所：総務省『令和 6 年版地方財政白書　資料編』より作成。

　しかし、地方税の構成比は 2010 年度以降低下傾向をたどり、22 年度には 36.6% と、ピーク時の 09 年度から 10.0% も低下している。一方、これとは対照的に国税の構成比は、地方税の構成比の低下分と入れ替わる形で 09 年度から 22 年度にかけて 10.0% 上昇し、同年度には 63.4% と、過去約 20 年間で最高の値に達している。なぜこのように国税と地方税の間で差が開くこととなったのであろうか。

　三位一体の改革における税源移譲に伴い、所得税と住民税の税率についても制度改正が行われた。すなわち、税源移譲前には、所得税の税率は 10、20、30、37% の 4 本立て、個人住民税の税率は 5、10、13% の 3 本建てであったのが、税源移譲後は、所得税は 5、10、20、23、33、40% の 6 本立てに、個人住民税は 10%（道府県民税が 4%、市町村民税が 6%）の単一税率となった（総務省「税源移譲後の所得税・個人住民税の税率」）。

　橋本恭之によれば、このように所得税の累進度が強化される一方で個人住民税が比例税となった結果、三位一体の改革後に所得税の税収弾性値が上昇

の財政との累年比較

（単位：億円、％）

純計構成比		税収入額		税収入額の歳出額に占める割合					
				歳出総額		歳出純計額			
国	地方	国	地方	国	地方	国	地方		
(E)/(G)	(F)/(G)	(H)	(I)	(H)/(A)	(I)/(B)	(H)/(E)	(I)/(F)		
41.7	58.3	470,492	344,608	45.0	35.7	68.9	36.1		
41.7	58.3	512,274	353,743	48.4	36.3	74.1	36.6		
41.7	58.3	578,492	367,855	54.6	37.3	82.6	37.6		
42.0	58.0	599,694	390,986	56.5	39.7	84.9	40.0		
42.2	57.8	589,563	393,924	55.4	40.1	83.0	40.5		
42.2	57.8	623,803	399,044	59.0	40.7	87.9	41.0		
42.5	57.5	642,241	407,514	60.5	41.6	89.3	41.9		
42.6	57.4	621,751	412,115	57.0	41.3	84.7	41.7		
44.0	56.0	649,330	408,256	41.9	32.5	66.3	32.8		
44.3	55.7	718,811	424,089	47.4	34.4	73.9	34.6		
44.1	55.9	763,377	440,522	54.5	37.5	83.1	37.8		

し、国税の税収弾性値は地方税のそれよりも高くなった（橋本2023a：8）。すなわち、2009年度以降に地方税収入に対する国税収入の比率が上昇していったのは、税収弾性値の高い所得税が景気回復の恩恵を強く受けて税収を大きく伸ばしたのに対して、それの低い個人住民税は所得税ほど税収を伸ばすことができなかったからである。

そもそも、三位一体の改革で所得税から個人住民税への税源移譲が行われたのは、地方歳出と地方税収との乖離の縮小などの観点から、地方税源の充実確保を図るべきとされたためである（地方分権推進委員会『地方分権推進委員会最終報告――分権社会の創造：その道筋』）。それでは、三位一体の改革後にその乖離は縮小したのだろうか。

表2-2は、2012年度から22年度における国と地方の財政の推移を比較したものである。まず、(A)に国の、(B)に地方の歳出総額の推移がそれぞれ示されているが、前者には地方に対する支出（(C)）が、後者には国に対する支出（(D)）が含まれているため、それらを除いた歳出純計額を求める必要があ

る。国と地方についてそれを示しているのが(E)と(F)であり、さらにその比率を示しているのが(E)/(G)と(F)/(G)である。両列から、国と地方の歳出純計額の比率は、国が4割強、地方が6割弱で比較的安定的に推移していることがわかる。

次に、(H)と(I)には表2-1で示されていた国と地方の税収入額が示されている。そして、それらが国と地方の歳出額に占める割合を示しているのが(H)/(A)から(I)/(F)までである。これらはすなわち、歳出額のうちどの程度の割合を税収で賄えているかを示す指標である。ただし、(H)/(A)と(I)/(B)は歳出総額に占める割合を、(H)/(E)と(I)/(F)は歳出純計額に占める割合を示している。

まず(H)/(A)と(I)/(B)をみてみると、国は2012年度の45.0%から22年度の54.5%へと1割近く上昇しているのに対して、地方は35.7%から37.5%へと2%弱上昇しているに過ぎない。次に(H)/(E)と(I)/(F)をみてみると、国は同じ期間に68.9%から83.1%へと約14%上昇しているのに対して、地方は1.7%上昇しているに過ぎない。すなわち、いずれの指標でみても、国が歳出を税収で賄う割合を大きく高めているのに対して、地方のそれはほとんど変化していないのである。

もっとも、2019年度から翌年度にかけて、おそらくは新型コロナウイルスのパンデミックにより、地方の税収割合が4割台から1割近く低下しており、その結果、2012年度からほとんど変化していないように見えるに過ぎないという捉え方ができるかもしれない。しかし、ピークである2018年度でも税収割合は41.9%で((I)/(F))、12年度から6%弱の上昇に過ぎないのである。結局、地方歳出と地方税収との乖離の縮小はわずかにすぎず、三位一体の改革における税源移譲が十分なものではなかったことは明らかである。

(2) 地方交付税

先にみたように、三位一体の改革により実質的な地方交付税総額が2003年度から06年度にかけて5.1兆円削減された。しかし、地方交付税の削減はそれ以前から始まっていた。すなわち、地方交付税の総額は00年の21.8

兆円をピークに、01 年が 20.3 兆円、02 年が 19.5 兆円、03 年が 18.1 兆円と減少傾向をたどり、07 年には 15.2 兆円にまで減少している（青木 2017：9）。

　こうした地方交付税の削減は基準財政需要額、その中でも投資的経費を削減することで進められてきた。また、国の地方財政対策において、2001 年度から普通交付税の財源の不足分を各地方自治体が臨時財政対策債を発行することで補う制度が始まり、基準財政需要額の一定額が臨時財政対策債振替分となった（大和田・石山・菊池 2021：119）。

　その後も地方交付税の「改革」は続いた。前節でみたビジョン懇報告書においても述べられていたように、2007 年度から人口と面積を測定単位とした 5 兆円規模の「新型交付税」が導入された。具体的には、地方交付税を個別算定経費と包括算定経費に区分し、後者に新型交付税が導入されたのである。しかし、こうした新型交付税は、測定単位をきめ細かく設定することで各地方自治体の行政ニーズをきめ細かく保証しようという、それまでの地方交付税のあり方とは異なるものであり（大和田・石山・菊池 2021：120-121）、まさしく効率重視の地方交付税改革であった。

　また、2016 年度には「トップランナー方式」による普通交付税の算定が始まった。トップランナー方式とは、基準財政需要額の算定に用いられる単位費用において、民間委託や指定管理者制度の導入によって効率化が進んだ地方自治体の経費水準を反映させる制度である（大和田・石山・菊池 2021：41）。

　トップランナー方式の考え方が示されたのは、2015 年 5 月の経済財政諮問会議における有識者議員提出資料においてである。同資料では、公共サービスにおける地方歳出の無駄を無くす「インセンティブ改革」として、地方財政制度において「結果平等」を保障するしくみから「頑張る地方」の取組を促すしくみへとシフトする考え方が示され、その一環としてトップランナー方式が提案された。これを踏まえて、同年 6 月に閣議決定された骨太方針 2015 では「自治体間での行政コスト比較を通じて行政効率を見える化し、自治体の行財政改革を促すとともに、たとえば歳出効率化に向けた取組で他団体のモデルとなるようなものにより、先進的な自治体が達成した経費水準

の内容を、計画期間内に地方交付税の単位費用の積算に反映し（トップランナー方式）、自治体全体の取組を加速する」と明記され、制度化へ向けた方針が確定した（飛田 2016：35-36）。

　以上のように、トップランナー方式は「新型交付税」と同様に、もしくはそれ以上に効率重視の制度であると言って良い。いずれにせよ、地方分権改革の下において効率重視の地方交付税「改革」が行われてきたのである。

（3）市町村合併

　1999 年以降、全国的に市町村合併が積極的に推進されてきた。いわゆる「平成の合併」である（総務省『「平成の合併」について』）。表 2-3 は、99 年 3 月 31 日以降における市町村数の変遷を示したものである。同日に 3,232 あった市町村数は、7 年後の 2006 年 3 月 31 日には 1,821 に減少し、さらにその 12 年後の 18 年 10 月 1 日は 1,718 となっている。すなわち、市町村数は約 20 年で半分近くにまで減少したのである。

　市町村の内訳をみると、市が 670 から 792 へと増加しているのに対して、町は 1,994 から 742 へと約 6 割、村は 568 から 183 へと 7 割近くも減少している。すなわち、市町村数の減少は町村数の減少によってもたらされ、そして市の数の増加は町村の合併によってもたらされたことがわかる。

　市町村合併はなぜ行われることとなったのだろうか。その背景について、沼津市のウェブサイトは「住民の日常生活圏の拡大」、「地方分権型社会への対応」、「少子高齢化の急速な進行」、「住民ニーズの多様化、高度化」、「厳しい財政状況」を挙げている。「住民の日常生活圏の拡大」は、「交通手段が発達し、住民の生活行動圏が拡大してい」るので、「住民サービス向上のため、広域で一体的かつ効果的な施策展開が必要となってい」るということ、「地方分権型社会への対応」は、「地域の実情、ニーズに即した行政を行う」市町村が「自らの判断と責任（自己決定・自己責任の原則）により、地域経営を行うにふさわしい行財政能力が求められてい」るということ、「少子高齢化の急速な進行」は、「少子高齢化の進行が、医療・福祉サービスの需用を増加させ、サービス水準の維持、向上のために、人的・財政的基盤の充実が必

要となってき」ているとい
うこと、「住民ニーズの多
様化、高度化」は、「単独
の市町村では対応困難な新
たな行政課題が発生して」
おり、そうした「住民ニー
ズの多様化、高度化により、

表 2-3　市町村数の変遷

	市	町	村	合計
1999 年 3 月 31 日	670	1,994	568	3,232
2006 年 3 月 31 日	777	846	198	1,821
2010 年 3 月 31 日	786	757	184	1,727
2014 年 4 月 5 日	790	745	183	1,718
2018 年 10 月 1 日	792	743	183	1,718

出所：総務省「広域行政・市町村合併」より作成。

様々な分野での専門職員の確保が必要となって」くるということ、「厳しい
財政状況」は、「国・地方の債務残高が膨大な金額となっており、財政健全
化の道筋をつけることが、喫緊の課題となって」いるので、そのために「効
率的な財政運営が重要課題となって」くるということである（沼津市「なぜ、
市町村合併が必要なのか」）。

　「平成の合併」が始まるきっかけとなったのは、地方分権推進委員会が
1996 年 3 月に橋本龍太郎首相に提出した『第 1 次勧告』であった。同委員
会が勧告の内容を自民党行政改革推進本部で説明したところ、地方分権を進
めるためには市町村の権能をこそ強化すべきであり、今後は都道府県から市
町村への事務権限の移譲を進めるべきであるが、弱小な市町村が多数存在し
たままでは移譲に限界があるため、市町村合併の推進を直ちに開始すべきで
あるとの意見が噴出したのである（髙井・棚橋 2013：9）。

　その後、市町村合併の推進方策のあり方について橋本内閣からの諮問を受
けた第 25 次地方制度調査会は、1998 年 4 月に『市町村の合併に関する答申』
を提出し、合併についての基本的な考え方を示すとともに、合併の推進方策
について具体的な提言を行った。そして、これらの推進方策は同年 5 月に閣
議決定された「地方分権推進計画」にも取り入れられた。翌年 7 月には、同
計画を実施するための法律である地方分権一括法が成立し、この中で合併特
例法も改正された。これにより、合併協議会設置に関する住民発議制度の拡
充、地域審議会制度の創設、合併算定替（地方交付税の算定額の特例）の期間
延長、合併特例債の創設等の諸措置が講じられた（髙井・棚橋 2013：11）。

　市町村合併の始動後も、政界からの合併推進を求める動きは続き、たとえ

ば森喜朗内閣を構成する連立与党は2000年7月に与党行財政改革推進協議会を開催し、年内実施の可能性を検討すべき当面の事項の1つとして「基礎的自治体の強化の観点で、市町村合併後の自治体数を1,000を目標とするとの決定」を挙げた。当時の自治省は、市町村合併はあくまで自主的との理由から、数値目標の設定には否定的であったが、結局、与党の方針がそのまま政府の方針として取り込まれることとなった（髙井・棚橋2013：12-13）。

小泉純一郎内閣で閣議決定された2001年6月の「骨太の方針2001」では、地方交付税に関して「段階補正（団体の規模に応じた交付税の配分の調整）が、合理化や効率化への意欲を弱めることにならないよう、その見直しを図るべきである」とされ、この方針に沿う形で段階補正係数の見直しが行われた結果、小規模町村への交付税額は削減されることとなった。すなわち、小規模市町村が合併せずに存続するには厳しい環境が形成されてきたのである（髙井・棚橋2013：13-14）。

以上のような経緯を経て市町村合併は推進され、先にみたように市町村、特に町村の数が減少していくこととなった。髙井・棚橋（2013）は、「明治の大合併」や「昭和の大合併」とは異なり、「平成の合併」には単一の目標がなく「何のための合併なのかが曖昧なまま、ただひたすら合併が推進されていった」と述べている（髙井・棚橋2013：12）。しかし、あえて言うならばその最大の目標は、これまでみてきたことから推察されるように、市町村合併による効率化で国・地方の歳出を削減することであったと言えよう。

合併による行財政の効率化は主に「規模の経済」によってもたらされると考えられる。しかし、五石・木村・道政（2013）は、あくまで2008年時点における暫定的な分析結果であるとしつつ、合併前後の期間において、合併をしていない自治体の方が合併した自治体よりも効率化していたと述べている（五石・木村・道政2013：83, 93）。

また、合併後に行われた議会議員選挙を分析した三宅・藤川・小石川・棚橋（2013）によれば、市町村合併によって合併前人口シェアの小さい地域から議員が選出されず、地域の声が反映されないことに対する懸念に対応して、議会議員選挙において特例が設けられたが、その効果がほぼ消滅した後は、

合併後の議会議員の地域属性はほぼ合併前人口シェアに比例するようになった（三宅・藤川・小石川・棚橋 2013：142-143）。すなわち、周辺部が地域代表を送り込む機能は減衰したのである（木村 2013：186）。

　以上のように、行政の効率化の観点から推進されてきた市町村合併は、その当初の目的すら十分に果たすことができなかったばかりか、地域における民主主義の機能を弱体化させるという結果をもたらすこととなったのである。

（4）自治体運営の「効率化」

　先に、民間委託や指定管理者制度の導入によって効率化が進んだ地方自治体の経費水準を地方交付税の基準財政需要額の算定に反映させる「トップランナー方式」が 2016 年度に始まったことをみた。しかし、こうした自治体運営の効率化はそれ以前から試みられてきた。

　たとえば、2005 年に総務省から各地方自治体に出された「地方公共団体における行政改革の推進のための新たな指針」（いわゆる「新地方行革指針」）では、指定管理者制度の活用を含む民間委託等の推進や、定員管理の適正化等の 9 つの事項について「集中改革プラン」を公表することが求められた（総務省「地方公共団体における行政改革の推進のための新たな指針の策定について」）。

　指定管理者制度とは、公の施設を民間事業者（株式会社、NPO 法人、学校法人、医療法人等）に管理してもらう制度で、2003 年の地方自治法の改正により開始された。なお、ここでの公の施設は、その地方自治体の住民の利用に供するものであること、住民の福祉増進を目的とするものであること、地方自治体が設置するものであること、という要件を満たすものである（齋藤2019）。総務省の調査によれば、18 年 4 月 1 日現在、約 7 万 6,000 の施設で指定管理者制度が導入されており、4 割の施設で民間事業者が指定管理者となっている（総務省自治行政局行政経営支援室「公の施設の指定管理者制度の導入状況等に関する調査結果の公表」）。

　一方、定員管理の適正化について「新地方行革指針」は、「抜本的な事務・事業の整理、組織の合理化、職員の適正配置に努めるとともに、積極的

な民間委託等の推進、任期付職員制度の活用（中略）などを通じて、極力職員数の抑制に取り組むこと」「現在55〜57歳の年代（中略）の職員の大量退職を迎えることから、退職者の補充をどの程度行うべきか十分に検討した上、様々な手法も活用しながら、計画的な職員数の抑制に取り組むこと」と述べている（総務省「地方公共団体における行政改革の推進のための新たな指針の策定について」）。

以上のような政策方針を背景に地方公務員数は減少を続け、1994年にピークの約328万人であった地方公務員数は2016年まで一貫して減少し、18年には最少の273万6,860人となっている。ただ、その後はやや増加に転じ、23年には約280万人となっている（総務省「令和5年地方公共団体定員管理調査結果の概要（令和5年4月1日現在）」）。

このように地方自治体の正規職員が減少する一方で、増加したのが非正規職員である。実際に、多くの地方自治体で1990年代半ばから、正規職員の給与等からなる人件費の減少傾向が続き、その代わりに、物件費に分類される指定管理料や委託料、非正規職員の賃金が増加してきた。そうした中で問題視されてきたのが、「官製ワーキングプア」と呼ばれる、非正規職員の不安定かつ低賃金な労働の実態である。特に、指定管理者が管理の更新を行う場合、以前の指定管理料から減らした額で更新するケースが多くあり、その結果、最低賃金並みの条件で働かざるを得ない非正規職員もいるとされる（大和田・石山・菊池2021：54-55）。

以上のように、地方自治体の運営を効率化しようという試みが、職員数の減少、すなわち住民への行政サービスの担い手の数を減らすとともに、労働環境の悪化を引き起こす結果となっているのである。こうした政策は地域を「持続不可能」なものにしてしまっていると言えよう。

（5）ふるさと納税

ふるさと納税は、自分の選んだ自治体に寄附を行った場合に、寄附額のうち2,000円を越える部分について、一定の上限まで所得税と住民税から全額が控除される制度である（総務省「ふるさと納税の概要」）。制度が開始された

2008年度の受入額は81.4億円であったが、その後増え続け（総務省自治税務局市町村税課「ふるさと納税に関する現況調査結果（令和5年度実施）」）、23年度には1兆円を突破した（『日本経済新聞』2024年8月3日朝刊）。このような目覚ましい増加の要因としては、税制上の優遇措置の拡大や地方自治体間の返礼品競争の拡大、ふるさと納税代行業者の存在などが考えられる（橋本2023b：16）。しかし、ふるさと納税制度に対しては様々な問題点が指摘されている[3]。

　第1に、高所得者に有利な制度である点である。すなわち、所得税と個人住民税から控除できる上限は住民税所得割納税額の2割なので、高所得者ほど控除を受けられる上限も高くなる。その一方で、所得税や個人住民税を納めていない低所得者は、そうした控除の恩恵を受けることはできないのである（池上2023：121；林2024：170）。

　第2に、受益と負担の関係を歪める点である。本来、住民税は応益性の原則に則り、居住する地方自治体が行うサービスからの受益に応じて負担するべきである（池上2023：121）。しかし、ふるさと納税で寄附を行うと、居住地の自治体から非居住地の自治体に財源を流出させることになるので、応益性の原則から明らかに逸脱している。

　第3に、地方財政全体の財源の充実にはつながらないという点である。ふるさと納税制度では、寄附者が居住する地方自治体の税収の一部が寄附先の自治体に移動するだけであり、いくら各自治体が寄附金の獲得に努力しても、地方全体の税収が増えることはない。さらに、返礼品の提供によって、自治体の本来の行政サービスに充てられるはずであった財源は減少することになるのである（林2024：170）[4]。

　第4に、地方自治体間の格差を拡げる点である。ふるさと納税は本来、「お世話になった」自治体や「応援したい」自治体の力になれる制度であるとされているが、実際には、寄附者の多くが自分の欲しい返礼品を、代行業者のウェブサイトで検索して寄附先を決めており（橋本2023b：22）、返礼品となる地場産品に恵まれた自治体が有利となる（金井2023：6）。例えば、ベットタウンである大阪府の交野市や大阪狭山市は、魅力的な返礼品を提供

できないため、地方交付税で補填されてもなお、ふるさと納税による収支が赤字となっている（橋本 2023b：20）。

　総務省のウェブサイトは、ふるさと納税の意義の一つとして「自治体が国民に取組をアピールすることでふるさと納税を呼びかけ、自治体間の競争が進むこと」を挙げているが（総務省「ふるさと納税の理念」）、魅力的な地場産品の有無は当該自治体の取組や努力とは必ずしも関係がない。したがって、ふるさと納税は、魅力的な地場産品の有無という偶然与えられた条件によって自治体間に理不尽な格差をもたらしかねないのである。

　もちろん、返礼品の充実が地場産業の振興につながることはあるだろう。しかし、それは上記のような副作用を伴う政策手段を用いて行うべきことではないはずである。本来、特定の地域への「応援」は所得税の寄附金税額控除の範囲内での措置にとどめるべきであり（池上 2023：122）、上記のように様々な歪みを生じさせている現行のふるさと納税制度は廃止すべきである。

おわりに

　以上、1990 年代半ばから行われてきた地方分権改革の流れと、その下でもたらされた地方財政の変容についてみてきた。一連の地方分権改革では、国から地方への権限や財源の移譲が一定程度行われた。しかし、財源について言えば、税源移譲は 3 兆円規模にとどまり、それを大きく上回る 5 兆円余りもの地方交付税が削減された結果、地方自治体は財源不足にあえぐこととなった。そうした中でビジョン懇報告書のような、新自由主義的な改革の提言も行われた。

　ビジョン懇報告書が行った提言は、そのすべてがそのままの形で実現されたわけではなく、むしろ実現しなかったものの方が多い。しかし、これまでみてきた地方交付税改革、市町村合併、指定管理者制度の導入、定員管理の「適正化」、ふるさと納税制度の導入といった政策はいずれも、競争重視の市場主義的・新自由主義的な傾向が強く、ビジョン懇報告書の理念に沿ったものであったと言える[5]。

　結局、十分な財源が保証されないまま、市場主義的な改革と競争に地方自治体が巻き込まれたというのが、地方分権改革の下における地方財政の姿であった。その弊害はこれまでみてきた通り明らかであり、こうした政策が続けられる限り、ただでさえ人口減少と東京一極集中で衰退が進む日本の地域は今後も「持続不可能」なままであろう。市場主義的な政策からの一刻も早い転換が必要である。

注

1）　全国市長会「地方六団体代表が地方分権 21 世紀ビジョン懇談会委員と意見交換（平成 18 年 4 月 12 日）」。

2）　次の段落以降の内容は地方分権 21 世紀ビジョン懇談会『地方分権 21 世紀ビジョン懇談会報告書』（2006 年 7 月 3 日）からの引用に基づく。なお、この他に地方分権改革に関する構想として、2010 年 6 月に当時の民主党政権が閣議決定した「地域主権戦略大綱」があり、理念としてはビジョン懇報告書の対極に位置するものであるが、その後の地方財政に関する政策に与えた影響は限定的であることおよび紙幅の都合から、ここでは取り上げないこととする。

3）　なお、2016 年度には企業版ふるさと納税制度が創設されているが（内閣府地方創生推進事務局「こころざしをカタチにする。企業版ふるさと納税」）、ここでは扱わないこととする。

4）　そもそも、返礼品のような私的財を提供することは地方自治体の役割ではないという指摘もある（池上 2023：122）。

5）　金井利之は、ふるさと納税について「個別自治体が自助努力する点では、『地方分権 21 世紀ビジョン』の末裔である」と述べている（金井 2023：6）。また、これらの政策の他にも地方債制度の改革が行われており、そこではビジョン懇報告書が提言した統一条件交渉方式の廃止が実現している。しかし、地方債制度の改革については紙幅の都合により、本稿では取り上げることができなかったため、ひとまず拙稿（天羽 2018）を参照していただきたい。

参考文献

◎邦文（著者 50 音順）

青木宗明（2017）「地方税財政を損壊させた国の 2 つの大罪――『地方交付税の削減と伝統理論からの逸脱』、『地方税の身勝手な悪用と国家責任の放棄』」『研究所資料』第 122 巻第 1 号、公益財団法人 地方自治総合研究所。

天羽正継（2018）「地方債の市場化と多様化」持田信樹・林 正義編『地方債の経済

分析』有斐閣。

井川 博（2007）『「最近における地方税財政改革（三位一体の改革）」について（アップ・ツー・デートな自治関係の動きに関する資料 No.2)』財団法人自治体国際化協会・政策研究大学院大学比較地方自治研究センター。

井川 博（2008）『日本の地方分権改革 15 年の歩み（アップ・ツー・デートな自治関係の動きに関する資料 No.4)』自治体国際化協会・政策研究大学院大学比較地方自治研究センター。

池上岳彦（2023）「地方税——最も重要な自主財源」沼尾波子・池上岳彦・木村佳弘・高端正幸『地方財政を学ぶ〔新版〕』有斐閣。

大和田一紘・石山雄貴・菊池 稔（2021）『五訂版 習うより慣れろの市町村財政分析——基礎からステップアップまで』自治体研究社。

金井利之（2023）「財政調整制度と『ふるさと納税』制度」日本都市センター編『都市とガバナンス』第 40 号。

木村佳弘（2013）「『平成の市町村合併』とは何であったか」公益財団法人 後藤・安田記念東京都市研究所『平成の市町村合併——その影響に関する総合的研究（都市調査報告 ⑯)』公益財団法人 後藤・安田記念東京都市研究所。

五石敬路・木村佳弘・道政美央（2013）「合併と財政」後藤・安田記念東京都市研究所『平成の市町村合併（都市調査報告 ⑯)』。

齋藤彬子（2019）「『指定管理者制度』について知っておくべきポイント」『自治調査会 ニュース・レター』第 19 号、公益財団法人東京市町村自治調査会。

神野直彦（2023）「グローカルインタビュー特別編 地方自治を考える 東大名誉教授 神野直彦氏 地方分権決議から 30 年、現在地は 成長から生活重視、達成に分権必要 希薄な国民の統治者意識、動き鈍く」『日経グローカル』第 461 号、日本経済新聞社。

髙井 正・棚橋 匡（2013）「市町村合併政策の形成過程」後藤・安田記念東京都市研究所『平成の市町村合併（都市調査報告 ⑯)』。

谷 隆徳（2023）「特集 地方自治を考える（8）分権 30 年、自治の行方は——関心は低下、改革失速の背景」『日経グローカル』第 461 号、日本経済新聞社。

地方分権改革有識者会議（2014）『個性を活かし自立した地方をつくる——地方分権改革の総括と展望』

飛田博史（2016）「地方交付税算定におけるトップランナー方式の概要と課題」『自治総研』第 456 号、公益財団法人 地方自治総合研究所。

橋本恭之（2023a）「日本の税収構造の変化について」関西大学『経済論集』第 73 巻第 1 号。

橋本恭之（2023b）「ふるさと納税制度の財政的な効果・影響の検証」日本都市セ

ンター編『都市とガバナンス』第 40 号。

林 正義（2024）「地方財政と政府間財政関係」畑農鋭矢・林 正義・吉田 浩『財政学をつかむ〔第 3 版〕』有斐閣。

細井雅代（2024）『地方財政改革（1989〜2019 年）——統治の観点と自治権の確保』日本経済評論社。

三宅博史・藤川雅之・小石川裕介・棚橋 匡（2013）「地域政治の変化」後藤・安田記念東京都市研究所『平成の市町村合併（都市調査報告 ⑯）』。

◎ウェブサイト

参考資料（最終閲覧 2025 年 2 月 18 日）

政府・与党「三位一体の改革について」https://www.soumu.go.jp/menu_seisaku/hakusyo/chihou/18data/18czs3-2.html

総務省「『三位一体の改革』の成果」https://www.soumu.go.jp/main_sosiki/jichi_zeisei/czaisei/czaisei_seido/pdf/060207_f.pdf

総務省「税源移譲後の所得税・個人住民税の税率」https://www.soumu.go.jp/main_sosiki/jichi_zeisei/czaisei/czaisei_seido/pdf/zeigennijou060202_1.pdf

総務省「地方公共団体における行政改革の推進のための新たな指針の策定について」https://www.soumu.go.jp/iken/pdf/100512_1.pdf

総務省「『平成の合併』について」https://www.soumu.go.jp/gapei/pdf/100311_1.pdf

総務省「令和 5 年地方公共団体定員管理調査結果の概要（令和 5 年 4 月 1 日現在）」https://www.soumu.go.jp/main_content/000938825.pdf

総務省『令和 6 年版地方財政白書 資料編』https://www.soumu.go.jp/menu_seisaku/hakusyo/chihou/r06data/2024data/r06czs00-00.html

総務省自治行政局行政経営支援室「公の施設の指定管理者制度の導入状況等に関する調査結果」https://www.soumu.go.jp/main_content/000619516.pdf

総務省自治税務局市町村税課「ふるさと納税に関する現況調査結果（令和 5 年度実施）」https://www.soumu.go.jp/main_content/000897133.pdf

地方分権推進委員会『地方分権推進委員会最終報告——分権社会の創造：その道筋』https://warp.ndl.go.jp/info:ndljp/pid/8313852/www8.cao.go.jp/bunken/bunken-iinkai/saisyu/index.html

地方分権 21 世紀ビジョン懇談会『地方分権 21 世紀ビジョン懇談会報告書』https://www.cao.go.jp/bunken-suishin/doc/archive-20060703.pdf

内閣府地方創生推進事務局「こころざしをカタチにする。企業版ふるさと納税」https://www.chisou.go.jp/tiiki/tiikisaisei/portal/pdf/R3panph1.pdf

参考ウェブサイト（最終閲覧 2025 年 2 月 18 日）

全国市長会「地方六団体代表が地方分権 21 世紀ビジョン懇談会委員と意見交換（平成 18 年 4 月 12 日）」https://www.mayors.or.jp/p_action/a_mainaction/2006/04/180412index.php

総務省「広域行政・市町村合併」https://www.soumu.go.jp/kouiki/kouiki.html

総務省「ふるさと納税の概要」https://www.soumu.go.jp/main_sosiki/jichi_zeisei/czaisei/czaisei_seido/furusato/mechanism/about.html

総務省「ふるさと納税の理念」https://www.soumu.go.jp/main_sosiki/jichi_zeisei/czaisei/czaisei_seido/furusato/policy/

内閣府「地方分権アーカイブ」https://www.cao.go.jp/bunken-suishin/archive/archive-index.html

内閣府「累次にわたる地方分権一括法」https://www.cao.go.jp/bunken-suishin/ikkatsu/ikkatsuhou.html

沼津市「なぜ、市町村合併が必要なのか」https://www.city.numazu.shizuoka.jp/shisei/gyozaisei/widearea/gapei/naze.htm

第3章

地域内経済循環の促進とその課題
デジタル-コミュニティ通貨の可能性

宮﨑　義久

はじめに

　本章では、地域経済の本質的かつ持続的な維持・発展に向けて、どのようなかたちで地域内経済循環を促進するためのしくみをデザインするのかを検討する。日本では、人口減少や少子高齢化が進展する中、地方創生をめぐる議論や施策などが次々と登場し、具体的な活性化策が講じられておよそ10年が過ぎようとしている。2014年12月に公表された政府指針「まち・ひと・しごと創生総合戦略」では、「人口減少が地域経済の縮小を呼び、地域経済の縮小が人口減少を加速させる」といった負のスパイラル（悪循環の連鎖）に陥るリスクを懸念し、まちづくりを推進する政策パッケージを策定した。

　そもそも地域経済は、地域における人々の暮らしや営みを支える基盤となるものであり、各自治体ではその持続的な維持・発展が求められている。そこで「地域内経済循環」の考え方が重要な鍵となり得る。ここでは生産から分配（所得）、そして分配から支出（消費）、さらには支出（消費）から生産という好循環を促進することで、地域の活性化に資することがねらいとされる。この方策には様々なアプローチがあるが、中でも1990年代末から2000年代初頭にかけて、「コミュニティ通貨（ないし地域通貨）」（以下、地域通貨）が国内で次々と誕生し、全国的に注目を集めた。近年では、決済技術の発達とデジタル化やDXの流れを受けて、再びその取組が脚光を浴びている。本章では、東日本大震災によって甚大な被害を受けた宮城県気仙沼市の地域内

経済循環の促進に向けた事例を取り上げる。

　事例研究の対象とするのは、市内を拠点として活動する「一般社団法人気仙沼地域戦略」（以下、地域戦略）と「気仙沼地域エネルギー開発株式会社」（以下、エネルギー開発）である。それぞれ地域ポイント事業や地域通貨の取組を行っており、いずれも市内の経済循環に資する取組である。震災以後、それぞれの立ち位置で地域経済の復活・再興に向けた取組を進める2つの団体の活動を振り返り、今後の課題と展望について概観する。

1. 地域内経済循環をめぐる議論と方法

(1) 地域でお金を循環させることの意味

　イギリスのシンクタンク New Economic Foundation（以下、NEF）は、現代における地域経済の疲弊を端的に表現し、「漏れバケツ（the leaky bucket）」の理論として整理した（Ward and Lewis 2002：17）。この概念は、『漏れを防ぐ（Plugging the Leaks）』という報告書の中で登場し、日本国内でも注目を集めた[1]。そこでは、図3-1にもあるように、地域経済がひとつのバケツにたとえられ、域外からお金をどのように集めて、バケツの中を満たすかよりも、できる限り域外（バケツの外）へお金を流出させず域内で循環させるしくみをつくるか、という視点が重要であると述べている。もしバケツに穴が空いていると仮定した場合、獲得した外貨がすぐさま域外に流出してしまう様子を分かりやすく描いており、今の地域の実態にも通じるところがある。地域経済を豊かにするためには、投入するお金（投資）の量あるいは速度を向上させるか、もしくは漏れを防ぐことで流出を抑制することが必要になる。特に、漏れを防ぐためには、地域に入ったお金を地域内でできる限り循環させる（繰り返し使用する）ことが重要であり、そのためには、(1)地域からお金を出さないように漏れを防ぐこと、(2)地域内にお金を行きわたらせるために、お金の流れを分岐させること、の2点がポイントとなる[2]。

　このような取組を評価するための指標として、NEFは地域内乗数効果（the local multiplier effect）概念に着目し、地域内乗数3（Local multiplier 3,

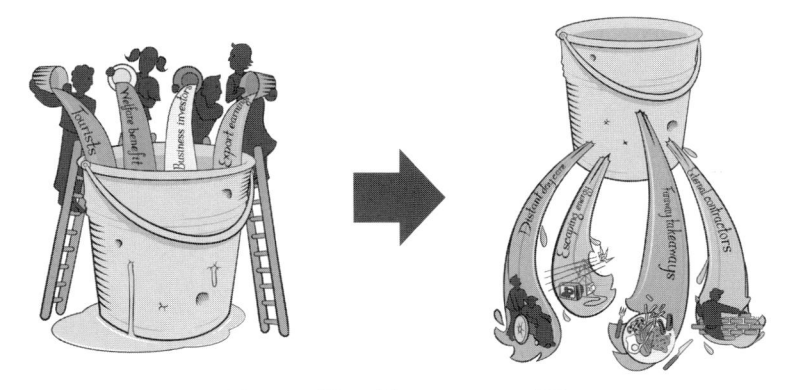

図 3-1　漏れバケツのイメージ図
出所：B. Ward and J. Lewis.（2002：17）.

LM3）を開発した（Ward and Lewis 2002；Sacks 2002）。これは、地域内に入ってきたお金が、すぐさま域外に流出するのではなく、域内の人々の手をわたっていくことで、どの程度の波及効果が見られるかを客観的に理解するためのツールである。「3」という数字が示すように、域内での取引（および波及効果）をすべて追跡するのではなく、3回分の取引について、利用金額や利用状況を把握することで、地域経済への貢献度を明らかにしている[3]。たとえば、観光や農業などで得られた事業収益がすぐさま地域の外に出て行く場合と、地域内での労働や雇用、さらには消費などに繰り返し使われる場合とでは、地域内経済に及ぼす影響は後者の方がより大きくなり、最終的には「漏れを防ぐ」ことにつながる。

　加えて、地域経済の持続的な発展を考えたとき、域内における取引回数ができる限り多いことも重要であるが、その資金がどこから来て、域内のどのような取引に利用されているかを把握することも大事になる。この視点は、岡田が提唱する「地域内再投資力」とも密接に関わってくる（岡田 2020；2023）。地域経済の持続性は、地域内である程度の経済活動が自律的に運営され、それが一時的なものではなく継続的に行われる状態のことと考えられる。すなわち、地域内の再生産の維持・拡大を意味しており、毎年ある程度

のまとまった資金が地域内に流入（投資として振り向けられる）することで、雇用や原材料・部品・サービスの調達が繰り返され、地域内の労働者や農家、商工業者の生産と生活を維持・拡大できる力が備わり、最終的に地域住民が豊かな暮らしを実現することができる（岡田 2020：172）。

（2）地域内経済循環の分析方法

　これらの議論を踏まえつつ、国内では地域経済の構造や循環を分析するためのさまざまな方法が確立している[4]。これまで主流であったのは産業連関表による分析である。産業連関表は、ある産業が原材料として財・サービスをどの産業からどれだけ購入し、どれだけの付加価値を生み出したのか（投入）とある産業が財・サービスをどの産業や消費者にどれだけ販売したのか（産出）を示したものである。これを用いて、地域経済の「波及効果」や「域際収支」[5] を把握することができる。また、中村良平（2014）は、独自の地域経済構造分析のメソッドを確立し、地域間・地域内におけるヒト、財・サービス、情報、お金の流れを定量的に把握するための分析を行っている。具体的には、地域産業連関表だけでなく、市町村民経済計算や域際収支表、地域資金循環表などが挙げられる。それに加えて、地域における新たな事業の取組前後の連関表を用いて、たとえば、再生可能エネルギーの導入による地域経済効果のような施策の影響も分析している（中村 2019）。

　一方、LM3 は、産業連関分析とは異なり、小規模な地域や自治体において、地域住民の理解を得ながら実態把握や分析ができる点が特徴である（藤山編著 2018 ほか）。藤山氏らは、人口安定化[6] を実現するために、ＵターンやＩターンによって年間に地域の人口のおよそ1%程度の定住増（人口の取り戻し）を戦略として掲げ、その定住家族を養うために地域内におよそ1%程度の所得増（所得の取り戻し）が求められることを、具体的な目標設定として提唱している。そこで、地域経済の持続性を見極めるための分析手法として、LM3 を用いている。具体的には、家計調査と事業者調査を行い、消費・流通・生産のプロセスにおいて、資金をどこから調達し、購入しているかを把握している。これによって、地域内の購買や生産の割合が明らかとな

り、地域内経済循環を促進するための方策を検討するための基礎となる。

　地域内経済循環の分析を行うにあたって、その他にも新たな分析ツールが登場している。その代表的なものは、2015 年 4 月に内閣府地方創生推進室ビッグデータチームが開発した地域経済分析システム（Regional Economy Society Analyzing System、以下、RESAS）と 2024 年 1 月に新たに登場したデジタル田園都市国家構想データ分析評価プラットフォーム（レイダ、RAIDA）である[7]。そもそも RESAS は、地方創生の一環として、地方自治体の様々な取組を情報・データ面から支援し、地域経済に関連するビックデータを「見える化」するためのシステムとして誕生した。国勢調査をはじめ、様々な政府統計や民間のデータを複合的に組み合わせて、解析することができるしくみである。

　とりわけ、RESAS では、地域経済循環の構造を概観することができる「地域経済循環マップ」が秀逸である。地域経済について、生産、分配（所得）、支出（消費・投資）という枠組み（いわゆる、マクロ経済学における三面等価の原則）から分析を行い、所得の域内における循環と域外への流出に関する状況を定点観測した結果が反映されている。地域経済のどの局面で「漏れ」が生じているのか、それを防ぐための具体的な工夫をどのように行うのかを検討するための判断材料として有用である。

　しかしながら、伊藤（2019）や岡田（2023）らが指摘しているように、マップ内のデータ解釈等には注意が必要である。たとえば、地域経済循環率は「生産（付加価値額）÷分配（所得）」として算出され、地域内で生み出された所得がどの程度域内に還流しているかを把握するものとされている（内閣官房・内閣府 2023）。だが実際には、この指標はあくまで財・サービスにおける付加価値の流れ（移出・移入）が重視され、お金（地域内所得）の流れを十分に説明するものではない。言い換えるならば地域経済循環率は「地域内総生産と地域受取所得の乖離率」という形で表現される（岡田 2023：7）。したがって、地域経済循環構造の実態を正しく把握するためには、その他のデータも十分に確認していく必要がある。

　地域内経済循環をめぐる議論は様々なものがあり、産業連関分析のような

伝統的な手法から RESAS のような新たなツールまで幅広く存在する。それ
ぞれの長所・短所があることから、分析のねらい、対象や方法などを見極め
た上で、選択していく必要がある。そして、これまでとは異なる新たな方法
として、地域通貨による貨幣循環の可視化が挙げられる（西部 2023）。地域
通貨を導入して、その流通量や流通速度を可視化し、利用者や事業者に対す
るアンケート等を行い、地域経済の状況を診断し、地域全体のパフォーマン
ス向上につなげる「コミュニティ・ドック」と呼ばれる手法も存在する[8]。
地域経済の成長のみを目指すのではなく、域内循環のしくみを構築し、それ
を可視化・モニタリングしながら、問題のあるところを改善していく上で、
有効な方法と考えられる。

　次節以降では、日本における地域通貨の歴史的変遷をたどり、その可能性
と課題を明らかにするとともに、地域内経済循環の促進に向けた具体的な取
組についてケーススタディを行う。

2.　日本における地域通貨の歴史的変遷

　地域通貨は、世界的に見ても長い歴史を持つ[9]。これまでの取組や正確な
数は定量的に把握することが困難だが、古くは 19 世紀前半の欧州や 1930 年
代の大恐慌期の欧米までさかのぼることができる。日本国内では、1990 年
代末から 2000 年代初頭にかけて、地域通貨がブームとなり、全国的な取組
となった（図 3-2）。その後、新規の立ち上げは急減したものの、水面下では
継続的な活動が続けられており、近年ではデジタル化に伴い、再びブームを
巻き起こしている。これまでの日本における地域通貨の取組を振り返る際、
大きく 3 つの時期に区分することができる（泉・中里 2017：2021：2023、泉
2023：Miyazaki and Kurita 2018）。ここでは、先行研究を参考にして、表 3-1
のように区分した。あわせて、各期でこれまでメディア（新聞）に取り上げ
られた記事の件数についても整理した。新聞社ごとにわずかではあるが、時
期によって件数に違いが見られた。本節では、上記の区分に基づき、各期の
特徴を概観する[10]。

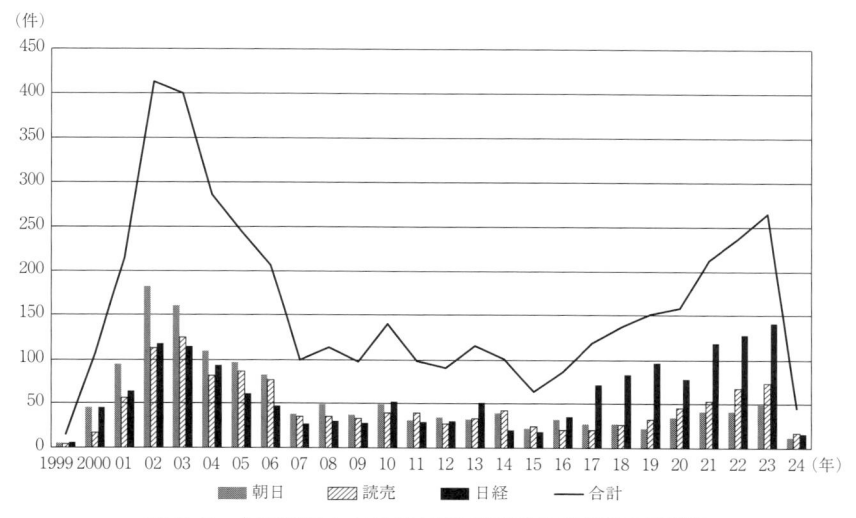

図 3-2　主要紙における地域通貨に関する記事の掲載数

出所：宮﨑（2024）、各紙の新聞記事データベースを利用して筆者作成。

表 3-1　各社と各時期における地域通貨に関連する記事の掲載数

（単位：件）

時期	年代	朝日新聞	読売新聞	日経新聞	合計
第一期（第一次ブーム）	1999〜2006 年	777	561	550	1,888
第二期（成熟期）	2007〜2016 年	363	327	320	1,010
第三期（第二次ブーム）	2017〜2024 年 2 月末	254	335	736	1,325
合計		1,394	1,223	1,703	4,223

出所：宮﨑（2024）、各紙の新聞記事データベースを利用して筆者作成。

（1）第 1 期（第一次ブーム）

　第 1 期の 1999〜2006 年の出来事を振り返ってみると、日本における地域通貨の第一次ブームが顕著に表れた時期といえる。その背景には、地域の相互扶助やボランティア活動、さらには民間の非営利団体による社会貢献活動が活発化し、それを後押しするように NPO 法人が制度化したことなども影響している。当初、地域通貨はボランティア活動や地域コミュニティでの助

け合いを支えるためのツールとして登場し、各種市民団体やNPO法人などで積極的な導入が進められた。たとえば、元検察官で弁護士の堀田力氏が立ち上げた「さわやか福祉財団」が支援する「ふれあい切符」や元通産省の官僚であった加藤敏春氏が提唱する「エコマネー」など、各地で次々と新たな取組が誕生した。いずれも相互扶助やボランティア活動などのサービスの対価、すなわち御礼として地域通貨が渡されて、必要に応じて自らもそれを使って、お互いに助け合う「互助」あるいは「互酬」の関係を構築するしくみであった。しかしながら、助け合いの精神を逆に煩わしく感じてしまう人々もいれば、サービスの仲介を行うコーディネーターの過度な負担による制度疲労の問題などによって、途中で取組が終了してしまうケースも見られた。

　一方、上記の課題を克服するための方策として、コミュニティ内の助け合いと地域の経済をつなぐ新たなしくみが登場し、国内外で広く普及・発展した。そのひとつがLETS（地域交換取引システム、Local Exchange Trading System）であり、もうひとつはDTS（ダブルトライアングルシステム）である。LETSは、コミュニティの参加者がそれぞれ口座を持ち（紙や通帳の場合もあれば、ICカードやスマホ等のアプリケーションもある）、互いにモノやサービスを自発的かつ相対で取引を行う。口座は全員0からスタートし、取引の残高を記録する多角決済（あるいは自律分散型発行・相互信用）システムである。カナダやイギリスで始まった取組は、日本国内でも数多くの取組が誕生し、継続的な運用が行われている。DTSは北海道苫前町をはじめ、大阪府寝屋川市や北海道更別村などが導入し、商品券型地域通貨とも呼ばれる。このタイプは、商店街などが発行する地域商品券が複数回流通できるようになったことやボランティア活動の対価として利用可能になった点が特徴といえる。地域内での経済活動や社会福祉等の活動が活発になり、一時的だが地域内経済循環の促進に寄与する結果も得られている。そのほか、ICカードの普及・発展の流れを受けて、2004年には総務省を中心に住民基本台帳カードの中に独自のポイントや通貨の機能が追加され、地域通貨の電子的な利用も進められた。

（2）第2期（成熟期）

　2002～03年頃をピークとして、新聞で取り上げられる地域通貨の記事も急減し、2007年にはわずか100件にとどまっており、成熟期の始まりと考えられる。この時期は、運営組織の資金や運営面など様々なところで問題を抱えた地域通貨が自然に淘汰されていき、一部で継続的な発行・運営を続ける地域通貨が残る結果となった。J. September and S. Kobayashi（2022）によれば、日本において長期にわたって活動を続ける地域通貨組織の鍵はリーダーシップの継続性にある。地域通貨運営だけにとどまらず、NPO法人やまちづくり事業などにおいても同様に、立ち上げ当時のメンバーや設立者のリーダーシップや意志が、その後の活動や継続性に大きく影響することが分かる。また、活動資金の調達方法や地域通貨の発行形式の違いなども関係していることが示唆されている。反対に、継続が困難であった地域通貨はどこが一番のボトルネックであったのか、その点はまだきちんと検証されていないが、資金面もさることながら、事業に関わる人や組織、さらには制度の問題が大きいものと推察される。

　また、この時期には、米本位制のしくみを取り入れた「おむすび通貨」が新たに登場する（愛知県豊田市、2010年開始）。コミュニティの維持と地元の中小業者の支援を目的として地域通貨を発行し、現在ではこども商店街などの職業体験イベントなどで普及・利用されており、愛知県のみならず全国各地に広がっている。おむすび通貨は、イベントのみならず、地元の商店での買い物や事業者間の仕入れなどにも利用され、有効期限後には提携店（会員）が提携農家のお米と交換して精算される。そして、提携農家に対しては、発行事務局が事前の契約により、適正価格で買い取ることで地元の小規模農家を支援することにもつながっている。

　このほか、森林保全活動や地場産品の交換に利用できる「モリ券」が登場する（高知県いの町、2003年開始）。森林ボランティア活動に参加する人々に対して御礼として地域通貨を配布し、それを地元の商店や飲食店での買い物などに利用してもらうことで、地域経済循環に寄与する試みである。さらに、林業の担い手不足や放置林の増加が課題となる中、森林整備に関わる人を継

続的に増やす動機づけとしても期待されている。現在では、「木の駅プロジェクト」という形で日本全国にその取組が広がりを見せている。

　成熟期では、これまでの相互扶助や福祉系のボランティア活動という枠組みでは捉えきれない文脈で、新たなタイプの地域通貨が登場している。とりわけ、生態系や環境保全の維持・再生を目的とした活動がいくつか見られる。このことは、近年の SDGs（持続可能な開発目標、Sustainable Development Goals）などの取組への関心の高まりなども関連して、地球環境や自然環境の持続性や保全に焦点をあてた活動と地域通貨の親和性が高いことが関係しているかもしれない。

（3）第3期（第二次ブーム）[11]

　2017 年から現在にかけて、地域通貨は新たな局面を迎えている。その大きなきっかけとなる出来事は、サトシナカモトと呼ばれる人物が生み出した新たな技術、すなわちブロックチェーン（分散型台帳）技術であり、それが契機となって地域通貨のデジタル化が急速に普及・発展することになる。これまでにも IC カードやオンライン決済システムが導入されるケースは見られたが、近年ではスマートフォンの普及・発展に伴い、いくつもの民間企業がアプリケーションを利用したデジタル決済システムの開発に乗り出している。日本国内でいち早くデジタル地域通貨の本格運用を始めたのは、岐阜県飛騨高山地区を中心に流通する「さるぼぼコイン」である。株式会社フィノバレーが開発・提供する「Money Easy」のしくみを利用して、QR コード決済だけでなく、ポイント付与・還元や ATM チャージ、さらにはプッシュ通知など、独自の機能を付加させて、地域ごとの特色を出していくことが可能になった。

　さらに、地方自治体は業務の改善や地域課題解決の手段として DX（デジタルトランスフォーメーション）を取り入れる動きがあり、国もデジタル田園都市国家構想による交付金事業やデジタル庁のカタログなどによる支援を行っている。ここまで見てきたように、地域通貨のデジタル化の動きは近年急速に進んでおり、次々と導入が進められている。現在、デジタル庁のカタ

ログに掲載されているだけでも、およそ 17 種類のしくみが確認できる。それ以外にも上記で述べた Money Easy や株式会社三菱総合研究所が進める Region Ring®、そしてソラミツ株式会社が進める Byacco/白虎など、各地で先進的な取組が次々登場している。

　デジタル地域通貨の取組はまだ萌芽の段階であるが、様々なシステムが登場し、各地で導入が進む中で、既存の地域内経済循環の枠組みをどのようにアップデートして、持続可能なしくみにできるか、さらなる議論が必要となる。

3.　地域内経済循環の実現に向けた取組──宮城県気仙沼市を事例として

　各地で地域内経済循環の実現または促進に向けた取組が進められている。本節では、2011 年 3 月 11 日に発生した東日本大震災によって、住民の暮らしのみならず、地域経済の壊滅的な被害や沿岸部における地域コミュニティの崩壊に直面した宮城県気仙沼市を事例として取り上げる。

　気仙沼市は、2024 年 6 月末時点で人口 5 万 6,804 人、高齢化率およそ 41％の地域であり、もともとは水産業の町として栄えていたが、震災以前から高齢化などの課題を抱えていた。東日本大震災を経て、産業復興およびまちづくりが新たな局面を迎える。2011 年 10 月 7 日に策定された『気仙沼震災復興計画』では、水産業の復興と並び重点事業がいくつも立ち上がった。壊滅的な被害を受けた基幹産業としての水産業を立て直すことはもちろんだが、それだけに依存せず、人口減少社会において地域の新たな活力となる地域資源の発掘と事業化を地域全体で取り組む決意のあらわれでもあった。

　中でも、これまでの気仙沼ではあまり注目されていない観光資源と森林資源を活用して、「観光」と「再生可能エネルギー」の事業化を図る試みはとても大きな価値を持つ取組である。そこでいずれの取組にとっても鍵となるのが「域内循環」であり、その実現に向けて誕生したのが、地域ポイントシステムと地域通貨である。いずれも全く異なる文脈から誕生し、導入目的や対象は異なるものの、ともに気仙沼市における地域内経済循環の形成・促進

を目指している。事例研究をとおして、両者の取組を概観する。

（1）気仙沼クルーカードの取組[12]

　気仙沼クルーカードは、株式会社サイモンズが提供する地域ポイントカード事業であり、2017年4月からサービスが開始された。気仙沼観光推進機構（以下、機構）が発行主体となり、地域戦略が事務局を担っている。機構は、観光で稼げる地域経営と地域経済の循環拡大をめざし、行政や観光、産業、経済団体などが一体となって設立されたDMO（観光地域づくり法人、Destination Marketing/Management Organization）である（図3-3）[13]。東日本大震災からの復興を目指して、「観光戦略会議の設置と関連団体の組織強化支援」が重点事業のひとつとして立ち上がる。そこからおよそ5年かけて、スイスのツェルマットにおけるDMOのしくみや考え方を学びながら、気仙

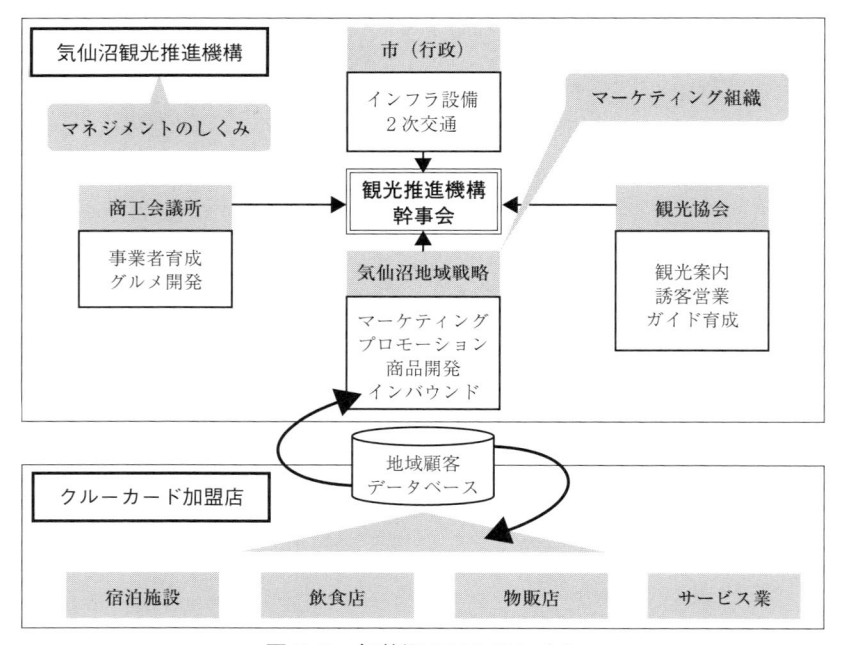

図3-3　気仙沼DMOのしくみ
出所：気仙沼地域戦略資料をもとに筆者作成。

沼版 DMO を具体的に設立するための準備が進められていく[14]。さらに、観光戦略を推進するためのしくみづくりや地域プロデュースなどのマーケティング分野の役割を担う地域戦略が同時に DMO 法人として設立され、現在ではプロモーション活動だけでなく、地元の事業者と協働して商品開発の取組やインバウンドの誘致なども進めている。

　クルーカードは、気仙沼に関わる人々（復興支援員や観光客、地元出身者、地域住民など）とつながり、地元商店での購買行動を客観的に把握し、販売促進を行うためのしくみである。ツェルマットでは、宿泊施設や観光事業者が所有する顧客情報を DMO が集約化し、一元管理している。しかしながら、日本では個人情報保護法の壁があり、同様のしくみは困難であることから、ポイントカードがマーケティングツールとして導入された（図 3-4）。誰でも自由に会員になることができ、利用者は加盟店の利用時にカードもしくはア

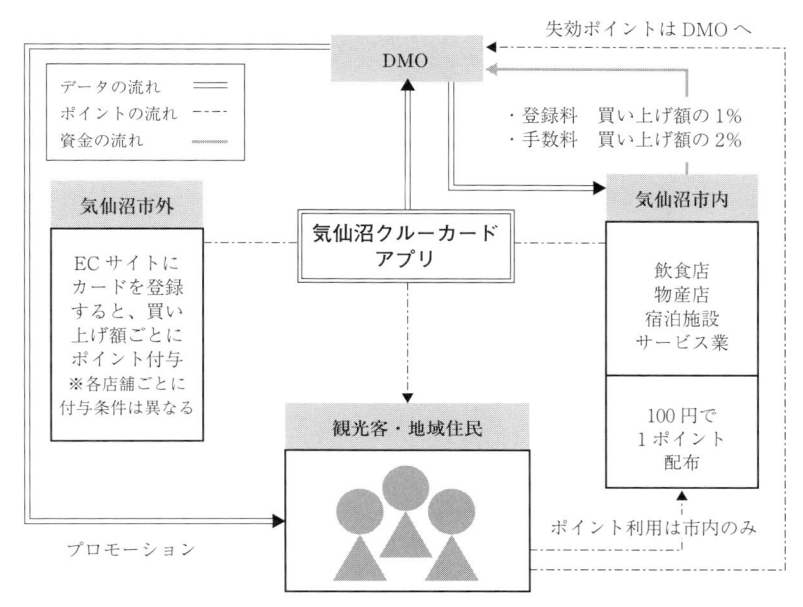

図 3-4　気仙沼クルーカードとポイントのしくみ

出所：じゃらん（2017）をもとに筆者作成。

プリを提示すると 100 円の購入につき、1 ポイントが付与される。貯まった
ポイントは気仙沼市内の加盟店で利用することができる。そして、サイモン
ズの提供するシステムの特徴でもあるが、最長 2 年のポイント有効期限が過
ぎると、失効ポイントは DMO に戻り、その一部は地域戦略の運営資金とな
る。事業の開始時は、加盟店がおよそ 50 店舗でスタートし、会員数も 1 か
月でおよそ 566 名だったが、現在では、加盟店が 129 店舗で、クルーカード
の会員数はおよそ 5 万 5,851 人へと拡大し、ポイントを通じた累計利用金額
（地域内消費額）はおよそ 7 億円超に及んでいる。

　ここでの特筆すべき点は、組織体制づくりと CRM（顧客関係管理、Cus-
tomer Relationship Management）戦略にある。気仙沼市では DMO のしくみ
を導入し、官民が連携してそれぞれ役割分担をしながら、地域の実態に合わ
せた地域経営マネジメントを構築できたことが大きな特徴ともいえる。観光
推進に向けた戦略や意思決定をひとつにまとめて、最終的には、観光客によ
る消費が事業者の売上につながり、地域全体が潤うように観光消費額を最大
化することを目標に掲げている。組織のマネジメントや役割分担、観光業務
の漏れやダブリをきちんと確認し、抜けがないように、きちんと業務を遂行
している点は地域通貨の運営組織においても見習うべきポイントが多くある
と感じる。

　さらに、現状を把握するためのデータとして、クルーカードの利用額だけ
でなく、宿泊施設の利用状況や物販・観光施設の利用状況など幅広いデータ
を集めて、データマーケティングを行うことで、戦略的な商品開発やプロ
モーション活動を行うことが可能となる。しかしながら、地域ポイントカー
ド事業においてはいくつかの留意点が挙げられる。ひとつめはポイントカー
ドの利用者属性と利用頻度である。直近でのクルーカード会員の内訳をみる
と、気仙沼市外がおよそ 56%、気仙沼市内がおよそ 43% となっており、プ
ロモーションを行うターゲットをきちんと見極めることが重要である。また、
アクティブユーザーに対してダイレクトマーケティングの強化を行うなど、
範囲を絞り込んで効果的な戦略を考えなければ、データの有効活用という観
点では難しい面もある。もうひとつは、気仙沼を訪れる観光客らが昨年度の

宿泊ベースで年間およそ 26 万人いるのに対して、クルーカードを保有する観光客の割合はおよそ 4.7％となっており、観光客のマクロ的な購買データとしての利用には難がある。このことは、クルーカードの加盟店にもいえることであり、今後ユーザーも含めて、店舗拡大を図り、CRM の戦略ツールのひとつとして、観光客や地元の事業者にしっかり行きわたらせることも必要になる。

（2）森の通貨「RENERIA（リネリア）」の取組[15]

気仙沼市は、観光だけでなく震災を機に注目を集めたのが、再生可能エネルギーの導入である。市内のおよそ 70％を占める森林資源を活用して、林業の再生と木質バイオマスによる発電事業によって、地域内経済循環のしくみを構築しようとする試みである。その際、地域通貨が自然資源や地域エネルギーと域内の経済をつなぐ重要な鍵となった。

RENERIA（リネリア）は、エネルギー開発が発行・運営を行うものであり、「地域の山林で搬出される木材の対価として発行される地域通貨」である（図3-5)[16]。発行主体であるエネルギー開発では、地域の山林を整備することによって生み出される木材を買い取り、燃料チップに加工することで発電を行っている。また、その木材の買取額のうちの 50％を、地域通貨で発行している。地域の山を手入れすることによって生み出される木材を利用した発電事業と、その木材の買い取りで発行される地域通貨を林業関係者が地元の加盟店舗で利用することを通じて、持続可能な社会を創造するという理念のもと、発行・運営がなされている。

地域通貨の有効期限は発行から 6か月とされ、最終的には ㈱ 気仙沼商会でのみ換金されるが、手数料はかからない。期限内であれば、個人間ないしは店舗間で自由に取引を行うことが可能である。受取店舗が有効期限などを入力する欄

図 3-5　気仙沼の地域通貨「RENERIA（リネリア）」

出所：筆者撮影。

96

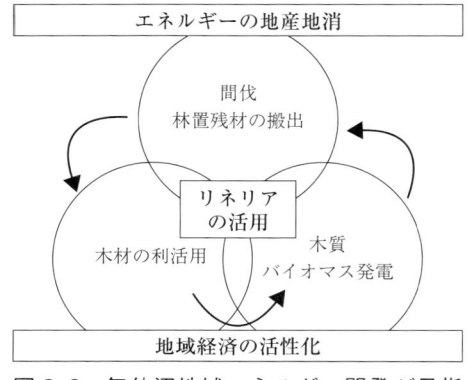

エネルギーの地産地消

間伐
林置残材の搬出

リネリア
の活用

木材の利活用　木質
バイオマス発電

地域経済の活性化

図 3-6　気仙沼地域エネルギー開発が目指すヴィジョン

出所：気仙沼地域エネルギー開発の資料をもとに、筆者作成。

（裏書き）が設けられており、利用者や店舗とのつながりを把握することもできる。このしくみを通じて、再生可能エネルギーと地域内経済循環の取組が行われている。

　エネルギー開発が目指す地域の姿として、エネルギーの地産地消を通して、森・海・まちがつながることにある（図3-6）。そのつなぎ役となるのが人であり、その人々の暮らしの豊かさを支えるために地域通貨リネリアが一役買っている。このような取組は、高知県の森林ボランティア団体であるNPO法人土佐の森・救援隊とも非常に類似しており、現在では、その簡易版ともいえる「木の駅プロジェクト」を通じて、全国各地に取組の輪が拡大している。いずれの活動においても、地域通貨はあくまで「もり」と「まち」をつなぐための媒介役に過ぎないが、それが円滑に循環することで、森林以外の地域資源を有効に活用することにもつながる。この取組において最も重要なことは、森林を保全・整備するための活動と森林資源を活用したエネルギー事業を連動させ、それを持続可能なしくみにすることである。そのことが森づくりとひいてはまちづくりや水産業の復興にもつながることになる。

　ただし、ここでも懸念すべき事柄がある。まず、木材の買取価格が安価であること、さらには木質バイオマスに利用する木材などを買い取る金額が安いことである。林業の担い手不足と密接に関わるのが、木材の買取価格にあり、エネルギー開発では林業家の人々と話し合って、木質バイオマス材の買取価格は1トン6,000円であり、その内3,000円が地域通貨リネリアで支払うこととした。泉留維（2018）は、逆ざや（過払い分）が発生することを指

摘しているが、しかしながら、林業を生業とする人々の暮らしを考えたとき、そもそも市場価格では採算が合わず、担い手不足が深刻になる一因とも考えられる。また、巨額の先行投資を行って設置したバイオマスプラントを常に稼働させ、発電や熱エネルギーを継続的に生み出していくためには、木材を継続的に収集する必要があり、さらには木材の伐採・間伐やその搬出作業を行う担い手の確保も求められる。

　両者の取組は、それぞれのねらいや発行・流通の方法は異なるものの、それらが地域内を循環することによって、地域の経済や人あるいは組織や活動などのネットワークづくりに寄与するものである。その具体的な取組による効果検証は十分に提示されてはいないものの、好循環の事例として非常に有意義なものである。しかしながら、持続可能な地域経済を目指したとき、それぞれの事業で個々に課題があることも事実である。

4.　地域経済の新しいかたち

　本章では、これまでの地域内経済循環をめぐる議論を整理し、循環を促進するうえで重要な役割を果たし得るしくみとして地域通貨に着目し、これまでの取組について述べてきた。今回ケーススタディとして取り上げたクルーカードや地域通貨リネリアは、これまで観光や再生可能エネルギーの文脈で個々に取り上げられることはあったが、地域内経済循環という大きな枠組みから観察されることはなかった。気仙沼市は、スイスのツェルマットを参考に地域経営のしくみを構築し、そこで地域ポイントシステムを活用した関係づくりを生み出したり、間伐などによって発生した森林資源を再生可能エネルギーに変換して、さらにその活動に関わる人々に対して独自の地域通貨を発行し地域内経済循環づくりに貢献するしくみが並存しており、独特な環境を生み出していることが今回の調査からも明らかになった。それぞれのねらいは異なるが、最終的には、縮小した地域経済の回復、すなわち持続可能な地域の営みを再構築するための取組であり、そこに大きな可能性が秘められている。

　ここで着眼すべきポイントは、2つある。ひとつは地域内循環のマネジメントであり、もうひとつはデジタル化である。最初の漏れバケツの理論に戻って考えてみると、地域内循環を考えるにあたって、地域経済の入口から出口までの間をどのようにマネジメントしていくのか、という点が要となる。すべての流れをコントロールすることは難しいが、地域ポイント事業のように人々の地域内消費行動を促すことや地域通貨のように域内での経済活動に限定して利用できるお金のしくみを構築することはひとつの方法である。その際、地域通貨などの発行主体あるいは管理・運営主体が循環をどのようなかたちでマネジメントしていくのか、さらにはその組織化や活動原資などの支援なども含めた体制の整備がきちんとクリアできるかどうかが、地域内循環を促すうえで重要なポイントとなる。気仙沼市の取組からも明らかだが、それぞれ一般社団法人（DMO 法人）や株式会社などの組織が主体となって運営にあたっており、継続的な取組が可能となっている。

　さらに、地域戦略の場合は、地域ポイントのデジタル化を推し進め、そこから得られたデータを活用し、地域マーケティングの PDCA サイクルを回している（図3-7）。そもそも、地域内循環を促すためのしくみとして、デジタル化は果たして必要なのだろうか。この問題に対する回答は今のところ持ち合わせていないが、業務の効率化や管理・運営の簡略化・コストを削減するだけのために導入することは得策とは言いがたい。適切にデータを管理して、得られた情報を地域に還元していくためのデジタル活用になれば、長期的な地域経営をマネジメントしていくことにつながるだろう。その意味で、デジタル化は地域内循環を促進するための必要条件ではないが、何のためのデジタル化なのかという観点をきちんと議論した上で、可能であればスモールステップとして小さく検証を行い、本格的な導入を検討してみることが肝要である。

　ただし、データ分析とその利活用だけに目がいってしまうと、経済合理的な価値判断でのみ物事を考えてしまう懸念がある。エネルギー開発のように、目的や理念が先行し、ともすると採算性という観点で事業が成立するか否か分からない状況に対して、地域や社会にとってより良い活動を制限してしま

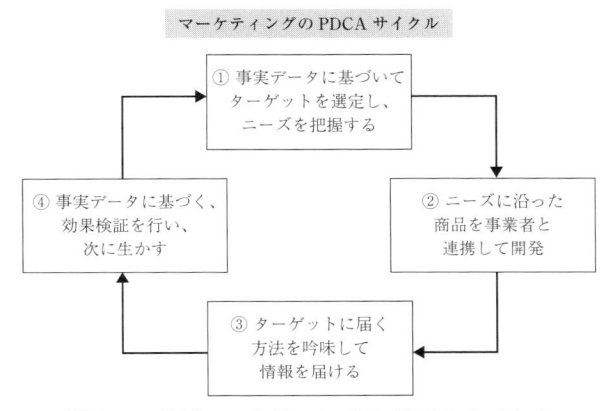

図 3-7　地域マーケティングの PDCA サイクル

出所：気仙沼地域戦略の資料をもとに、筆者作成。

うことにもなりかねない。地域通貨がどこまで機能するかは検証してみない
と分からないが、理念や価値観を共有し、活動のモチベーションを保つひと
つの手段としての役割を有しているかもしれない。域内循環というひとつの
目標に向かって、関係者が一体となり協力するためのツールであり、それが
暮らしの豊かさをわずかでも支えることになり得るのではないか。このよう
に、市場原理だけでは解決が困難な課題に対して、地域通貨は市場経済と非
市場経済との間をつなぐ役割を果たすものである。理念や価値観の共有と
いった要素も域内循環を促進する上では重要になり、デジタル化を進める際
にもこの観点は忘れてはならない。

　最後に、地域内経済循環をめぐる議論として、ここで改めて地域通貨につ
いて考えてみたい。これまで、地域通貨をめぐる理論・実証・実践など、
様々な研究や取組が行われてきた（たとえば、西部 2013：2021：栗田 2020 ほ
か多数）。そこでは、経済圏ないしはつながりを地域ないしはコミュニティ
に限定し、そこでのみ利用することができる貨幣のしくみを変えようとする
斬新な試みであった。一見すると不自由さを感じるかもしれないが、それが
コミュニティ内の人々にとっては自由であり、豊かさや居心地の良さを感じ
られる場所になり得るのかもしれない。『ドーナツ経済』を著したイギリス

の経済学者ケイト・ラワースは、次のように述べている。

> 現代における貨幣の制度設計——貨幣の創造、特徴、使用方法——がこのように明確に描き出されると、貨幣の設計をし直すための選択肢がたくさんあることが明らかになるだろう。そこには市場だけでなく、国家やコモンズも関わってくるだろう。さらに、いろいろな種類の貨幣が共存できること、貨幣のモノカルチャーを金融の生態系に移行できること、も分かる。（Raworth 2017、訳262、一部筆者修正）。

　地域通貨のみならず、お金に関わるしくみが単一のものではなく、さらには上から押しつけられたり、誰かが独占したりするものでもないことは明白であり、それをいかに市民が協働してデザインし、管理・運営していくかを考えることがこれからの社会において重要になる。地域通貨はしくみを導入すれば、すぐさま地域経済が活性化するというものではなく、地域住民がボトムアップで、域内循環のしくみをともに考え、育てていくことが大切な要素である。

　それぞれの取組を地域経済の新たなかたちを考えるための視点から捉え直すことは非常に有意義であった。地域通貨は地域内における事業を進めていくための手段であって、流通させること自体が目的ではない。その意味でも、地域通貨だけに着目するのではなく、それを使った事業内容を精査することが必要となる。また、域内循環の形成と促進を考えたとき、地域通貨の果たす役割についてもデータに基づき、根拠を持ってその意義を説明することが求められる。デジタル化はその可能性を見いだす萌芽と考えられる。と同時に、理念や価値観の共有を図るための工夫も盛り込んでいくことがこれからのデジタル化時代にとっては求められる要素のひとつではないだろうか。

　謝辞　本調査・研究にあたって、宮城大学における令和6年度教員研究費（指定研究）の助成を受けた。また、現地調査の際には、一般社団法人気仙沼地域戦略や気仙沼地域エネルギー開発株式会社のみなさまにご協力をいただいた。こ

こに記して謝意を表したい。なお、本章の内容に関する責任はすべて筆者にある。

注

1）たとえば、福士（2005）は、いち早く漏れバケツの考え方とその対策について日本語で紹介している。枝廣（2013）では、幸せ経済社会研究所における「地域の経済と幸せ」プロジェクトの一環として、報告書を要約しているほか、枝廣（2018）においてもその内容を詳しく紹介している。

2）岡田（2023）は、「漏れバケツ」理論の考え方について、「経済的な富・付加価値は誰が、どこで、どのように生産しているのかということを軽視している」という問題点を指摘している。確かに、NEF の報告書においては、バケツの水がどこからどのようにして流入してくるのか、詳しく論じてはいない。イメージ図には、観光、福利厚生、設備投資、輸出収入とだけ、記載されている。この点についても、この理論と合わせて考慮する必要があり、次に登場する「地域内乗数効果」の概念にも深く関わる議論である。

3）後でも説明するように、産業連関表を用いて、地域経済全体を把握することもできるが、それ自体にかなり手間とコストがかかる。そのため、簡易的ではあるが、ここでは域内にとどまる割合が比較的高い 3 回分を基準としている。この点はやや厳密性を欠くところだが、比較的短時間で実態を大づかみに把握することができ、即効的に処方箋を提示することにもつながり得る。あくまで地域経済循環を理解するためのひとつの手段として認識することが肝要である。

4）枝廣（2018）は、漏れバケツ理論から様々な地域経済循環分析の方法と実践的な取組を紹介している。説明が非常にわかりやすく、地域内経済循環をめぐる議論の全体像をつかむことができ、本節を執筆するうえでも参考にした。

5）域際収支とは，地域における財やサービスの移出から移入を引いたものである。地域経済の自立性を示す指標として重要であり、産業連関表のデータから計算が可能である。

6）藤山編著（2018）によれば、人口安定化とは、今後 30 年間で地区の総人口と年少人口の減少が 1 割程度におさまり、高齢化率が現状程度で安定的に推移すること、を条件としている。その際のポイントとして、① 20 代前半の若者、② 30 代前半の夫婦（4 歳以下の子どもを同伴）、③ 60 代前半の夫婦の 3 世代の移住者の増加、を挙げている。

7）現在（2024 年 8 月 31 日時点）は、内閣官房デジタル田園都市国家構想実現会議事務局・内閣府地方創生推進室が RESAS を担当している。加えて、「地域経済循環マップ」に搭載されているデータは、環境省が開発（㈱日本政策投資銀行グループの㈱価値総合研究所が地域経済循環分析 DBJ 有識者検討委員会を経て

作成）した日本の全市町村における「地域産業連関表」及び「地域経済計算」から情報提供を受けたものである。なお、ここでは言及はしないが、RESAS とは別に環境省と㈱価値総合研究所が作成・提供する地域経済循環分析および地域経済波及効果の分析ツールも存在する。

8）コミュニティ・ドックに関する具体的な手順と事例研究は、西部編著（2018）が詳しい。

9）国内外の研究者や実践者たちの地域通貨に対する考え方やこれまでの実践事例、さらには地域通貨に関連する学説・思想・実践史について、詳しくは西部編（2013）を参照せよ。

10）本節の内容は Miyazaki and Kurita（2018）と宮﨑（2023；2024）をベースに加筆修正を加えたものである。

11）宮﨑（2023）は、日本におけるデジタル地域通貨の変遷や論点整理などを行い、これまでの経緯や課題などについてまとめている。詳しくはこちらを参照されたい。

12）ここでは、2024 年 5 月 13 日に一般社団法人気仙沼地域戦略への聞き取りを行った内容と現地調査で入手した資料などをもとにまとめたものである。その他、いくつかの参考文献に基づき、これまでの取組と現状について整理している。

13）DMO とは、地域の多様な関係者を巻き込みながら、科学的アプローチを取り入れて観光地域づくりの司令塔となる法人のことである。地域の多様な利害関係者を巻き込んだ組織体制の構築と観光客の誘致・消費拡大などをとおして、観光による利益が地域全体にいきわたり地域活性化につながることを目指して、全国各地で法人が立ち上がっている（観光庁 2024）。しかしながら、実態としてデータ活用に基づき、地域経営の結節点として重要な役割を果たすことができている地域もあれば、補助金などへの依存度が高く、人材の確保・育成が十分に行われていない点を指摘する声もある（『日本経済新聞』2024 年 3 月 24 日）。

14）気仙沼 DMO が設立されるまでの物語を詳細にまとめたものとして、じゃらん（2016）がある。

15）ここでは、2024 年 7 月 19 日に気仙沼地域エネルギー開発株式会社への聞き取りを行った内容と現地調査で入手した資料などをもとにまとめている。その他、いくつかの参考文献に基づき、これまでの取組と現状について整理している。

16）RENERIA の由来について、RE は再生、ENE はエネルギー、RIA はリアス（通貨の単位）、を組み合わせて考えられた。スローフード気仙沼の山内宏泰氏が命名とデザインを行った。

参考文献

◎邦文（著者50音順）

泉 留維（2023）「転換期を迎えた地域通貨——デジタル化は必然なのか」『オムニ・マネジメント』（一般社団法人日本経営協会）5月号、4-11頁。

泉 留維・中里裕美（2017）「日本における地域通貨の実態について——2016年稼働調査から見えてきたもの」『専修経済学論集』第52巻第2号、39-53頁。

泉 留維・中里裕美（2021）「木の駅センサスから見えてきた日本の地域通貨の新潮流」『専修経済学論集』第55巻第3号、153-165頁。

泉 留維・中里裕美（2023）「コロナ禍における日本の地域通貨について——2021年稼働調査から見えてきたもの」『専修経済学論集』第57巻第3号、23-40頁。

枝廣淳子（2013）「漏れバケツ理論 域内乗数効果とはどのような考え方か」JFS「地域の経済と幸せ」プロジェクト2013、1-18頁（http://www.japanfs.org/ja/files/wbg_131205_02.pdf 最終閲覧2024年12月30日、ウェブサイトは以下同様）。

枝廣淳子（2018）『地元経済を作りなおす』岩波新書。

枝廣淳子（2021）『好循環のまちづくり』岩波新書。

岡田知弘（2020）『地域づくりの経済学入門 増補改訂版』自治体研究社。

岡田知弘（2023）「地域経済の『活性化』と地域内再投資力・地域内経済循環——現代日本における地域通貨の可能性」『Discussion Paper』No.392、中央大学経済研究所。

観光庁（2024）「観光地域づくり法人（DMO）の形成・確立」（https://www.mlit.go.jp/kankocho/seisaku_seido/dmo/dmotoha.html）。

栗田健一（2020）『コミュニティ経済と地域通貨』専修大学出版局。

じゃらん（2016）「気仙沼DMO物語」『とーりまかし』第43巻、2-15頁。

じゃらん（2017）「地域観光の未来を創造する先進的取組に迫る——躍動するDMO」『とーりまかし』第48巻、4-9頁。

じゃらん（2019）「顧客と向き合えば地域が変わる——気仙沼流CRM実践塾」『とーりまかし』第57巻、4-9頁。

重藤さわ子（2018）「地域の消費を変えてよりよい未来づくりを——長野県富士見町の事例から」藤山（2018）所収。

重藤さわ子（2022）「新しい地域内経済循環をつくる」小田切徳美編（2022）『新しい地域をつくる——持続的農村発展論』岩波書店、所収。

内閣府（2022）『デジタル田園都市国家構想基本方針』（https://www.cas.go.jp/jp/seisaku/digital_denen/pdf/20220607_honbun.pdf）。

中村良平（2014）『まちづくり構造改革——地域経済構造をデザインする』日本加

除出版。

中村良平（2019）『まちづくり構造改革Ⅱ——あらたな展開と実践』日本加除出版。

西部忠編著（2013）『地域通貨（福祉＋α3)』ミネルヴァ書房。

西部忠編著（2018）『地域通貨によるコミュニティ・ドック』専修大学出版局。

西部忠（2021）『脱国家通貨の時代』秀和システム。

西部忠（2023）「地域内経済循環、再生産、地域内乗数——地域通貨による貨幣循環の可視化」『農業と経済』春号、英明企画編集。

藤山浩編著（2018）『「循環型経済」をつくる』農山漁村文化協会。

福士正博（2005）「地域内乗数効果概念の可能性」『東京経大学会誌（経済学)』第241号、205-225頁。

宮﨑義久（2023）「デジタル地域通貨の諸潮流と論点」『ロバアト・オウエン協会年報』第46号、6-23頁。

宮﨑義久（2024）「日本におけるデジタル地域通貨の実態調査——新聞記事データベースによる計量テキスト分析」『宮城大学研究ジャーナル』第4巻第1号、160-169頁。

「日本の観光司令塔『DMO』、看板倒れ　人や金に制約」『日本経済新聞』2024年3月24日、電子版。

◎欧文（著者アルファベット順）

Miyazaki, Y. and Kurita, K. (2018) "The Diversity and Evolutionary Process of Modern Community Currencies in Japan," *International Journal of Community Currency Research*, Vol. 22 (Winter), pp. 120-131.

Raworth, K. (2017) *Doughnut Economics: Seven Ways to Think Like a 21st-Century Economist*, Random House Business Books: London（黒輪篤嗣訳『ドーナツ経済学が世界を救う——人類と地球のためのパラダイムシフト』河出書房新社、2018年)。

Sack, J. (2002) *The Money Trail: Measuring Your Impact on the Local Economy Using LM3*, New Economic Foundation.

September, J. and Kobayashi, S. (2022) Sustained Circulation: A Descriptive Framework of Long-lived Japanese Community Currencies. *Local Economy.* 37(5).

Ward, B. and J. Lewis. (2002) *Plugging the Leaks: Making the Most of Every Pound that Enters Your Local Economy*, New Economic Foundation.

第4章

温室効果ガス吸収源対策と
山村の持続可能性をめぐる一考察

西野　寿章

はじめに──山村、林業の現局面

　1997年12月に京都市で開催された第3回気候変動枠組条約締約国会議（COP3）において採択され、2005年に発効した「気候変動枠組条約に関する京都議定書」に基づいて、日本は2008〜12年までの5年間の第一約束期間に、1990年を基準年として6％の温室効果ガス削減が義務づけられた。

　これに対応して日本政府は、京都議定書において「新規植林・再造林、森林経営を行った森林が吸収した分の二酸化炭素を温室効果ガスの削減量に参入することができるとされた。しかし、我が国には新規植林・再造林の対象となる土地は多くはなかった。そこで、我が国では温室効果ガスの削減目標6％のうち、森林経営による森林吸収量によって3.8％分を確保する」（河田2013：35）こととした[1]。そして政府では、2003年から「地球温暖化防止森林吸収源10か年対策」を展開し、国産材の値下がりによって採算がとれないことから放置されてきた人工林の間伐を政策的に展開し、森林整備が進められるようになった。

　日本林業の推移を簡単にみると、高度経済成長期における大都市圏への人口集中によって住宅需要が急増し、木材需要も急増したものの、第二次世界大戦中の乱伐も影響し、1960年頃には木材価格が高騰し、諸物価にも影響するようになった。そのため政府では、1961年から木材輸入自由化を進めて、1964年に自由化が完了した。自由化当初は南洋材が中心で、フィリピン、インドネシア、マレーシアなどから輸入された。外材は国産材に比べて安価

であったことから、やがて外材が日本の木材市場を席捲するにようになり、米国、カナダ、ロシア、北欧などからも輸入されるようになった。

日本の木材市場は安価な輸入材に席巻され、国産材価格は 1980 年をピークとして下落し始め、1985 年以降の急激な円高により輸入材がさらに優位となり、90 年代に入ると急速に日本林業が衰退するようになった。その結果、森林率が OECD 加盟国ではフィンランド、スウェーデンについで高い日本の林業は不振に陥った（国際連合食糧農業機関 2022）。日本の木材自給率は 1980 年では 32.9%、製材用、合板用、パルプ・チップ用等に用いる用材自給率は 31.7% とすでに外材への依存が高まっていたが、1991 年には木材自給率が 26.1%、用材自給率は 25.0% まで低下し、2000 年には木材自給率が 18.9%、用材自給率は 18.2% まで、それぞれ低下した。1960 年代の木材輸入自由化以来、安価な外材が日本の木材市場を席巻し、日本林業にダメージを与えていたが、1985 年以降の急激な円高も日本林業を不振に陥らせた要因となった。

1985 年の先進 5 か国蔵相会議における合意（プラザ合意）直後からの急激な円高は外材輸入を有利とし、国産材需要を減少させ、1980 年をピークとして下落の続いていた国産材価格は、さらに低下することとなり、山林所有者[2] の経営意欲を削ぎ始めた。その際、日本林業の衰退の要因には、伝統的に形成されてきた木材流通のしくみが、急速なグローバル化に対応できなかった側面もあるとの指摘がある[3]。

プラザ合意は、実質、米国の為替政策であった（永野 2016：88）。米国には、1980 年代前半に半導体製造をはじめ、製造品輸出で世界をリードしていた日本の貿易黒字を減少させる狙いがあり、同盟国である日本の政治的立場は、それに協調することにあった。その結果、1985 年に 238.5 円を付けていた対 US ドル円為替レートは、翌 1986 年には年平均 168.5 円、1995 年には年平均 94.1 円まで円高が進んだ。円高は、日本の通貨価値が高くなることを意味しているが、当時、原材料を輸入し、製品を輸出することに特化していた製造業の多くは大きな転換を迫られ、高度経済成長期に誘致され山村に立地していた製造業の中には、海外に製造拠点を移動させた例もみられた。

　詳しくは後述するが、国産材需要の減少に伴い国産材価格も下落し、1985年に 1 万 5,156 円であった山林所有者の手取りである山元立木価格（1 m³ あたり）は、2000 年には 7,794 円にまで半減し、2013 年には 2,465 円にまで下落した。こうした山元立木価格の下落は、山林所有者の経営意欲を大きく減退させ、山林管理が行われない放置人工林が増加した。

　元々、日本の山林所有規模は、伝統的な林業地帯を除けば零細で財産保持的性格が強いとされるが（西野 1998）、規模の大小にかかわらず、かつて意欲的に造林に勤しんだ山村の人々は絶望感を強めている。加えて、木材価格の高い時代に発想された政府主導の分収林事業は破綻し、林業公社を設立した 38 都道府県の 42 林業公社は、いずれも巨額の負債と進まぬ分収林の契約解除に困惑している。

　一方、国産材の生産地である山村は、木炭生産が終了した 1960 年前後から若年層を中心とした人口流出が続くようになった。木炭生産が終了し、経済的価値を失った薪炭林は、政府の造林奨励もあり、スギやヒノキの一斉林へと転換され（図 4-1）、山林所有者は将来の収穫に期待した。高度経済成長期の山村では、若年層が都市部へ流出しても、その親世代は山村に残った。それは、農林業を経済的基盤としてきた人々が、道路整備をはじめ、土木建設関係の公共事業や工場立地によって、農林業収入以外の就業機会が増えたこともあるが、その当時の木材価格は高値を推移しており、造林した人工林の収穫に期待を持てたことも山村に残るインセンティブとなっていた（西野 2013）。

　日本の山村は、厳密にいえば、日本列島を東西に走る断層である中央構造線の北側に位置する山村を内帯型山村、南側に位置する山村を外帯型山村と呼んでいる。中央構造線を境とした日本列島の成り立ちの違いにより地質、地形条件が異なり、内帯型山村では稲作が可能でも、外帯型山村は壮年期地形の深い Ｖ 字谷が発達し、そのため稲作はほぼ不可能であり、傾斜面を使った畑作を展開してきた。

　しかし、内帯型山村では 1970 年の減反政策を契機として水田の山林化、外帯型山村では養蚕不況、コンニャク芋栽培の衰退などを契機として畑地の

図4-1　山頂まで植林されたスギの一斉林
　　　　（群馬県下仁田町）

出所：筆者撮影。

図4-2　間伐が行われず放置さ
　　　れているスギ人工林
　　　（群馬県藤岡市）

出所：筆者撮影。

山林化が活発化した。その頃は山元立木価格が高値を推移していたからであり、個々の農家の山林所有規模は零細でも、山元立木価格が高い時代は現金収入源の一つとなっていた。しかし、1980年を境に山元立木価格が下落すると将来の収穫に期待して植林された人工林の多くは保育されず、放置されるようになった（図4-2）。今や日本の人工林率は40.8%（2020年）に達しており、これはドイツ（50.0%）、スウェーデン（49.5%）に次いで世界第三位となっている（国際連合食糧農業機関2022）。

　山村では、林業不況をはじめ、海外移転のための工場の撤退も進み、農業生産の大規模化政策によって小規模農業の淘汰も進んで、1990年代に入ると急速に山村の経済的基盤が弱体化した。また、ファミリー世代のテーマパーク型観光への指向が強まり、自然を売り物にした山村の観光人口も減少するようになった（西野2021）。加えて、1990年代に入ると戦後の山村を支えていた人たちの高齢化が進行し、Uターンも促せず、地域差を持ちながらも集落レベルでは限界化[4]が進んだ（西野2010）。

　こうした状況にある山村において、今、筆者にとっては奇妙な現象が生まれている。木材資源が蓄積されている山村は、前述したような要因によって

地域経済が衰退し、集落の限界化が進んで、山林所有者とその相続人も山村からいなくなっている。農林水産省の分析[5]によれば、保有山林面積が 3 ha 以上で 5 年間に林業経営（育林・伐採）を行った林業経営体数は、2015 年の 8.7 万が 2020 年には 3.4 万へと大きく減少し、林家・法人等の総数は、2015 年の 176.0 万が 2020 年には 157.0 万へと 19 万も減少している。

　その一方で、日本の用材（製材用、合板用、パルプ・チップ用等）の自給率は 2005 年から上昇し、2022 年には 35.8％まで回復し、用材自給率にしいたけ原木、燃料材（薪炭材）を含めた総数では 40.7％まで回復し、木材自給率も上昇、回復し、国産材スギの製材品価格も 1990 年価格まで戻し、林業労働力として山村に移住する若年者が増加している。

　こうした奇妙な現象は、政府が温室効果ガス吸収源対策として、多くの山林所有者が不採算を理由に管理をしなくなった広大な人工林の間伐を、政策的に開始したことによって生まれている。昨今の世界的な異常気象の頻発やそれに伴う自然生態系の変化など、地球の温暖化は人類に新たな危機を与え、その対策が重要であることはいうまでもないが、日本に与えられた削減目標の達成のための一環としての間伐政策は、国産材時代の到来を感じさせる状況を作り上げているものの、山村の持続可能性を高めることには必ずしもつながっておらず、むしろ、山村社会を分解する方向に動いているようにも捉えられる。なぜならば、「山林」と「山村」が分離されてしまっているからである。

1.　政治経済のグローバル化と日本林業の変容[6]

（1）グローバル化と木材自給率の推移

　1985 年 9 月のプラザ合意を契機として、米国は日本に対して保護主義の撤廃、市場開放を求め、多様な分野で規制緩和を求めた。日本の本格的なグローバル化の進展は、日本のあらゆる産業が世界市場の中に放り込まれることを意味し、林業も同様であった。

　図 4-3 は、1980 年以降における年平均対 US ドルの円為替相場の推移と

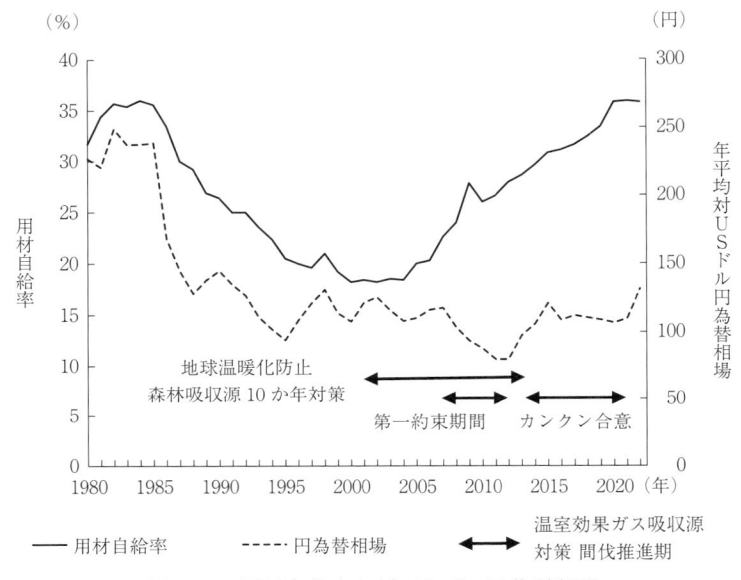

図 4-3　用材自給率と対 US ドル円為替相場

資料：林野庁「木材需給表」。金融機関データ。

用材自給率の推移を示したものである。国産材価格のピークは 1980 年であり、それ以降、基本的には下落の一途にある。用材自給率の推移をみると、すでに外材が日本の木材市場を席捲していた 1984 年の 36.0％、85 年の 35.6％から大きく低下し、90 年には 26.4％、2000 年には 18.2％まで低下した。その後、09 年には 27.9％まで戻し、15 年には 30.8％、20 年には 35.8％まで戻している。22 年の用材自給率は 35.8％、しいたけ原木、燃料材（薪炭材）を含めた総数では 40.7％まで回復している。

　図 4-3 によると 1985〜2000 年は円高に歩調を合わせるように用材自給率が低下している。これは円高によって輸入木材が有利となったからである。カナダで日本市場に適合した製材規格 J-Grade が開発されたこと、阪神淡路大震災時にツーバイフォー住宅の耐震性が評価されたこととも無関係ではなく、J-Grade のツーバイフォー住宅用製材品の日本への輸出量も 1997 年が最も多くなっていることとも符合する（中川 2010：149）。

　対 US ドル円為替相場は、プラザ合意直後から急激に円高が進み、1985年では 238.5 円であったが、90 年には 144.8 円、95 年には 94.1 円となり、1997〜2007 年は平均 117.2 円の水準にあった。その後の 2007 年のリーマンショック、09 年のギリシャ財政危機を発端とした世界的な金融危機の中で、11 年、12 年は 79.8 円まで円高が進んだ。

　この時期、日本では外材を買う動きが活発化し、過剰供給となった丸太が暴落して、2007 年に 1 万 3,300 円（1 m³）を付けていたスギ丸太は 09 年に 1万 90 円まで値下がりしている（遠藤 2013）。この時期の用材自給率は、2007年 22.6%、08 年 24.0%、09 年 27.8% と上昇し、10 年には金融危機のあおりを受けて 26.0% へ下降しているが、11 年は上昇に転じて 26.6%、12 年には27.9% へ戻している。

　図 4-3 には、政府による間伐に関する政策も併記した。図 4-3 からも明らかなように、これらの対策の展開と時期を同じくして用材自給率が上昇しており、用材自給率の上昇は、主に政策的に進められた温室効果ガス削減のための間伐によるところが大きいものと考えられる。

　2008〜12 年は、冒頭で説明した「京都議定書」が定めた第一約束期間であった。政府は京都議定書への合意をふまえ、2003 年から森林整備を主目的とした「地球温暖化防止森林吸収源 10 カ年対策」を展開した。続く2013〜20 年までは京都議定書の第二約束期間であったが、日本は先進国だけに義務付けられた削減目標について、各国が平等に削減すべきとして参加しなかったため削減義務は負っていなかったものの、2010 年にメキシコ・カンクン市で採択された「カンクン合意」に基づいて、20 年の温室効果ガス削減目標を 05 年の総排出量比 3.8% 減以上とすることとした。その際、日本では、温室効果ガスの削減を人工林の間伐によって進めることとしたことから、03 年以降、全国の山林で間伐が進められることとなった。

　林野庁の説明資料によれば、2007〜12 年の 6 年間で 330 万 ha の間伐を実施して間伐の遅れを解消し、100 年先を見据えた森林づくりを政策目標として、森林・林業・木材産業による「グリーン成長」を今後の施策の方向に据え、森林資源の適正な管理・利用、新しい林業に向けた取組の展開、木材産

業の競争力の強化、都市等における第2の森林づくり、新たな山村価値の創造をめざすとした。

　京都議定書の第一約束期間が始まった2008年には、間伐を進めるために「森林の間伐等の実施の促進に関する特別措置法」（以下、間伐特措法）が2012年までの時限措置として制定され、間伐を進める市町村に直接交付する「美しい森林づくり基盤整備交付金」が開始され、政策的に地球温暖化防止のための間伐に取り組まれてきた。同法は京都議定書第二約束期間、パリ協定に基づく日本の目標期間に合わせて、2013年と2021年それぞれに改正・延長され、現行法は2030年までとなっている。現行法において、その目的を「我が国森林による二酸化炭素の吸収作用の保全及び強化の重要性に鑑み、令和12年度までの間における森林の間伐等の実施を促進するため」と明記されている。間伐特措法により、間伐にかかる費用が国から市町村へ交付されるなど、財政措置が取られている。

　2011年には「森林管理・環境保全直接支払制度」が制定され、2008〜13年度までの間に、森林吸収1,300万炭素トンの達成を目標とし、10年後の木材自給率を50％以上と定めた。同制度では、集約化し計画的な施業を行う者を支援対象とし、5 ha以上の実施個所をまとめて間伐を行い、1 haあたり平均10 m^{3}以上については、これまでの切り捨て間伐から搬出間伐へ切り替えることなどを支援の条件とした。こうした措置も素材生産量を増加させ、為替レート以外の要素によって用材自給率が上昇することになった。

（2）間伐政策の展開と国産材生産、供給の推移

　林野庁の資料によれば、2008〜20年の間の「森林吸収源対策」のための間伐実績は、全国で613万ha、この内、民有林が464 haと75.7％を占めている。そして、間伐材利用量は、民有林と国有林合わせて9,609万m^{3}におよび、その内、民有林から伐り出された間伐材の利用量は6,518万m^{3}に及んでいる。

　図4-4には、1985〜2022年の用材需要量の推移を国産材と輸入用材別に示し、日本の用材自給率も併せて示した。それによれば、用材需要量は

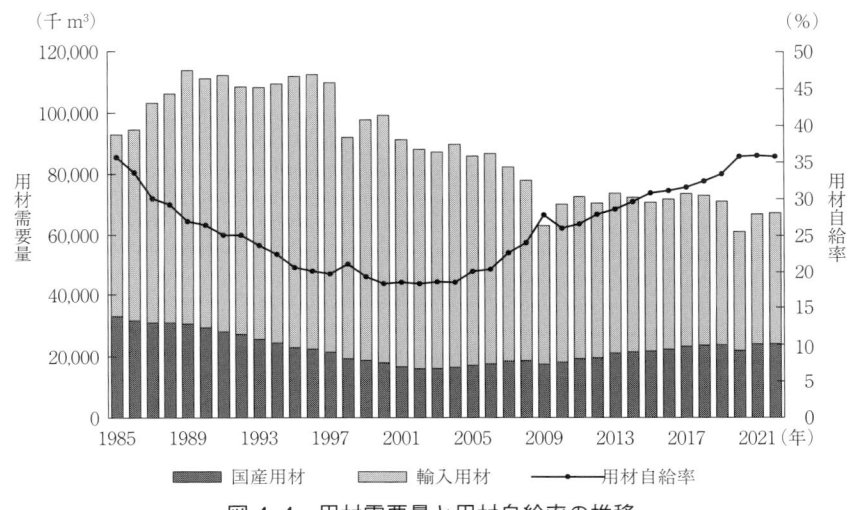

図 4-4　用材需要量と用材自給率の推移

資料：林野庁「木材需給表」。

1996 年の 1 億 1,250.2 万 m^3 をピークとして、やや波があるものの 2009 年まで減少傾向にあった。その後、増加に転じているが、2019 年では 7,126.9 万 m^3 と用材需要量の最も多かった 1996 年の 65% 程度となっている。内訳によると、1989 年段階で用材需要量 1 億 1,385.3 万 m^3 に対し、国産 3,058.9 万 m^3、輸入 8,326.4 万 m^3 と輸入用材の割合はすでに 73.1% に達していた。国産用材の需要量の底となった 2002 年における供給用材に占める輸入材の割合は 81.8% まで上昇していた。2002 年以降、用材自給率は徐々に上昇し、2019 年では 33.4%、2022 年では 35.8% まで戻している。これは、日本林業が再生してきたということなのだろうか。

　図 4-5 は、データが得られる 2002〜22 年の全国の森林組合における主伐と間伐の面積の推移を示したものである。2002 年の伐採面積は主伐 6,405 ha、間伐 3 万 481 ha であった。主伐面積の推移をみると、波があるものの概ね 5,000 ha から 1 万 ha の間で行われている。細かく見ると、2002〜09 年の 8 年間の年平均主伐面積は 6,943 ha であるのに対して、2010〜22 年の 13 年間

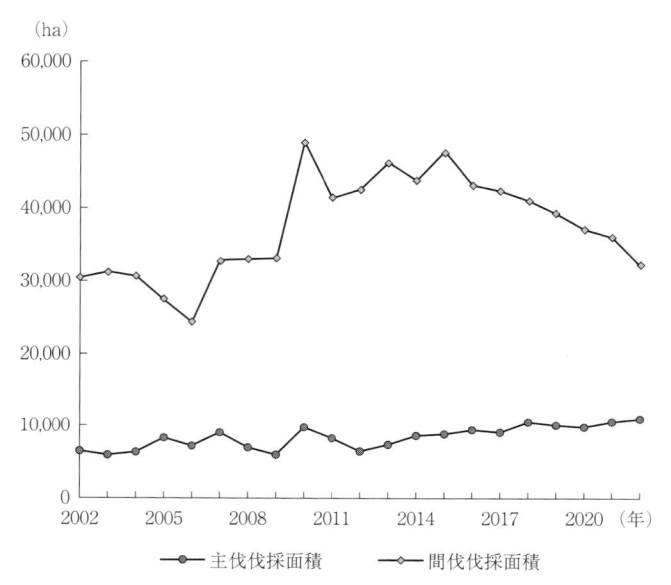

（ha）

図 4-5　全国の森林組合の主伐面積と間伐面積の推移
資料：林野庁「森林組合一斉調査結果」。

の年平均主伐面積は 9,103 ha と増加している。一方、間伐面積は 2002〜09
年の年平均間伐面積は 3 万 392 ha であったが、2010〜22 年では 4 万 1,661 ha
と 1 万 ha 以上増加している。2002〜22 年の間、主伐は 17 万 3,891 ha、間
伐は 78 万 4,729 ha、合計 95 万 8,620 ha の広大な山林において素材生産、森
林整備が行われた。

　主伐の増加は、戦後に造林した山林が伐期齢に達したことと関係している
ものの、山元立木価格の下落により再造林可能な収益が得られないことから、
山林所有者が積極的に皆伐したとは考えにくく、造林に際して投下した資本
の回収を厳密に求めない山林において多く展開してきたものとみられるが[7]、
たとえば、宮崎県耳川流域のように、森林組合をはじめとした素材生産者が
生産した原木は、森林組合のコンビナートを経て、耳川下流の日向市にある
大規模製材工場へ販売する流域管理システムが完成している流域では私有林
においても皆伐が行われている（図 4-6）。北海道、青森県、秋田県、岩手県、

栃木県、茨城県、岡山県、広島県、大分県、宮崎県、熊本県、鹿児島県の伐採が活発な 1 道 11 県（林野庁 2020）は、製材企業の工場が立地し、原木の流通販路が拓かれているものと考えられ、こうした地域で皆伐が進められているともみられる。

　また、間伐とはいえども、山林には伐期齢（スギ 50〜60 年生）に達している木もあり、搬出間伐が進められるようになると主伐材に近い間伐材が出されているとみることができる。こうした主伐、間伐の展開によって、素材生産量は順調に増加してきたものとみられる。

図 4-6　皆伐の様子（宮崎県諸塚村）

　諸塚村を流れる耳川は、日向市で太平洋に流入する。耳川流域は、林業の流域管理システムのモデルであり、森林組合が木材コンビナートを建設して、丸太を日向市に立地した製材工場へ販売するシステムができあがっていることから、写真のような皆伐を行うことができる。写真の山林は自治会が所有し、収益を自治会の運営に充てている。
出所：筆者撮影。

　図 4-7 には 2002〜22 年の主伐と間伐による素材生産量の推移を示した。2002 年の用材自給率は 2000 年と並んで最も低い 18.2％であり、同年の素材生産量は主伐約 117 万 m³、間伐約 133 万 m³ の合計 250 万 m³ となっていた。2002 年以降、主伐と間伐を合わせて素材生産量は、リーマンショックの影響を受けた 09 年を除いて増加し続け、19 年には 659 万 m³ と 02 年の約 2.6 倍に増加している。間伐特措法が制定された 08 年は、私有林における生産量が 07 年よりも 20 万 m³ 増加し、その効果が現れている。22 年の素材生産量は約 670 万 m³ となっており、02 年の 2.7 倍、主伐は 3.3 倍、間伐は 2.2 倍に増加しており、大量に素材生産が行われてきたことがわかる。

　図 4-8 には、こうして生産された間伐材の用途を林野庁資料より示した。公表されている 2008〜22 年の間に利用された間伐材は 7,298 万 m³ にのぼり、建築材、梱包材向けの製材に 4,020 万 m³（55.1％）、木材チップ、おが粉などの原材料に 2,963 万 m³（40.6％）、足場丸太、支柱等に 513 万 m³（7.0％）

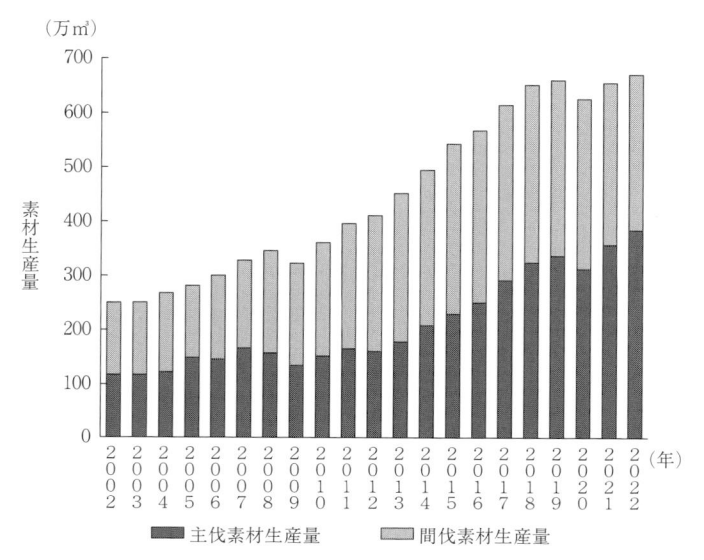

図 4-7　全国の森林組合における素材生産量の推移

資料：林野庁「森林組合一斉調査結果」。

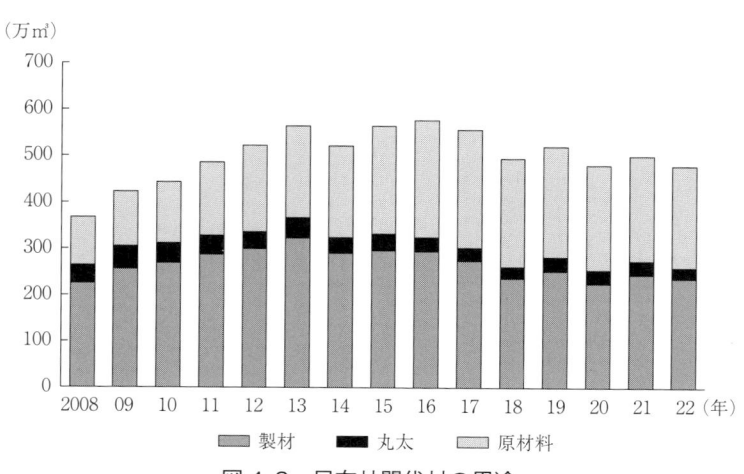

図 4-8　民有林間伐材の用途

資料：林野庁。

が使用されている。間伐政策の進展により、合板の素材としてもスギ間伐材が使われ、自給率を高めてきた。これまでで間伐材が最も多く使用されたのは 2016 年の 576 万 m³、次いで 2013 年と 2015 年の 565 万 m³ などとなっている。2015 年の素材生産量は 2,005 万 m³ であったことから、同年の素材生産量のおよそ 4 分の 1 が間伐材に依っていることがわかる。

　間伐政策の初期は、間伐材を山林に倒しておく切り捨て間伐が中心であったが、やがて搬出間伐へ移行したことから、樹齢の高い樹木を含めて、大量の間伐材が生産されるようになった。ただし、その生産は川下の需要を見込んで生産されるわけではなく、間伐のための助成金や補助金の額に見合った面積や体積の施業が行われることから、過剰供給に陥る可能性が考えられる。このことは、製材業界が安価で素材を購入できる可能性を示しており、そのため、大量に出し続ける限りにおいて山元立木価格は上昇しないことになる。この点について林野庁関係者には、薄利多売でやっていかねばならないとの認識があり（田中 2019：242）、山元立木価格については現状を是認しているように捉えられる。

（3）好転した森林組合経営と若返った林業労働力

　図 4-9 は、間伐政策が森林組合の経営にどのような影響をもたらしたのかを知るために、税引き前純利益が黒字となった組合数、赤字となった組合数、黒字組合の割合とその推移を示した。森林組合は農業協同組合と同様に、構造改革の一環として合理化、効率化が求められ、広域合併が進められた。その結果、2001 年に 1,073 あった森林組合数は、09 年には 692 まで減少し、22 年では 607 と、約 20 年間で 400 の森林組合が合併により消滅している。

　2001 年において赤字となった組合数は 153 組合あり、同年の全森林組合数の 14.3％を占めていた。05 年には 219 組合、12 年には 176 組合が赤字となったが、13 年以降、赤字組合は大幅に減少し、22 年では 45 組合、全体の 7.4％まで減少している。赤字組合の減少は、合併により減少したとも考えられるが、22 年では 607 組合中 562 組合、割合にして 92.6％が黒字経営となっており、この間に多くの森林組合の経営が好転した様子がわかる。その

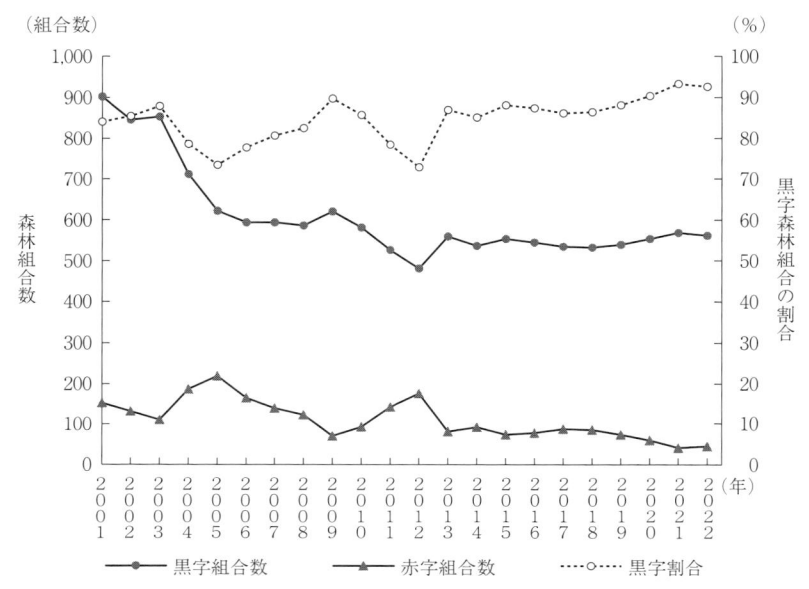

図 4-9　全国の森林組合の税引き前当期純利益組合数，純損益組合数の推移
資料：林野庁「森林組合一斉調査結果」。

　要因は、政府の一連の間伐政策、国の森林環境税に先行して施工した都府県単位の森林環境税による間伐の展開に伴う事業量の増加にあるものと考えられる[8]。このことは、林業労働力が減少し続けているとはいえ、雇用条件を改善することを可能とし、若い林業労働力を集められる要因ともなっているものと考えられる。

　図 4-10 は、1980〜2020 年の 5 年ごとの林業労働者数を年齢階層別に示したものである。ここでは、15〜39 歳の林業労働者を若年労働力としてまとめた。それによれば、林業労働力は 1980 年では 14 万 6,322 人を数えたが、1990 年には 10 万 497 人、2000 年には 6 万 7,558 人へと減少が続いた。その後も減少は続いているものの、05 年以降は減少が緩やかとなり、15 年では 4 万 5,430 人、20 年では 4 万 3,720 人となっている。

　年齢階層別にみると、50 歳以上の階層ではいずれも減少しているものの、15〜39 歳までの若年労働力は 1995 年の 9,078 人を底として増加し続け、

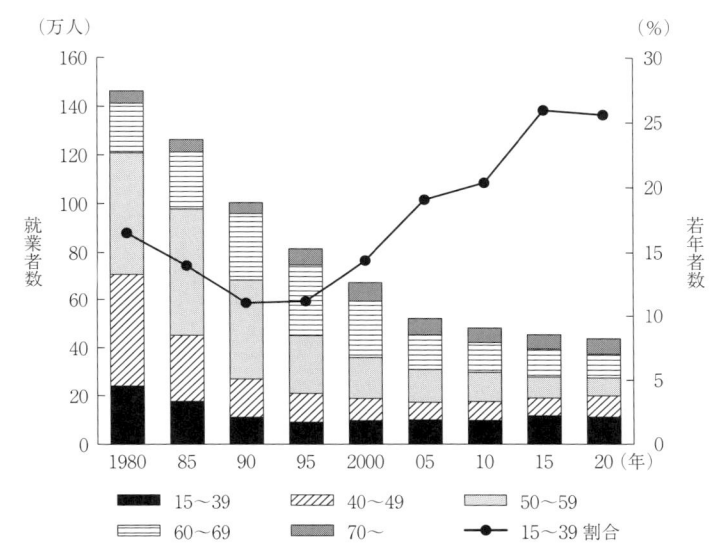

図 4-10　年齢階層別林業従事者数と若年者率の推移

資料：林野庁。

2015 年には 1 万 1,790 人まで増加している。また 40〜49 歳の階層では 2015 〜20 年にかけて 1,480 人の増加を見ている。その結果、林業労働力に占める若年労働力の割合は、2000 年の 14.4％が 15 年には 26.0％まで増加し、20 年でも 25.6％と林業労働力の若返りがみられている。政府では、03 年より研修を経て林業への新規就業者を育成する「緑の雇用」事業を展開し、2014 年までで約 1.5 万人が林業に就業していることも、若年労働力の増加につながっている（林野庁資料）。

　表 4-1 には、森林組合に就職した若年層の人々の就職動機を整理した。それによると、都市部から農山漁村へ移住する「田園回帰」（小田切・筒井 2016）の動きと軌を一にしている[9]。林業現場における若年者の増加は、近年の若年者の労働への考え方や人生観によるところもあるとみられるが、森林組合の経営が好転し、若年労働力を受け入れる体制が整ってきたことも要因として大きいとみられる。

表 4-1　林業就業の動機

性別年齢	移住前	移住地	動　機
女（36）	東京都	山梨県甲斐市	14年間家具職人。当初、林業への就業は考えていなかったが、登山が趣味であることから「登山道の整備などの仕事はないかな？」と考えていた。そんな時、母から「山の仕事といえば林業もあるよ」と教えられ、林業への興味が芽生えた。
男（38）	不明	奈良県野迫川村	林業への転職を検討するきっかけとなったのは動画投稿サイトで見つけた1本の動画だった。趣味の釣り動画に関連してたまたま表示された林業の動画を興味本位で視聴すると、林業従事者がチェーンソーを自在に操り伐採する姿にすっかり魅了された。前職は材木屋であり、木に携わる仕事がしたいという想いがあった。
男（35）	大阪府松原市	和歌山県田辺市龍神村	移住し林業に転職したきっかけは、田舎で落ち着いて子育てがしたいという願望からだった。インターネットで田舎への移住について検索しているうち、偶然「わかやま林業労働力確保支援センター」が林業の無料職業紹介を行っていることを知った。さっそく話を聞きに行ったところ、現在所属する龍神村森林組合を紹介された。トントン拍子に決まった移住・転職だった。
女（32）	不明	鳥取県鳥取市	前職は海運関係の事務職。いつしか「自分も好きなことで手に職をつけたい」「できれば自然と関わる仕事へ転職したい」と望むようになっていた。そんなある時、たまたまラジオ番組で林業へ就業した20代男性のインタビューを聴く機会があり、林業という仕事へ興味を抱いた。
男（45）	埼玉県さいたま市	鹿児島県伊佐市	夜勤が多かった前職からの転職を検討していた。そんなある時、たまたま『イチから住～前略、移住しました～』という番組でシャ乱Qのまことが林業体験する姿を見た。以前から妻と「いずれは田舎へ行きたいよね」と話をしていたこともあり、青空のもと森の中で仕事ができるという労働環境に惹かれた。
男（？）	愛知県名古屋市	福井県池田町	木に魅力を感じる中で自分のやりたい仕事について考えた時、「木を植え、手入れをし、育った木を切り、また植える」といった自然のサイクルを柱にした林業への興味関心が高まり、林業の世界へ飛び込むことを決断。就業へ向けて情報収集を始める。
男（？）	大阪府	高知県仁淀川町	大阪府で長く児童福祉施設に勤務。いつしか田舎暮らしを思い描くようになり、全国森林組合連合会が主催する森林の仕事ガイダンスに2015年1月に参加。そこで林業に関する説明を聞いていた時に、ある都道府県のブースで「林業は危険だから、よほどの覚悟がないとやめといたほうがいいよ」という言葉を聞き、逆に興味を持った。

| 男（？） | 名古屋市 | 愛知県足助町 | 前職は飲食業。だが、独立して3年目、経営の難しさから、次のステップへの大きなチャレンジとして田舎への移住を決意する。「山に移住した友人の畑仕事を手伝ったりして生活スタイルに触れたことがあり、山での暮らしに好印象を持ったことが移住のきっかけとなりました」。移住先で森林組合が求人募集していることを聞き、林業の道へ進むこととなった。 |
| 男（？） | 神奈川県横須賀市 | 千葉県君津市 | 自動販売機の商品補充を仕事としていたが、登山を趣味としていたこともあり、いつからか山で働く仕事に関心を持ち始めていた。林業に関する知識は全くなかったが、インターネットで検索するうちに林業就業支援講習の存在を知り、千葉県で開催された講習に参加。その縁により移住し、千葉県森林組合に就職することとなった。 |

出所：全国農業委員会ネットワーク機構全国農業会議所発行「iyu info」。
　　　ホームページ「林業体験談」より抜粋、一部改変。https://web-iju.info/（最終閲覧2024年4月19日）。

　間伐政策の展開は、森林組合の事業量の安定化に寄与し、収益性を高め、伝統的な雇用就労形態の近代化を促し、高性能林業機械の導入も、山村に引き寄せることにもつながっているように考えられる。山村において、森林組合以外の林業会社が若者によって設立され、森林組合の下請けとして新規参入しているケースがみられるのも、はやり間伐政策の展開により一定の事業量が見込めることが要因として大きいと考えられる。

（4）製材品価格の推移と住宅建設

　次に製材品価格について概観する。図4-11は、1985〜2023年のスギ正角（厚10.5 cm、幅10.5 cm、長3.0 m、2級）、米マツ平角（厚10.5〜12.0 cm、幅24.0 cm、長3.65〜4.0 m、2級。2020年まで）、米ツガ（防腐処理材、厚12.0 cm、幅12.0 cm、長4.0 m、2級。2002〜23年）の製材品価格の変化を示したものであり、対USドル円為替レートも併記した。

　1985年における1 m³当たりの製材品価格は、スギ5万2,800円に対して米マツは5万100円と輸入材の方が安くなっていた。1993年の北米材の輸入が滞った第一次ウッドショック時には、米マツが92年の5万4,700円から6万2,000円へ、スギも92年の6万400円から6万5,200円へと値上がり

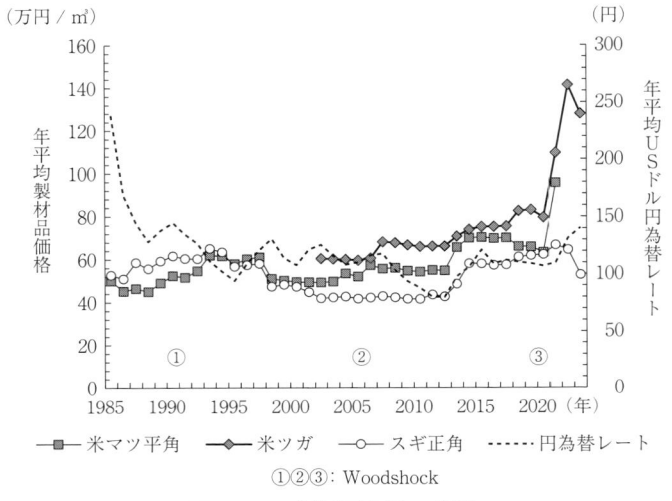

図 4-11　製材品価格の推移

資料：林野庁「木材需給表」。

した。90 年代で 94.1 円まで最も円高が進んだ 95 年にはスギ 5 万 6,800 円、米マツ 5 万 8,100 円と国産材の方が高くなった。

　1995 年以降、米マツ平角についてみると、北米で輸出規制がかかる 2020 年までスギ正角よりも高値の状態が続いていた。たとえば、2004 年ではスギ正角 4 万 2,700 円に対して、米マツ平角が 5 万 3,500 円と 1 万円以上高くなっている。この年の用材自給率は、2000 年と 2002 年の 18.2％に次いで低い 18.4％となっていたことに加え、対 US ドル円為替レートは 108.2 円と前年 2003 年の 115.9 円よりも 7 円近く円高が進んでいたことから、国産材が為替の影響を受けていることがわかる。

　1995 年 1 月に発生した阪神淡路大震災において、ツーバイフォー住宅がほとんど被災しなかったことから、耐震性に優れた住宅性能が評価されるようになった。カナダで開発され、耐震性、断熱性に優れたツーバイフォー住宅の建築方法は、枠組壁工法とよばれ、2 インチ×4 インチに加工した構造用製材品によって組成された枠組みを構造用面材に接合し、枠組みの中に断熱材を埋め込む方法で建築される。面で住宅を支えることから耐震性に優れ、

また断熱性能も高い省エネ住宅でもある。ツーバイフォー住宅の枠組には SPF 材と呼ばれ、材質が似ている北米産のエゾ松（Spruce）、松（Pine）、もみ（Fir）が使用されている。米マツは 2020 年からのコロナ禍における住宅需要の増加に伴い、米国内での 2×4 材の需給関係がひっ迫し、日本への輸出量が減少して高騰した（第三次ウッドショック）。林野庁の木材需給表では、米マツ製材品価格の記載が 2021 年で終わっている。

　そこで、データの揃う 2002～22 年の間の米マツ平角、米ツガ、スギ正角の製材品価格と、住宅着工件数、一戸建て住宅着工件数、ツーバイフォー住宅着工件数、為替レートの相関関係をみると、米マツ平角の価格はツーバイフォー住宅着工件数が増加すれば価格が上昇している傾向が読め、それは米ツガについても同様であった。スギ正角の製材品価格は、用材自給率が上昇すると価格も上昇する傾向にあり、一戸建て住宅の着工件数との関係は中程度の相関関係がみられた。

　これらから、1990 年代まで、国産材は円高下において外材攻勢に抗うことができず、国産材需要を減少させ、それに伴い山元立木価格も下落し続けたが、2000 年以降になると、国産材と外材の価格は互いに影響し合いながらも、ツーバイフォー住宅、在来工法の住宅の建築方法との関係が強くなる傾向も読み取れ、為替相場の影響は 1990 年代よりは受けなくなったように捉えられる。

　スギ正角は、2013 年の 4 万 8,600 円が翌 14 年には 5 万 8,200 円まで高騰している。この時、米マツは 13 年の 6 万 5,700 円が 14 年は 7 万 100 円、米ツガは 13 年の 7 万 900 円が 14 年では 7 万 4,100 円に値上がりしているものの、値上がり幅はスギ正角が大きくなっている。これは東日本大震災の復興に伴う需要増加も背景にあったものと考えられ、国内の木材需要を反映したものと思われる。

　近年は、躯体の強度を高めるために集成材が多用されるようになっていること、柱を壁の中に隠してしまう大壁工法が一般化していることなどから、丸太市場では一般的な並材の需要が高いと考えられ、主伐、間伐によって生産される並材が需要を満たしているように考えられる。かつて、和室に用い

られた四面無節材や床の間に用いられた絞り丸太の需要は、住宅様式の洋風化によってかなり限定的となっている。家具や住宅の造作材には、外材が多用されており、依然として、外材への依存度は高くなっている。

　本来は、住宅の柱や壁板、床板、家具などに用いられることを念頭に育成されたスギも、間伐材の大量生産によって、多様な製品にもなってきている。以前から、端材が割りばしに使われることはあったが、近年ではスギ間伐材の端材が、着火力のあるスギの特性を活かしてバーベキュー用の焚き付け用に加工され、いわゆる 100 円ショップで販売されるようにもなるなど、使われ方も多様化している。

　改めて概観すると、スギ製材品価格は、1995 年には 5 万 6,800 円であったが、2002 年には 4 万 2,000 円まで値下がりし、12 年までリーマンショックの影響を受けながら 4 万 2,000 円前後を推移した。13 年になると 12 年の 4 万 2,700 円から 6 万円近く値上がりして 4 万 8,600 円の値を付けている。そして、14 年 5 万 8,200 円、15 年 5 万 8,100 円、16 年 5 万 7,400 円と推移し、18 年には 6 万 1,200 円、20 年には 6 万 2,400 円と値を付けた。

　この間の住宅着工件数は、2012 年 89 万 3,002 戸、13 年 9 万 8,7254 戸と増加し、14 年は 88 万 470 戸と減らすものの、15 年には 92 万 537 戸、16 年はピークの 97 万 4,137 戸まで増加した。この内、ツーバイフォーを除いた一戸建て住宅の着工件数はリーマンショック後の 2009 年は 9 万 1,254 戸と 2000 年以降で底となったが、2010〜22 年までの間は年平均 13 万 1,962 戸を維持していた。これに対応するようにスギ製材品価格は、2018 年には 6 万 1,200 円と 1990 年価格にまで回復している。

　住宅着工件数の増加の背景には、2012 年 11 月に始まった異次元の金融緩和政策（服部 2014：iii）、すなわち、資金供給量の増加、長期国債の買い入れの拡大、2016 年に開始された日銀のマイナス金利政策があるものと考えられる。これらの金融政策は、投資家や富裕層に株や不動産への投資を促し、銀行には積極的貸付を促し、大都市ではタワーマンション、地方都市では高層マンション、一戸建て住宅が建設されるようになった。スギ製材品価格は 2002〜13 年までの間、4 万 3,000 円前後を推移したが、2014 年以降は高値に

転じ、2020 年には米マツとほぼ同じ価格となった。スギ製材品の価格上昇は、多分にこうした金融政策が背景にあるものと考えられる。

　前述の相関分析から一戸建て住宅の建築増加がスギ製材品の需要を高めたと考えられる。バブル崩壊後の長期デフレ経済下において、建築方法を合理化し、販売価格を低めに設定したローコスト住宅を発売するハウスメーカーにとってコストを下げることが重要であり、それゆえ、大量に市場に出される間伐材は、コストを下げるという点で好都合であるように捉えられる。

（5）一人置き去りにされている山元立木価格

　図 4-12 は、1985〜2023 年の 1 m^3 あたりの山林所有者の手取りにあたるスギの山元立木価格ならびに、スギ丸太価格、スギ製材品価格の推移を示したものである。1985 年では 1 万 5,156 円だった山元立木価格は、円高が進むと、安価な外材の方が有利となり、90 年 1 万 4,595 円、95 年 1 万 1,730 円、そして 98 年には 9,191 円まで下落した。

　この間の年平均対 US ドルの円為替相場の推移をみると、1985 年の 238.5 円は、翌 86 年には 168.5 円へと急激に円高が進み、95 年には 94.1 円まで円高が進んだ。そして、山元立木価格は、2000 年には 1990 年価格のおよそ 2 分の 1 にあたる 7,794 円まで下落し、2013 年には 2,456 円まで下落した。2014〜21 年までの平均価格は 2,955 円であった。

　2020 年は、新型コロナウイルスの世界的蔓延によって木材の需給バランスが崩れ、第三次ウッドショックに見舞われ、2021 年になると山元立木価格、スギ丸太価格、スギ製材品価格のいずれもが値上がりした。その際、2020〜21 年にかけての値上がり幅は、スギ丸太 3,400 円、スギ製材品 4,400 円であったのに対して、山元立木価格は 300 円に留まっている。

　2021 年 2 月の林野庁の試算では、1 ha あたりの立木販売収入と再造林費用の関係は、収入が 96 万円であるのに対して造林初期経費は 180 万円を必要とすることから、伐採収入では再造林経費を捻出できないと認識されている（林野庁 2021）。

　2022 年になってもコロナ禍が収束しないことから、2021〜22 年にかけて

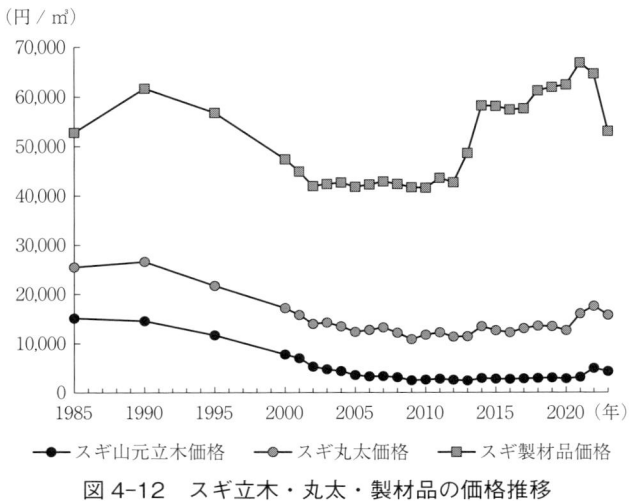

（円／㎥）

図 4-12　スギ立木・丸太・製材品の価格推移
資料：林野庁「木材需給報告書」、日本不動産研究所「山元立木価格調」。

も値上がりをみせ、山元立木価格は 4,994 円と 2003 年以降では最も高くなった。しかし、2023 年には 4,361 円に下落しており、スギ丸太、スギ製材品も同様となっている。図 4-12 に示したように、スギ山元立木価格と、森林組合等が製材業者に販売するスギ丸太価格は、ほぼパラレル状態にあり、立木価格に伐採、運搬、丸太を積み上げて置いておくはい積などの費用と手数料が加算された価格となっている。スギ製材品価格も、1985〜2013 年までは、立木価格、丸太価格と値の動き方が類似しているが、2013 年からは製材品価格が独自の動きをするようになった。

　スギ製材品価格は、2012 年 4 万 2,700 円、2013 年 4 万 8,600 円、2014 年 5 万 8,200 円と推移した。2013 年の 4 万 8,600 円から 2014 年 5 万 8,200 円へと高騰している。2012 年の円為替相場は、2008 年の米国金融危機（リーマンショック）の影響が続いて円高が継続し 79.8 円まで円高が進んだ。1980・90 年代ならば、外材にシフトして国産材需要が減少したと思われるが、この頃になると為替との関係が強く現れなくなる。東日本大震災の復興、2012 年 11 月に始まった異次元の金融緩和政策による住宅建設の増加が、スギ製材

品価格に反映されたものと考えられる。

　収穫された素材の品質にもよるものの、需要を考慮せずに大量に素材が生産されている現状において、山元立木価格が上昇することは考えにくい。しかし、山元立木価格は、山村の持続可能性を考える立場からは、市場任せではなく、政策的に検討する必要性がある。

　木材の生産、流通過程を、川上（素材生産）、川中（製材）、川下（製材品市場）に分けた際、大量に間伐材が生産される現状は、川中、川下において、集成材の素材として、建築資材価格を抑制する必要のあるローコスト住宅の素材として、有効に働いたようにみえる。川上については、素材生産を担う森林組合の経営も間伐作業の受注により多くの組合の経営は好転している。しかし、独り山元立木価格だけが低迷しており、その現状から、川上は源流（山林所有者）と川上（森林組合等素材生産者）に分離して考える必要があるように思われ、1980年頃までの山林所有者が優位に立った素材生産者との関係（藤田1995）とは逆転している。

　このように、温室効果ガス吸収源対策としての間伐政策と金融政策は、筆者の区分による源流部分を除いて、川上、川中、川下のそれぞれの業界に経済効果をもたらしてきたとみてもよい。しかしながら、山元立木価格の現状は、山林所有者に山林経営を断念させる方向へと導いている。このことは、山村の土地所有者が地域に居住し続けるインセンティブを失うこととなり、山村の持続可能性を断ち切ることにつながっているといってよい。現状は、皆伐後の再造林が行えない状況にある。

　山元立木価格の低迷が続けば続くほど、山林所有者、相続者の山林への関心をますます低下させ、山村地域の持続を断ち切ることにもなる。このまま進めば、山村は間伐政策によって森林は整備されたものの、山林所有者、相続者が山村に不在となり、地域社会が存在していない空間となる可能性がますます高くなると考えられる。次節で述べるように、2018年に制定された間伐政策を推進するための森林経営管理法は、さらに山林所有者に山林経営を断念させる方向へと導いている。

2. 森林環境税と見えない森林整備後の山村像

　政府は 2021 年 6 月に「森林・林業基本計画」の基本的な方針を決定している。それによれば、森林資源の適正な管理・利用を行い、長期・持続的な林業経営体の育成など「新しい林業」に向けた取組の展開、木材産業の国際＋地場競争力の強化、木材利用を通した「都市等における「第 2 の森林」づくり」、そして、農林複合・きのこ栽培など地域資源の活用、集落の維持活性化、森林サービス産業の推進、関係人口の拡大によって「新たな山村価値の創造」をめざすとしているが、山村の持続可能性形成への展望に関する記述は見当たらない。

　そして政府は、2021 年 10 月に日本の貢献案を決定し、地球温暖化対策計画に基づき、2030 年度には 2013 年度比 46% 減の温室効果ガス削減目標を定めており、その内、6.3% を森林吸収源対策により確保することとしている。そのため、2021〜30 年までの間に年平均 45 万 ha の間伐を行い、温室効果ガスの森林吸収量を確保するとしているが、やはり、限界化の進む山村の将来像については何も触れていない。

　2020 年 10 月に林野庁がまとめた「多様で健全な森林への誘導」では、森林の多面的機能の発揮に関する目標を育成単層林、育成複層林、天然生林に分けて設定し、それぞれの森林への誘導の考え方がまとめられている。主伐後の再造林は立木販売収入の増加と造林コストの低減により再造林経費を捻出できるようにする必要はあるとは示されているが、立木販売収入をどのようにして増加させるのかについては何も述べられておらず、むしろ、森林経営管理制度によって山林所有者から市町村が受託し、森林環境税の活用も想定した再造林が指向されている。残念ながら、健全な山村像への誘導は述べられていない。

　2024 年度から徴税が開始された国の森林環境税の説明には「森林を抱える山間部の市町村においては、新たな森林管理システムを活用し、これまで様々な課題等により手入れができていなかった森林における間伐・路網等の

森林整備や、このための意向調査・境界画定、さらに森林整備を担う人材育成や担い手の確保等の取組を推進していただくこととなります。また、森林が少ない都市部の市町村では、森林整備を支えるとともに森林・林業への理解促進にもつながる木材利用や普及啓発等の取組を進めていただくこととなります」と述べられている。

　まるで山間部の市町村が問題ある森林を抱えているかのような記述は、かつての拡大造林政策への反省を棚上げにしている。今、進められている間伐政策は、日本林業が世界市場に放り込まれることが予測できなかった時期の1960 年頃から進められた造林政策によって形成された一斉林の内、保育管理が放棄された山林を森林環境税で整備していることになる。

　前倒して 2019 年度から交付が開始された森林環境税譲与税は、私有林人工林面積、林業就業者数及び人口による客観的な基準で按分して譲与され、「市町村においては、間伐や人材育成・担い手の確保、木材利用の促進や普及啓発等の「森林整備及びその促進に関する費用」に充てる」こととされている。総務省の資料によれば、2022 年度の世田谷区の譲与額は 1 億円余りとなっている。この譲与額は群馬県において過疎化が著しい上野村、神流町、下仁田町、南牧村の 2 町 2 村の譲与額にほぼ等しい。山村では譲与額では足りないとの声が多くある一方、都市部の多くの自治体では森林環境譲与税の使い道に苦慮し基金化されている（『日本経済新聞』2022 年 3 月 12 日、『東京新聞』電子版 2024 年 4 月 5 日）。

　一方、国の森林環境税と対となって 2018 年に制定された森林経営管理法[10] では、「森林所有者は、その権限の属する森林について、適時に伐採、造林及び保育を実施することにより、経営管理を行わなければならない」と山林所有者の「責務」（第 3 条）を明確にしたうえで、不在地主対策に力点が置かれている。

　山林についても、山元立木の価格の下落が続く中で所有者の関心が薄らぎ、所有者死亡後の相続手続きもなされないケースが多くなっている。このことから、「手入れの行き届いていない森林について、市町村が森林所有者から経営管理の委託（経営管理権の設定）を受け、林業経営に適した森林は地域

の林業経営者に再委託するとともに、林業経営に適さない森林は市町村が公的に管理（市町村森林経営管理事業）をする」とされ、再委託した経営が可能な山林については、複層林化その他の方法によって市町村が経営管理することとなっている。山林所有者に代わって市町村が山林を管理し、条件のよい山林は伐採を行い、収益が出れば所有者に還元するという山林所有者の立場に立った制度であるが、次に述べる所有者の所在不明山林の処理は、やや強引に思え、政府にとっての間伐、森林整備の重要性が窺える。

　「所有者不明森林等に係る特例措置」として、「共有者不明森林に関する特例」、「所有者不明森林に関する特例」、「確地所有者不同意森林に関する特例」が定められ、「共有者不明森林に関する特例」、「所有者不明森林に関する特例」は、いずれも市町村が登記簿や戸籍簿、住民基本台帳等の情報等から不明な森林所有者を探索し、探索をしてもなお所有者全員が不明の場合に、市町村は経営管理権集積計画を6か月間公告し、公告期間中に不明な森林所有者が現れない場合、市町村長が都道府県知事に裁定を申請して、知事が経営管理権を設定することが必要かつ適当と認め、裁定を行った場合、所在不明な森林所有者は市町村が定めようとする経営管理権集積計画に同意したものとみなすこととなっている。

　そして、「確地所有者不同意森林に関する特例」は、意向調査を実施しても山林所有者が市町村による経営管理の意向を示さない場合、市町村が立てる経営管理権集積計画に同意する勧告を行い、同意しない場合は、市町村長が知事に裁定を申請し、知事が所有者に意見書の提出を求めるとあり、知事が市町村に経営管理権を設定することが適当と認めれば、同意したものとみなして計画を進めることになっている。書留郵便などで、確実に所有者に計画が到達しているにもかかわらず返答がない場合は、この特例によって措置できることとなっている。

　これらは所有権を侵害するということではなく、あくまでも当該山林の、いわば地上部分において、異議の申し出がなければ、市町村が計画し実施する間伐等の森林経営に同意したものとみなすとするものではあるが、市町村のホームページ等で実施される6か月間の公告期間に、所有者や相続人に該

当する人が「公告」を見る可能性は極めて低く、告示される多くの山林の場合、所有者の知らぬ間に所有物である樹木が伐採されて裸地になるケースも想定される。境界確定のできていない地籍調査の未実施市町村において、こうしたケースが多く発生するものと思われる[11]。

　現行法において、公道にはみ出た樹木の所有権は土地所有者にあるため、行政といえども無断で伐採できないことになっているが、森林経営管理法においては 6 か月の公告期間を過ぎれば、同意したものとみなして、山林所有者の承諾を得なくても伐採することを認めることとなっている。こうした、やや強引とも受け取れる手続きは、山林所有者の経済合理的な判断により公益的機能が低下している森林に税を投入して対処するという大義によるのだろうか。この点について、田中淳夫氏は山主が不同意でも強行できる法だと「所有者不明森林等に係る特例措置」を批判している（田中 2019：127-129）。

　行政の立場からは、地球環境を守るという大義によって、やや強引ともとれる制度であっても国民的理解が得られるものと判断したものと考えられるが、やや強引な手法に驚きを禁じ得ない。何故に、ここまでして間伐を進めなければならないのか、温室効果ガスの削減を山林に大きく依存している点には疑問が残る。なぜなら、大都市圏の自動車の抑制、公共交通の利用促進、物流と短距離旅客機利用の鉄道への移行、再生可能エネルギーのさらなる拡大や蓄電技術の開発、冷暖房燃料の木質ペレットへの移行など、小資源国であることの限界はあるとしても、カーボンニュートラル政策の一環としても行える施策が多くあるからである。

　都道府県の林業行政は、国から降りてくる間伐政策への対応と予算消化に追われ、自らの地域の山村の将来像を考える余裕がない状況にある可能性も考えられるものの、間伐を進めながらも、山村の将来を思考しないのであれば、単なる間伐を予算の限りにおいて、ひたすらに遂行しているだけに留まる。このことに関連して、国民森林会議提言委員会は、2022 年度の提言書において、日本が森林吸収源対策に取り組んだのは 2008 年と遅かったこと、森林管理を実質的に間伐に集約してしまったこと、荒い搬出間伐では排出源となってしまう対策であったこと、さらに対策として短伐期皆伐再造林方式

を導入したことなど、林野庁の間伐政策を批判している（国民森林会議提言委員会 2023）。

　今後についても、日本の人工林の高齢級化に伴い、1 ha 当たりの CO_2 吸収量、間伐必要量が減少することから、主伐後の再造林を増やしていく必要があるとし、2021〜30 年までの間に約 7 万 ha の再造林が必要としているとされる。そのため、これまで抑制してきた皆伐を促進し、若木は吸収力が強いことから、短時間で皆伐を繰り返す短伐期皆伐を取り入れようとしている。しかし、これらは、あくまでも温室効果ガス吸収源対策としての森林整備であり、その舞台である山村と山林経営の持続可能性について、明確な方向性が描かれているわけではない。

3.　山村の持続可能性を探求するための都市連携政策への視点

　過疎化の進んだ地域への財政投資の是非について、しばしば議論が行われている。木材の生産地でありながら、限界化が進んでいる山村について、新自由主義者の中には、疲弊している現代山村への投資を無駄とし、住民を社会インフラの整った都市に移住させるべきとする基本的人権問題にも発展しかねない乱暴な主張が散見される[12]。経済学者・宇沢弘文は、新自由主義や代表的な新自由主義思想家であるミルトン・フリードマンの人間観が人的資本とも呼べるものであり、極めて非人間的だと断じた（稲垣・土田 2020：11）[13]。

　直近の人口規模等の数値や効率性の視点からだけで、住民の人生や営々と歴史を積み重ねてきた地域のあり方を論じてはならない。山村についても同様である。なぜならば、森林率の高い島国である日本であるがゆえに、山村の歴史的、現代的役割を的確に認識されれば、自ずと山村が日本列島に不可欠な存在であることに気づくからでもある。

　一時期、外国資本による水源地の土地の買い占めが問題となったように、山村は、木材資源の生産に留まらず、都市、農業、工業の水源地として重要な役割を果たしている。新自由主義思想者は、歴史は過去とし、直近の山村

経済の一断面だけをみて、山村へ財政投資を無駄と主張し、森林管理は都市から通えばよいともいう。

　日本林業のルーツである吉野林業地帯の山林地主は、吉野川下流の町に住んでいたが、山間集落の山守が山林の管理を行ってきた歴史がある。山林の管理は容易なことではなく、人工林の多い地域では、それぞれの地域の地質をはじめとした地域の自然生態系や野生鳥獣との共存の仕方を知り尽くしていることが重要なのであり、ゆえに山村社会の必要性はいうまでもないことである。しかしながら、グローバル化の進展は、都市と農村、山村、漁村の地域的連携を希薄化させ、過去の都市と山村の連携システムを忘れてしまっている。それゆえに、こうした地域連携を再評価し、再構築していく必要がある。

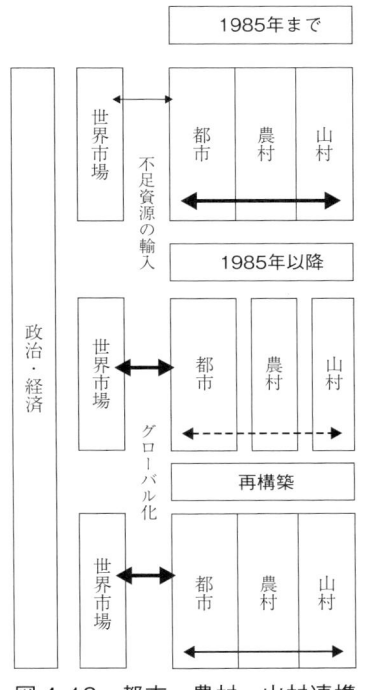

図 4-13　都市・農村・山村連携の変化とこれから

出所：筆者作成。

　図 4-13 は、都市と農村、山村との地域連携の変遷と将来像を簡略化して示したものである。1985 年以前については、戦後復興の一環として、水資源開発、電源開発のために多くのダムが山村に建設され、多くの人たちが多大な犠牲を強いられながらも、都市、農業、工業の発展を支えた。法律によってダム建設地の振興が図られるようになるのは、1974 年の水資源地域対策特別措置法、電源三法の制定まで待たねばならなかった（西野 1998）。

　高度経済成長期における大都市圏への人口集中は、木材需要を高め、木材価格の高騰を招いた。そのため政府では、1961 年に木材輸入自由化を開始し、64 年に完了した。これにより、安価な外材が輸入されるようになり、やが

て日本の木材市場を席捲するようになった。国産材価格が下落を始めたのは80年のことであったが、主要な林業地域では、未だ一定の山林経営が成立していたとみられる。日本の都市は、まぎれもなく、山村からの水資源、電源、木材の供給を受けたからこそ発展できたことを忘れてはならない。

1985年のプラザ合意以降の本格的なグローバル化の進展は、日本のあらゆる産業が世界市場に放り込まれ、競争を余儀なくされた。農業については、1992年にグローバル化に対抗できる大規模化が政策として打ち出され、概して小規模な山村の農業は不利となり、耕作放棄地が目立つようになった。山林経営については、急激な円高が大量生産に長けた外材の攻勢を強めさせることになった。

1995年の阪神淡路大震災以降、在来工法による住宅の耐震性が問題となり、主に外材で建築されるツーバイフォー住宅の評価が高まったことも国産材の需要を減少させた。また、躯体強度を高める集成材への加工と、住宅における和室の減少に伴う大壁工法の一般化も、それまで木材に付加価値をつけていた四面無節材の需要を激減させ、それまでの伝統的な育林体系を淘汰することにもなった。

2022年に開始されたロシアによるウクライナ侵攻は、農業の国産国消体制の必要性の認識を高め、大規模化一辺倒の農業政策の見直しが必要となった。林業についても、ロシアから木材を輸入していた製材業への影響が一部に出た。日本は、木材自給率が回復してきたとはいえ、依然として需要木材の約6割は輸入に依存している。ウクライナ侵攻は、食料安全保障、木材安全保障の体制の必要性を改めて認識させた。こうした有事に伴う混乱を軽減するためにも、グローバル化に対応しつつも、再度、身近な都市と農村、山村が連携して、農産物、林産物、木材の消費と生産の関係を認識し、連携を再構築していくことが必要となっているように思われ、近代化、グローバル化によって忘れられた山村、農村、漁村の地域的役割を再認識することが肝要である。

林業分野については、個人住宅への国産材、地域材、流域材の利用促進のための助成制度をはじめ、消防法に留意しながらの幼稚園・保育園、小中学

校・高等学校、図書館、病院、福祉施設などの公共施設の木質化は、都市の森林環境譲与税、森林環境税の使い道として、最もわかりやすい例であろう。しかし、大量に市場に丸太が出てくる状況において、市場に任せたままでは山元立木価格が再造林可能な水準まで戻ることは考えにくい。それゆえに、山元立木価格については、持続的な山林経営が可能となるような政策的検討が必要である。

　農業においては、仲買者（仲買市場）と農家あるいは協同組合、農業会社等があらかじめ買い取り価格を決定して、契約した生産量を全量買い取る「契約農業」が進められている。農家は、土づくりから収穫まで徹底した管理によって仲買との信頼関係を築いており、これにより安定した農業経営を実現している[14]。しかし林業においては、契約的な育林、素材生産が行われるケースは稀で、市場取引が一般的である。

　兵庫県宍粟市の東河内生産森林組合は、地元のハウスメーカー（株式会社・山弘）の要望に応えて、住宅の梁に使うスギの天然乾燥材を生産し、それにより組合員に高額の配当を実現した（長野 2019）。この事例は、ハウスメーカー経営者の山へ少しでも多くの収益を戻したいとの強い思いによって実現しており、いわば契約林業が成立している。木材を消費する側の山村、山林経営への理解と、その理解に応える素材生産が功を奏し、共存共栄が図られた例だと捉えられる。東河内生産森林組合員へのアンケート結果によると、高額の配当の実現は、組合員の生産森林組合への関心を高め、コミュニティへの参加度を高めている[15]。

　山村の維持、存続が必要との前提に立ち、こうした事例をふまえれば、都市と山村が連携した広域的あるいは流域的な地域政策的方向性として、山元立木価格を政策的に決定する「契約林業」が施行されてもよいようにも考えられる。特に、公共施設に木材利用を行う場合にコンセンサスをとりやすいとも考えられ、恒久税である森林環境税が使われてもよく、都市の対応に期待がかかる。これまでにも、都市の水資源の確保のために、河川下流の都市が上流の山村に森林管理のための費用を負担するケースは見られ、流域を単位としての林業政策の展開の必要性を、改めて熟考することが必要だと考え

られる（西野 2008）。それは木材流通だけに限定したことではなく、カーボ
ンニュートラル政策の一環としても重要である。

　たとえば、山村で生産され、都市に供給された木炭のように、山村から現
代の木炭と捉えられる木質ペレットが供給されるようになると、徐々に人工
林の一斉林が混交林、やがては広葉樹林へと姿を変えながらも、一定の用材
林を維持していくような森林づくりへと向かうことも可能となる。皆伐跡地
の広葉樹林への転換は、自然に任せて形成されるものではないが、山村には
カーボンニュートラル政策の一端を担える歴史と資源があり、こうした点に
着目して、山村と山林が一体となった持続可能性を形成できる政策的誘導が
県単位であってよく、こうした政策こそを探求すべきではないだろうか。木
質ペレットは採算がとれないとの話をしばしば聞くが、それは都市において
ペレットストーブの普及を図る政策がないからであり、一方的に木質ペレッ
トを供給して採算が採れるはずがない。

　仮に都市側が山村持続のために山村と連携した地域政策を展開するとする
ならば、山村側も、一定の準備が必要となる。昨今の山元立木価格の低さと
山林所有の小規模さをふまえると、村落単位で共有林化して、木材生産、木
質ペレットの原材料の生産を行い、共有者に利益が配分されるような地域社
会システムの再構築が発想されてもよい。仮に山元立木価格を政策的に決め
るとした場合、行政の立場からは、多くの山林所有者がいる中で、特定の個
人を対象とすることは難しく、ゆえに個人の山を出資して、政策の受け皿と
して、村落単位で共有林を形成する必要があるように考えられ、今は経済的
価値の低い山林であっても、生産の場に変換していくことによって経済的価
値が高まることが、山林所有者の定住へのインセンティブとなり、地域の持
続可能性を形成する一因となるものと考えられる。

　藤田佳久氏は、少人数であっても、いかに広い地域を管理することができ
るかという観点に立った新しい山間地域のシステムを構築することを提案し
ている（藤田 1998：310）。共有林の権利者は、元々の住民だけでなく、Ｉター
ン者にも参加を促し、最小の人口規模で地域を維持する現代山村の協同社会
システムを構築していくことも発想されてよい。歴史的に振り返れば、木材

価格の高い時代は、近世の入会林野に起源のある共有林やそれを法人化した生産森林組合の共有林が村落の社会的紐帯として機能し、共有林への造林が村おこしのインセンティブとなっていた歴史があり（西野 2013）、戦前の農山村における地域電化の財源ともなった歴史もあるからである（西野 2020）。

　社会学者ロバート・マッキーヴァーは、コミュニティの源泉は人々の「関心」にあるとした（マッキーヴァー 1975：133）。戦前、山村では共有林の立木売り払い収入が村落の「共同体的収入」（坂本 1989：286）となり、村落社会の秩序を保つ役割も果たしていた。また、戦前の山村において、集落を単位として村落の構成員が出資して設立された電気利用組合では収益に応じて配当がなされ、出資世帯では組合経営の動向に高い関心を寄せ、エネルギーコミュニティを形成していたものと考えられる。こうした村落共同体の態様は、外界からは封建的、閉鎖的にみえても、それは山間地域において人々が共に生きていくために考え出された知恵でもあった（西野 2020）。

　それゆえに、山村経済の弱体化が進んでいる今日であるからこそ、再度、地域再生のために共有林の地域的機能を現代に応用する試みがなされてもよい。山林、農地の個々の所有規模は小規模でも、互いの利益を共有するために空間的にまとまりを形成することによって木材資源、森林資源が有効に活用できる可能性があると考えられるからである。

　共有林や既存の生産森林組合の山からは、用材として供給可能な林分を保育して温存しつつも、たとえば、現代の木炭である木質ペレットの原材料が生産され、山村で加工され、最寄り都市へ供給されるような都市山村連携の形成こそが、カーボンニュートラル時代にふさわしい山づくり、山村づくりのように考えられる。冷暖房に電気、石油の利用が当たり前になっている今日において、脱炭素のためのエネルギーシステムを導入する初期段階にあっては、木質ペレットとストーブの普及は地域経済の発展に寄与することから、一定の地域的市場が形成されるまで都道府県を単位とした地域政策として取り組まれてもよいものと考えられ、政府はそれを後押しする役割を担うべきであろう。

おわりに

　山村の持続可能性は、一面では、再造林可能な林業収益が得られる持続的な山林経営が営めてこそ高めることができる。ゆえに、山村の持続可能性を考えるためにも、持続的な山林経営の政策的検討が必要であるが、林業行政は市場メカニズムに任せ、薄利多売状態を容認している。

　近年、地域振興を語る際に関係人口というジャーナリスティックな言葉がよく使われているが、そうした言葉に捉われることなく、グローバル化によって忘れ去ってきた都市にない資源を山村から都市に供給し、山村に収益が遡上するという、いわば、かつてあった当たり前の都市山村間の経済循環を再構築していくことこそが、山村の持続可能性を考えるうえで重要である。

　恒久財源として2024年度から徴税が始まった森林環境税を財源として、間伐に留まらず、都市と山村が連携して木材資源生産と消費の地域的関係性を構築していくことが必要だと考えられる。地球環境を守るという大義の下で、やや強引とも受け取れる間伐が進められ「美しい森林」が形成されても、極論をいえば、人はいないが、整備された山だけがある空間をつくりあげようとしているようにも捉えられる。

　2001年から始まった小泉構造改革以降、新自由主義的思想が政治、中央行政で台頭し、地域を見下ろす政策的姿勢が随所に現れた。民間組織である人口戦略会議が示した「消滅可能性自治体」の提示も、その一つである。大部分が「消滅可能性自治体」となっている山村について、消滅しないようにするにはどうすればよいのか、その政策的方向性も示さず、単に効率性のみの観点から地域を分類しているに過ぎない。このことは、同会議の能登半島地震による被災集落の再建への見解が効率性重視であることからもわかる。自然災害であり、住民には何の落ち度もないにもかかわらず、長く住んできた住民の地域への想いを無視している。

　当然のことながら「消滅可能性自治体」と格付けされたことに対して地方が反発している。それは、地方都市や農山漁村の現状は、地域の人々が選択

して自ら作り上げたものではないからであり、減少したとはいえ、高齢化が進んでいるとはいえ、住民の日々の暮らしがあることを忘れてはならない。山村の人々を社会インフラの整った地域へ移住させるべきとする新自由主義思想は、そこに住んでいる人たちの基本的人権を平気で侵していることに気づくべきである。

　限界集落問題に端を発し、過疎地域などの「条件不利地域」の振興のために 2008 年に制定された「地域おこし協力隊」制度は、3 年を任期として、政府が 1 人当たり最大 540 万円を財政措置しているものの、筆者が「条件不利地」と定めた全部山村、全部過疎に指定されている山奥の過疎地域に派遣されている隊員は、2020 年では 14.7％、2022 年では 15.8％に留まっている。それは、条件不利地ほど、隊員を受け入れるための就労の場や住居など準備が整えられないからである。今や山村と比して、何ら問題がないと思われる都市や地価が高騰しているリゾート地域の自治体に地域おこし協力隊員を配置していることから、この制度の目論見は破綻しているといってもよい（西野 2024）。

　それは 1 人年間 540 万円のいわば「人件費」を政府が財政措置をし、地方自治体に何ら負担がないことから「安易な移住」を促している節がある。結局は、富裕層の減税に寄与する「ふるさと納税」と同様に、「地域おこし協力隊」制度も、地方自治体間に不必要な「移住者争奪合戦」を促し、この「合戦」に参画できない自治体を篩にかけているようにも映る。

　先進国の中でも高い森林率を持ち、平野部が狭小な日本列島の地理的特性を鑑み、地方都市、農村、山村、漁村が、それぞれの地域特性を発揮して持続していくためにどうすればよいのか、住民が「希望」を持って生活していくためには、どのような政策的誘導が必要なのか、地域の側ではどのような用意が必要なのかについて、その可能性を追求していくことこそが地方自治の本旨からすれば重要であるはずである。

　しかしながら、多くの地方自治体は財源を中央から引き出すことに力を注いでいる。分権社会を形成していくには、戦前の大阪市長・関一のように自ら財源を生み出していく地方分権的政策形成こそが重要であり、それを妨げ

る障壁があるとするならば、それを取り除くための政策的運動に地方自治体の長が連携して取り組むべきであろう。地方交付税制度がなかった戦前の地方自治体の創意工夫や終戦直後の福島県を中心とした地方自治体連携の配電公営化運動を見習うべきである（西野 2020）。

政府、中央省庁の役割は、地方自治体とそこに住む人々を不安に陥れることではなく、地方自治体間の競争を煽ることでもない。地域の苦悩を理解しながら、どのような政策、どのような地域政策を打つことが必要なのかを考えることである。現状に苦悩する地域の可能性を探ることは、新自由主義的視点から消滅しない自治体と消滅可能性自治体を峻別することよりも遥かに難しく、膨大な時間と労力、多くの叡知を必要とする。政治、行政は、効率主義によって地域を見下げるのではなく、同じ目線に立って、地域の可能性を探求することに労力をかけるべきであり、それが役割ではないのだろうか。

開発経済学者アルバート・ハーシュマンがポシビリズム（possibilism）と称した、「未然＝まだ何も定まっていない」事態を自由ととらえ、それを最高に価値あるもの、目の前の現実を乗り越えようとする人間の「想像力＝創造力」の拠り所とみなすような姿勢は（矢野 2019：249-250）、「消滅可能性自治体」などと峻別され、明日が見えない地域の持続可能性を探ることに大変示唆的である。

2050 年を目標としたカーボンニュートラル政策の視点から山村をみると、自ずと山村が果たしうる地域的役割が見えてくる。恒久税として 2024 年度から徴税の始まった国の森林環境税交付金の使途については、山林整備だけに費やすだけでなく、地域の特性を活かしつつ、地域の持続可能性を探求するための都市と農山漁村の連携した地域政策へ有効的に活用されることが重要であることを強調しておきたい。

謝辞　本章の第1節は、国際基督教大学名誉教授・西尾隆先生を座長とした日本都市センターの 2022 年度の調査研究「都市自治体の森林政策に関する研究会」での成果（西野 2023a）がベースとなっている。貴重な機会を与えていただいた西尾先生はじめ、研究メンバー、日本都市センターのスタッフにお礼申し上げ

ます。また、本稿の骨子は、2024年8月30日に開催された第13回東日本入会・山村研究会において報告した。その際、助言をいただいた富士大学学長・岡田秀二先生、岩手県立大学教授・泉桂子先生に記して感謝し、お礼申し上げます。

　本稿をまとめるにあたり、本研究プロジェクトリーダーとして、4年間にわたり研究をリードいただき、助言をいただいた矢野修一教授に衷心より感謝し、お礼申し上げます。

注

1）政府の「京都議定書目標達成計画」によれば、6%の削減対策は、非エネルギー起源 CO_2 の削減（0.3%）、メタンガスの削減（0.4%）、海外における排出削減（1.6%）などとなっており、森林吸収源対策による3.9%は際立って高い削減量となっている。

　ドイツでは、2014年において1990年比の27%を削減した。その主な要因は、暖冬により化石燃料の使用量の減少、断熱効果の高い建築の推進など、気候保護の取組も寄与したという。2014年は再生可能エネルギーの比率がさらに増え、天然ガスや石炭では使用量減少とともに GHG（Greenhouse Gas：温室効果ガス）排出量も減少したとされるが、商業・個人の車両使用増加により運輸部門については約3%増加している（国立環境研究所 https://tenbou.nies.go.jp/news/fnews/detail.php?i=15880 最終閲覧2024年6月10日）。

2）本稿においては、スギやヒノキの人工林化された山を山林（＝山にある林〔広辞苑〕）とし、森林（＝樹木の密生している所〔広辞苑〕）とは区分して使用する。森林環境税と聞くと、いかにも自然生態系を大切にするようなイメージを国民に与えているが、今、問題となっている放置林の多くは山林であり、山林整備税とでも表現するのが正しいようにも思われる。

3）経済地理学者・藤田佳久氏は、すでに1980年代に日本の森林・林業の今日的状況を予測していた。そして、外材輸入が一気に増大した要因は、安価であるというだけでなく、育林家と木材業者の関係が対等でなく、育林家の前近代的体質によるところも大きかったと指摘している（藤田1995：536-537）。また藤田氏は育成林業の地域的差異を研究しつつ、1986年の著作において、国有林地帯の山村を中心として「社会的空白地域」が形成されることを予測していた（藤田1986）。

4）2007年に「限界集落」という呼称がマスコミ報道により流布し、山村＝限界集落との見方が独り歩きした感は否めないが、「限界集落」という言葉を発した大野晃氏の研究は、急傾斜地が卓越する四国山地の典型的な外帯型山村の実態を調査し、山間集落が維持限界状況にあることを社会に知らしめた点で重要であっ

た。大野氏は、山村の限界化について 1993 年の著作の中ですでに指摘していた（大野 1993）。

5）農林水産省による林業経営体等の動向分析 https://www.maff.go.jp/j/tokei/bunseki/report/rin_keieitai.html（最終閲覧 2024 年 6 月 10 日）

6）この節の基本的な枠組みは、西野（2023a）を基本としているが、データを入手できる最新年まで更新し、グラフを入れ替え、大幅に加筆修正した。

7）この点について、岡田秀二・富士大学学長より、東日本では公社、公団、県行造林、パルプ企業の所有山林、共有林野や市町村有林、生産森林組合などにおいて、伐期、契約期間を迎えた山林において主伐が進んでいるとの教示をいただいた。

8）筆者は、1994 年 9 月から 1998 年 3 月まで、労働省からの委託により、群馬県林業雇用改善促進研究会の座長を務めた。労働省は就業条件を改善することが減少し続けている林業労働力を増加させると考えた。当時、長野県では集成材加工に乗り出す森林組合があったが、バブル崩壊後の低成長期でもあったことから、概して林業業界が停滞していた印象が強く、労働省が改善を求めた日給月給制から月給制への移行については、森林組合の経営が不安定であり、雨天日の屋内労働への切り替えにも限界があることから、容易に受け入れられる状況ではなく、先に事業量の増加がなければ雇用改善は難しいというのが大方の見解であった（西野 2008）。

　　2010～19 年度までの 10 年間における全国 72 の森林組合を対象とした調査レポートによれば、森林整備は粗利益率が高く森林組合経営に貢献しているものの、素材生産量の拡大により販売事業の収益が高まっていることを析出しつつ、素材生産の販売は景気変動の影響を受けやすいことから、森林組合経営の不安定さが増していると分析している（安藤 2020）。

9）林業で移住・定住化を図る市町村や地域おこし協力隊として募集して林業労働力として育成しているケースもある。これらを可能としているのも、間伐政策によって一定の事業量があることによるものと考えられる。

10）国の森林経営管理制度のモデルとなったのは、岡山県西粟倉村の「百年の森林構想」である。この構想は、2008 年に「約 50 年前に、子や孫のためにと、木を植えた人々の想い。その想いを大切にして、立派な百年の森林に育て上げて行く。そのためにあと 50 年、村ぐるみで挑戦を続けようと決意」し、スタートした。村は、村民から山林を預かり、村出資の企業（株式会社百森）が預かった山林を整備し、伐り出された木材は、やはり村が出資して設立されたローカルベンチャー（森の学校）が原木販売、木工製品の開発を行い、全国に販売している。これらを担っているのは、多くが I ターン者である。聞き取りによれば、西粟倉

村では村民から委託を受けた山林を整備対象としており、「所有者不明森林等に係る特例措置」に類似した措置は行っていない。

11）こうした事態が発生するのは、土地登記のための多額の費用や複雑さが一因している可能性もある。近年は、住宅ローン完済後の抵当権抹消などの登記変更は、土地所有者、建物所有者が行えるようになっているものの、新規登記や「権利書」の作成は司法書士に多額の報酬を支払って依頼せねばならず、こうした土地所有にまつわる手続きの複雑さが不在村地主のみならず、全国で所有者所在不明土地を生み出しているとも考えられる。住民票への土地所有状況の紐づけは簡単にできるはずであり、縦割り行政の弊害、登記業務の近代化の遅れも一因となっているように思われる。山村の地籍調査は、都市や農村に比べると測量等に多くの時間と労力を必要とするものの、資本主義制度の基本である土地所有に関する地籍調査が、全国で 52％、山村では 45％に留まっている（国土交通省資料）ことへの反省はみられない。

12）たとえば、八代（2011）や冨山（2022）の主張がその代表である。2024 年元旦に発生した能登半島地震被災地の復興について、被災地は過疎化が進んでいることから現地再建に財政投資することを無駄として、都市部へ移住させるべきとの新自由主義的論調が散見される。それぞれの家族には歴史があり、ましてや地震災害は住民に落ち度があって発生しているわけではない。効率性からのみ、人の人生や地域を断じることはあってはならない。

13）本研究プロジェクトリーダーであり、本書の編者である矢野修一教授は、開発経済学者ハーシュマンの著作の翻訳を通して、新自由主義がもたらす様々な弊害（ハーシュマン 2005）、新自由主義思想における基本的人権の捉え方の問題（ハーシュマン 2008）などについて、「訳者補説」「解説とあとがき」においてハーシュマンの視点から深い議論がなされている。またハーシュマンの「ポシビリズム（possibilism）」に関する論考は、新自由主義の台頭した現代において、我々が地域や社会をどのように捉えればよいのかについて示唆的に富む考察がなされており（矢野 2019）、本章を執筆するにあたり、大変励まされたことに感謝したい。

14）高崎市の山間部で 1988 年から有機農業に取り組んできたグループがある。有機野菜の卸会社との契約により主に葉物野菜を栽培、出荷している。I ターンによる新規就農者も多く、耕作放棄地の拡大防止、山間集落の再生にも寄与している。経営者への聞き取りによれば、野菜の買取価格は 35 年前から変わっていないにもかかわらず、卸会社からは消費者視点での包装などで経費が増え、収益率が下がってきているという（西野 2023b）。

15）東河内生産森林組合の活動とコミュニティの関係性については、別稿にて詳述する予定である。

参考文献・資料

安藤範親（2020）「森林組合の経営は過去 10 年でいかに変化したか」『農林金融』農林中金総合研究所、第 73 巻第 10 号。

稲垣久和・土田 修（2020）『日本型新自由主義の破綻』春秋社。

遠藤日雄（2013）『丸太価格の暴落はなぜ起こるか』全国林業改良普及協会。

大内力編（1993）『中山間地域対策』農林統計協会。

大野 晃（1993）「現代山村の限界集落化と「山」の環境問題」大内編（1993）所収。

岡本哲史・小池洋一編著（2019）『経済学のパラレルワールド』新評論。

小田切徳美・筒井一伸編著（2016）『田園回帰の過去・現在・未来』農山漁村文化協会。

河田尚弘（2013）「2013 年以降の森林吸収源対策の促進——間伐特別措置法の一部を改正する法律案」『立法と調査』第 340 号。

国際連合食糧農業機関（2022）「世界森林資源評価（FRA）2020 メインレポート概要」（林野庁仮訳）。

国民森林会議提言委員会（2023）「森林吸収源対策と日本の森林づくり」。

坂本忠次（1989）『日本における地方行財政の展開——大正デモクラシー期地方財政史の研究』御茶の水書房。

田中淳夫（2019）『絶望の林業』新泉社。

高柳長直・川久保篤志・中川秀一・宮地忠幸編著『グローバル化に対抗する農林水産業』農林統計出版。

冨山和彦（2022）「東京一極集中から多極「集住」をめざせ」『日経グローカル』第 437 号。

中川秀一（2010）「日本市場志向の製材規格と 2×4 住宅の普及」高柳ほか編著（2010）所収。

長野豊彦（2019）「東河内生産森林組合の挑戦」『東日本入会・山村研究会報』東日本入会・山村研究会、第 11 号。

日本都市センター（2023）『森林政策と自治・分権』日本都市センター。

西野寿章（1998）『山村地域開発論』大明堂。

西野寿章（2008）『現代山村地域振興論』原書房。

西野寿章（2010）「山間集落の現局面と山村政策への視点」E-journal GEO（日本地理学会）第 4 巻第 2 号。

西野寿章（2013）『山村における事業展開と共有林の機能』原書房。

西野寿章（2020）『日本地域電化史論——住民が電気を灯した歴史に学ぶ』日本経済評論社。

西野寿章（2021）「山村における観光振興の成立条件に関する一考察」『観光科学研

究』東京都立大学、第 14 号。

西野寿章（2023a）「都市・山村連携と自治体の役割」日本都市センター（2023）所
　　収。

西野寿章（2023b）「山村における「田園回帰」に関する一考察」『産業研究』高崎
　　経済大学地域科学研究所、第 58 巻第 2 号。

西野寿章（2024）「日本における「田園回帰」現象の性格と自治体の責任」『地域政
　　策研究』高崎経済大学地域政策学会、第 26 巻第 4 号。

アルバート・ハーシュマン（2005）矢野修一訳『離脱・発言・忠誠』ミネルヴァ書
　　房。

アルバート・ハーシュマン（2008）矢野修一・宮田剛志・武井泉訳『連帯経済の可
　　能性』法政大学出版局。

服部茂幸（2014）『アベノミクスの終焉』岩波書店。

藤田佳久（1986）「環境保全と「新過疎時代」への対応」平和経済計画会議・経済
　　白書編集委員会（1986）所収。

藤田佳久（1995）『日本・育成林業地域形成論』古今書院。

藤田佳久（1998）『日本山村の変容と整備論』地人書房。

平和経済計画会議・経済白書委員会編（1986）『国民の経済白書──日本型ニュー
　　ディールの提唱』日本評論社。

R. M. マッキーヴァー（1975）中久郎・松本通晴監訳『コミュニティ』ミネルヴァ
　　書房。

八代尚宏（2011）『新自由主義の復権』中公新書。

矢野修一（2019）「ハーシュマンと不確実性／可能性への視座」岡本ほか編著所収。

林野庁（2020）「多様で健全な森林への誘導」。

林野庁（2021）「森林・林業・木材産業に関する主要指標等」。

第 5 章

農業における季節労働力と外国人労働者
群馬県嬬恋村を事例として

永田　瞬

はじめに

　日本の農業では収穫期の季節労働力をどう確保するかが長年の課題となっている。野菜などの産地では、伝統的に収穫期間に季節労働力を活用してきた。これら季節労働力の多くは短期間の有期雇用が多く、かつては中高年齢層の女性労働力や学生アルバイトが利用されてきた。しかし、農業分野の収穫労働が肉体労働であることや、それ以外の産業への出稼ぎ労働が増えていく中で、次第に日本人の季節労働力が集まりにくくなってきた。そこで2000 年代前後から注目されるのが季節労働力の代替機能を果たす外国人労働者の存在である。厚生労働省の調査によれば、農業分野の外国人労働者は、2020 年 3 万 8,064 人で、そのうち 86.7%は技能実習生である。コロナ禍の入国制限などで 2020 年以降、技能実習生数は減少し、新しい在留資格である特定技能労働者が増加している。

　外国人技能実習生は、短期間での滞在を前提とするローテーション型の外国人労働者受け入れ（temporary migration system）である。それに対して、2019 年に受け入れが始まった特定技能労働者は、特定技能 1 号から特定技能 2 号へ移行すれば、家族呼び寄せや定住化も可能な在留資格である。農業分野の外国人労働者は、引き続き短期間の季節労働力としての役割を維持し続けるのだろうか。それとも、今後は、収穫期間以外も含めて、通年にわたって働くことが想定される労働力なのだろうか。基幹的農業従事者の高齢化が進む日本の農業分野が持続するためには、外国人労働者がいかなる役割

を果たすのかを、事実に即して考察する必要がある。

　本章では、群馬県吾妻郡嬬恋村（以下、嬬恋村）を事例として、外国人労働者が農業分野に果たす役割について考察する。嬬恋村は大規模なキャベツ産地として、高度経済成長期以降に発展し、産地指定を受けながら、東京都を中心とする消費地への野菜の安定供給地としての地位を固めた。嬬恋村の主業農家率は高いが、ここ数年は、農家数の減少で、1農家あたりの耕作面積が増えている。嬬恋村では、大規模展開を志向する農家が、家族以外の雇用労働力として外国人労働者を活用している。これらの活用実態に目配りすることで、農業分野の外国人労働者の役割が明瞭になる。

　以下、第1節では先行研究と本章の課題を整理する。第2節では、農業分野における外国人労働者の動向とその背景を確認する。第3節では、嬬恋村の産業構造と高度経済成長期に確立した嬬恋村の大量生産体制の特徴を明らかにする。第4節では、嬬恋村における外国人労働者受け入れの推移を整理するととともに、キャベツの収穫過程において、外国人労働者が果たす役割を整理する。

1.　先行研究と本章の課題

（1）問題の所在

　中小企業経営や農業経営にとって外国人労働者はいかなる役割を担っているのだろうか。外国人労働者、とりわけ外国人技能実習生は、人手不足の中小企業経営において、労働力を確保する手段として機能してきた[1]。外国人技能実習制度のもとでは、送り出し国の外国人労働者にとっては、受け入れ国との間の大きな賃金格差が、渡航する大きなインセンティブとなる。受け入れ側の中小企業経営や農業にとっては、規模別賃金格差を背景とした、日本人の若年労働力確保の難しさを代替する機能を果たしてきた。こうして外国人技能実習制度は、送り出し国の外国人労働者と、受け入れ国の中小企業経営や農業にとってウィンウィンの関係として理解されることが多い。

　外国人技能実習制度は、職場の移動制限を伴うなど外国人労働者の労働者

としての権利を制約する中身を持っている。労働者の職場移動を認めない制度設計が多くの労働問題を引き起こしている。たとえば、技能実習生が負担する多額の借金、不均等な労使関係による実習生の失踪などは、一部改善も見られるものの、抜本的にあらためられたとはいいがたい[2]。こうした状況から、外国人技能実習制度に対して、米国国務省等から、職場の移動制限を強いることは、実態として人身売買であり、奴隷制度であるとの批判が長年にわたって行われている。加えて、2020年代に入って日本では円安ドル高の傾向が進む。送り出し国の外国人労働者にとって、日本に渡航するインセンティブは従来よりも下がっている。外国人労働者の獲得競争、制度としての労働者の権利制限、双方の視点から、外国人技能実習制度の見直しが必須の状況にあるといってもよい。

日本国内の縫製業を対象とした外国人労働者の研究では、外国人技能実習生は3年間の技能実習過程で確実に技能の幅を広げ、日本人の縫製管理の仕事を一部担う基幹労働力として位置づけられている（永田2016：2020）。ところが、外国人技能実習生の処遇は、その技能の蓄積にもかかわらず、地域最低賃金レベルを大きく超えることはない。経営者が温情的に処遇を改善することはあっても、外国人労働者が当事者として労働条件を引き上げ、交渉する主体となることは想定されていない[3]。

外国人労働者が将来的に中核的業務を継続的に担う存在になるのであれば、職場移動の権利を認め、安定した雇用を確保することが求められる。企業経営では一般的な透明性ある人事制度の構築も避けて通れない。加えて、外国人労働者が日本で長期的に滞在するのであれば、職場の労働環境整備のほかに、生活者として地域社会に定着する支援策も想定しなければならない。現状の外国人技能実習制度の下では、外国人労働者が、労働者として、また生活者として地域社会に根付くことは想定されていないが、実態はどのようになっているのであろうか。縫製業以外の地域産業、たとえば農業分野において外国人労働者が果たす役割を考察する必要がある。

（2）先行研究と本章の課題

　嬬恋村のキャベツ生産については地理学の研究蓄積が多くある。小池（1962）は、高度経済成長期の嬬恋村キャベツの発展要因を、調査に基づいて分析している。丸山（1994）は、嬬恋村の立地条件に注目し、山地の垂直的利用が耕作面積拡大を成り立たせた条件である点を指摘している。さらに、宮地（2006）は、戦後日本の農業の大量生産化を促す政策要因として、産地指定制度を挙げ、嬬恋村農業は産地指定制度の下で、東京市場の供給源として発展してきたことを明らかにしている。

　また嬬恋村での収穫期の労働力に注目した研究もある。後藤（2016）は、嬬恋村では施肥作業の機械化、栽培管理過程の省力化に加えて、収穫作業における季節労働力の活用や、2世代家族労働力の投入が行われていることを指摘している。西野（2019）は、近年は収穫期の日本人労働力を確保することが難しく、収穫作業は機械化も困難なため、外国人技能実習生を活用していることを明らかにしている。さらに、北崎（2022）は、嬬恋村農業ではコロナ禍で技能実習生220名のうち、102人しか入国できなかったため、外国人労働者の派遣を行っているベンチャー企業から特定技能の在留資格をもつ外国人労働者を受け入れている点を報告している。

　これらの研究は、高度経済成長期に嬬恋村のキャベツ生産体制が確立したこと、安定成長期以降に、大規模展開する嬬恋村農家にとって、外国人労働者が不可欠の存在になっていることなどを指摘している。ただし、2020年代以降に、外国人技能実習制度の見直しが進むもとで、今後、特定技能労働者も含めた外国人労働者受け入れがどのように変わっていくのか、それらの分析は行われていない。

　本章で紹介するように、嬬恋村農協経由の外国人労働者は、かつての中国からミャンマー、ラオスなどへと多国籍に広がる。嬬恋村農協以外の協同組合でも、外国人労働者の送り出し国はカンボジア、インドネシアなど多様である。加えて、2020年以降は、技能実習制度に依拠した外国人労働者の受け入れ以外に、特定技能制度を経由した外国人労働者受け入れも増えている。日本国内の農業産地における外国人労働者確保をめぐる競争は熾烈になって

いる。こうした事情を踏まえると、農家は、従来通り、7 か月間の収穫期間に限って、外国人労働者を受け入れるのか、それとも、産地リレー方式での外国人労働者受け入れも視野に入れながら、通年にわたって外国人労働者を受け入れるのか、方向性を定める必要性が出てくる。

　本章では、農業分野における外国人労働者受け入れの特質を分析するため、嬬恋村のキャベツ生産における外国人労働者の役割を考察する。主として念頭に置かれるのは、① 従来型の 7 か月契約の外国人労働者の受け入れなのか、それとも ② 7 か月を超えた外国人労働者の受け入れ、なのかという点である。こうした問いに対して、技能実習生、特定技能労働者、双方の受け入れ実態やキャベツの生産過程への関与を分析しながら、現時点での暫定的な結論を導き出したい[4]。

　本章の分析の軸となるのは、嬬恋村での現地調査である。嬬恋村では、2022 年 6 月 11 日、23 年 9 月 6 日、23 年 11 月 20 日の 3 回現地調査を行った。22 年 6 月調査では、西野寿章・高崎経済大学名誉教授と嬬恋村商系農家への聞き取りを行った。23 年 9 月調査では、西野名誉教授と嬬恋村農協への聞き取りとキャベツ収穫作業の見学を行った。23 年 11 月調査では、井上真由美・高崎経済大学准教授と嬬恋村農協と嬬恋村役場での聞き取り調査を行った。本章では、これらの聞き取り調査を踏まえて、現地調査で入手をした資料などをもとに分析を進める。

2.　農業分野における外国人労働者

（1）農業分野の外国人労働者

　厚生労働省の調査によれば、農業分野の外国人労働者は 2012 年の 1.6 万人から 23 年の 5.1 万人へ 3.1 倍に増加している。在留資格では技能実習生が最も多く、12 年の 1.3 万人から 23 年の 3.3 万人へ 2.4 倍に増加している。農業分野の外国人労働者に占める技能実習生の割合は、20 年が 86.7％ である。21 年以降は、入国制限などもあって減少傾向にあるが、それでも技能実習生の占める割合は、23 年が 65.3％ である（図 5-1）。

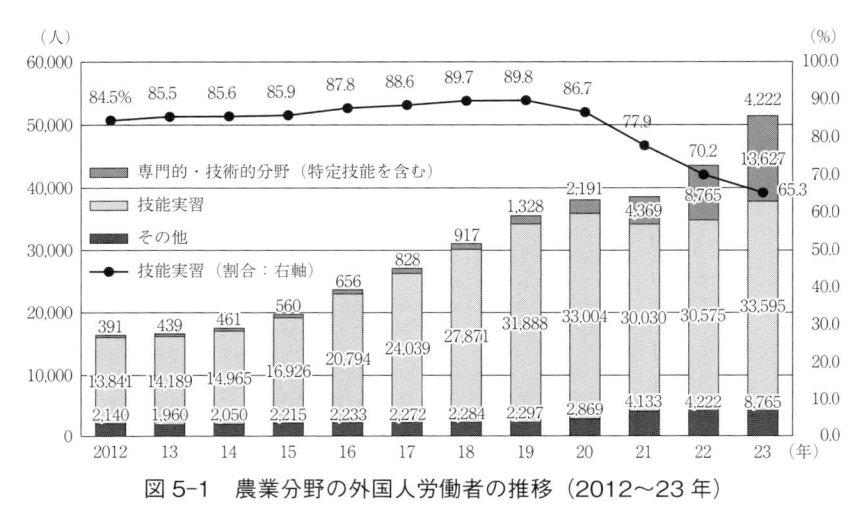

図 5-1　農業分野の外国人労働者の推移（2012～23 年）

出所：農林水産省（2024）『農業分野における外国人材の受け入れ』2 頁をもとに作成。
注：元資料は厚生労働省『「外国人雇用状況」の届け出状況』から特別集計（各年 10 月末日現在）。

　2021 年以降増加しているのが、特定技能労働者も含まれる専門的・技術的分野の外国人労働者である。特定技能は、2019 年に創設された新たな在留資格である。深刻化する人手不足への対応として、生産性向上や国内人材確保のための取組を行ってもなお人手を確保することが困難な分野に限って、外国人労働者を受け入れる制度である。2024 年 4 月時点で農業も含めて 12 分野が指定されている。特定技能労働者も含まれる農業分野の専門的・技術的分野の外国人労働者の割合は、2023 年で 26.5％（1 万 3,627 人）を占めている。

　技能実習生と特定技能労働者の最大の違いは、職場変更の有無にある。技能実習は、技能実施者の倒産などのやむを得ない場合、あるいは技能実習 2 号から技能実習 3 号への移行時を除いて、原則として職場移動ができない。それに対し、特定技能は、同一の業務区分内または試験でその技能水準の共通性が確認されている業務区分の場合、転職が可能である。

　2023 年度に政府の有識者会議で技能実習制度を、育成就労制度にあらためることが決められた。政府方針では、技能実習制度の下では認めていない

転職の要件を緩和し、本人意向による転籍を制限する期間を、業種ごとに就労1年から2年の間で設定できるようにするとされている（『日本経済新聞』2024年2月6日）。従来の技能実習制度と比較して、育成就労制度の下では、職場移動を部分的に認める方針であるが、人材育成のためという理由で採用側の意向を重視し、職場移動を制限する措置を残している[5]。2024年4月時点で、新制度の詳細がどうなるかは決まっていないものの、育成就労制度が、技能実習制度を代替し、特定技能労働者とあわせて、農業分野の外国人労働者受け入れが進むと考えられる。

（2）外国人労働者増加の背景

　農業分野における外国人労働者受け入れが増加している背景は何か。その理由として考えられるのは、基幹的農業従事者の高齢化と農地の集約・大規模化に伴う労働力確保の困難である。第1に、農業経営体数の激減である。個人経営と団体経営をあわせた農業経営体数は、2005年の200.9万経営体から20年の107.5万経営体へ半減（0.54倍）している（図5-2）。団体経営体の増加も注目されるが、農業経営体の96.4％は個人経営体である[6]。

　第2に、主業農家比率の減少である。主業農家とは、農家所得の50％以上が農業所得で、65歳未満の農業従事者60日以上のものがいる農家である。農家に占める主業農家の割合（主業農家率）は1990年の27.6％から2020年の22.3％へ減少している。65歳未満の農業従事者のいない副業的農家の割合（副業的農家率）は、1990年の40.3％から、2020年の64.0へ急激な伸びを見せている（図5-3）。

　第3に、基幹的農業従事者の高齢化である。販売農家（個人経営体）にしめる65歳以上の基幹的農業従事者の割合は、1985年の19.5％から2020年の69.6％へ3倍以上に増えている（図5-4）。

　このように、日本では農業経営体数の減少と基幹的農業従事者の高齢化が進んでいる。農業をあきらめる場合、耕作放棄地が増える[7]。一部農家では耕作放棄地を借り入れ、規模拡大を目指す。こうした大規模農業の場合、家族だけでは収穫労働力を確保できない。そのため、季節労働力として外国人

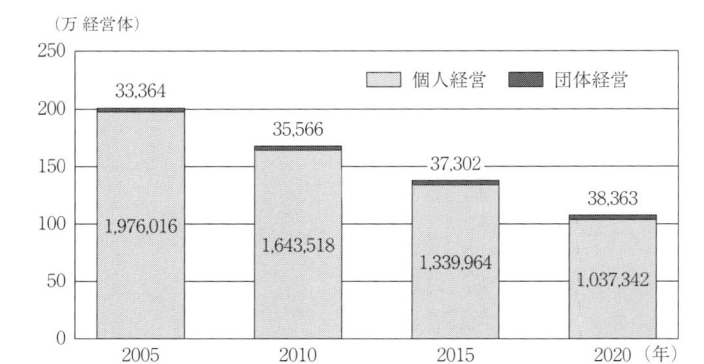

図 5-2　農業における個人経営、団体経営数の推移（2005〜20 年）

出所：農林水産省『農林業センサス累年統計——農業編（明治 37 年〜令和 2 年）長期累年』をもとに作成。

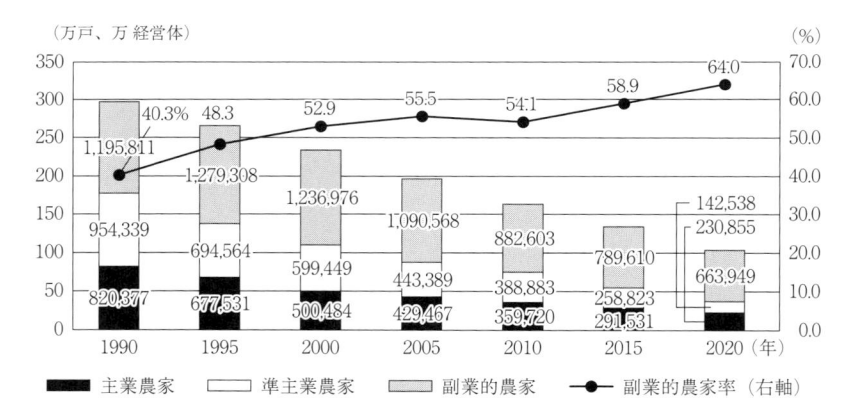

図 5-3　主業農家、準主業農家、副業的農家の推移（1990〜2020 年）

出所：農林水産省『農林業センサス累年統計——農業編（明治 37 年〜令和 2 年）長期累年』をもとに作成。

注：1) 主業農家は、農業所得が主（農家所得の 50％以上が農業所得）で、65 歳未満の農業従事 60 日以上の者がいる農家。準主業農家は、農外所得が主で、65 歳未満の農業従事 60 日以上の者がいる農家。副業的農家は、65 歳未満の農業従事 60 日以上の者がいない農家をさす。

2) 1990〜2010 年は販売農家（戸数）、2015 年と 2020 年は個人経営体（経営体数）を示す。

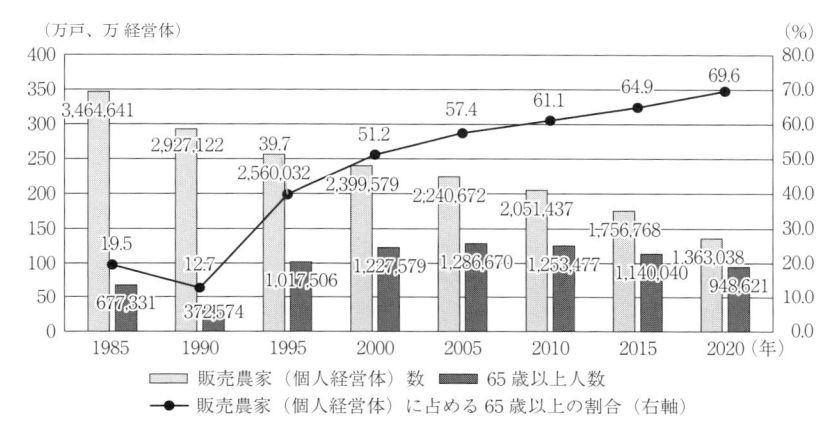

図 5-4　年齢別基幹的農業従事者の推移（1985〜2020 年）

出所：農林水産省『農林業センサス累年統計——農業編（明治 37 年〜令和 2 年）長期累年』を
もとに作成。

注：1985〜2010 年は販売農家数、2015 年と 2020 年は個人経営体数を示す。

労働者を活用する。農業分野で外国人労働者を必要とするのは、こうした背
景があると考えられる。

3. 嬬恋村の産業構造とキャベツ生産

（1）嬬恋村の産業構造と主業農家

　嬬恋村の産業構造は、農林業を中心として、建設業、サービス業などに広
がる形となっている。嬬恋村『令和 4 年統計調査結果』によれば、農林漁業
の就業人口は、1965 年の 3,432 人から 2020 年の 1,627 人へ 0.47 倍に半減し
た。サービス業の就業人口は、1965 年の 824 人から、2020 年の 1,889 人へ
2.29 倍に倍増している。また建設業は 1965 年の 471 人から 2020 年の 401 人
へ 0.85 倍に減少している（表 5-1）。

　産業別の就業人口の比率を見ると、2020 年ではサービス業 37.3％、農林
漁業 32.1％、卸売小売業 8.4％、建設業 7.9％などが上位に位置している。依
然として嬬恋村においては農業が基幹的産業であるとともに、温泉施設やス
キー場などの観光施設などがサービス産業の雇用を支えていることがわかる。

表 5-1　嬬恋村の産業別就業人口の推移（1965～2020 年）

（単位：人）

年	総数	第1次産業	第2次産業			第3次産業						
		農林漁業	鉱業	建設業	製造業	卸売小売業	金融保険不動産業	運輸通信業	電気ガス水道業	サービス業	公務	その他
1965	6,862	3,432	1,018	471	236	459	59	249	40	824	65	9
1970	6,580	3,268	673	498	236	514	92	264	15	933	86	1
1975	5,926	2,651	20	654	185	651	127	240	30	1,252	111	5
1980	5,887	2,447	17	640	240	683	179	188	21	1,329	139	4
1985	6,202	2,345	17	695	221	707	166	208	15	1,680	136	12
1990	6,234	2,161	18	807	188	730	187	250	17	1,734	141	1
1995	6,428	1,987	37	752	144	680	148	276	22	2,229	151	2
2000	6,084	1,932	21	721	125	736	160	242	19	1,960	162	6
2005	6,233	1,940	18	578	114	603	163	274	18	2,387	137	1
2010	5,654	1,627	14	444	122	537	175	256	19	2,077	146	41
2015	5,688	1,880	17	428	133	502	152	232	18	2,170	153	3
2020	5,068	1,627	8	401	134	426	137	214	18	1,889	158	56

出所：嬬恋村役場未来創造課編（2023）『令和 4 年統計調査結果——嬬恋村統計書』9 頁をもとに作成。

表 5-2　嬬恋村の主要農作物の収穫面積（2020 年）

順位	農作物	収穫面積（a）	比率（％）
1	キャベツ	301,697	97.2
2	レタス	2,233	0.7
3	マメ類	2,006	0.6
4	白菜	1,858	0.6
5	いね	1,477	0.5
6	いも類	1,082	0.3
7	大根	68	0.0
	収穫面積計	310,421	100.0

出所：嬬恋村役場未来創造課編（2023）『令和 4 年統計調査結果—嬬恋村統計書』12 頁をもとに作成。

注：穀類は農家戸数・作付面積僅少で公表不能のため主要農作物からは除外している。

　こうして、長期的には嬬恋村の農業人口は減少しているものの、村の就業人口に占める比重は高くなっている。

　嬬恋村農協での聞き取り調査によれば、嬬恋村キャベツ生産は安定供給体制が特徴である。キャベツ出荷量の 50％ 程度は東京市場である。京阪市場や九州市場もあるが、群馬から輸送するのに距離があるので、最大市場である東京都への出荷を軸に据えている。嬬恋村の主要農作物の収穫面積が収穫面積合計に占める割合を見ると、キャベツ 97.2％（3016.9 ha）、レタス 0.7％（22.3 ha）、マメ類 0.6％（20.1 ha）、白菜 0.6％（18.6 ha）などが上位である（表 5-2）。

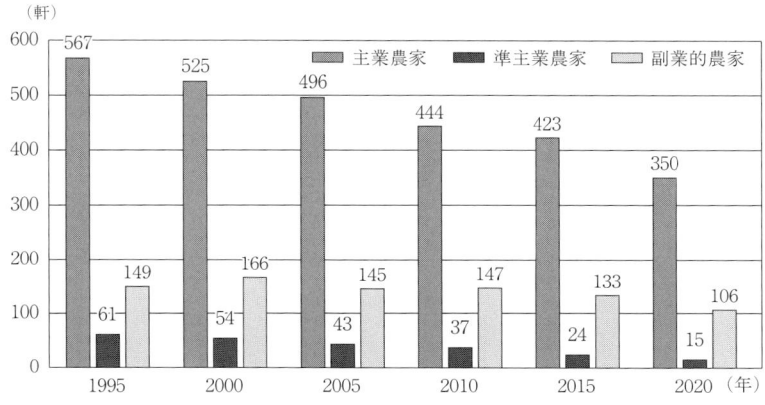

図 5-5　嬬恋村の主業農家、準主業農家、副業的農家の推移（1995〜2020 年）

出所：嬬恋村役場未来創造課編（2023）『令和 4 年統計調査結果——嬬恋村統計書』10 頁を
もとに作成。

連作障害を回避するためレタスや白菜などの野菜も生産しているが、そのほとんどはキャベツである。

　嬬恋村の主業農家数を見ると、1995〜2020 年の間で、777 から 471 へ 61％に減少した。ただし、主業農家の比率は 1995 年の 73.0％から 2020 年の 74.3％へ 1.3 ポイント増加している。また副業的農家の割合も 1995 年

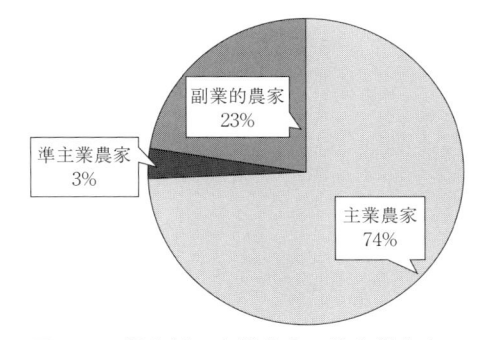

図 5-6　嬬恋村の主業農家、準主業農家、副業的農家の割合（2020 年）

出所：嬬恋村役場未来創造課編（2023）『令和 4 年統計調査結果——嬬恋村統計書』10 頁をもとに作成。

の 19.2％から 2020 年の 22.5％へ 3.3 ポイント増加している（図 5-5、図 5-6）。農業だけで生活することが難しく、副業も含めた兼業的農家が全国的には増えている中で、7 割を超える農家が主業農家であるのは、嬬恋村の農家が、生活可能な売り上げを維持しているからである。

　実際、嬬恋村農家の基幹的農業従事者の年齢は若く、収入も多い階層が比較的多く集まっている。『2020 年農林業センサス』によれば、64 歳以下の基幹的農業従事者の割合は、群馬県が 31.5％であるのに対し、嬬恋村は 62.4％である。嬬恋村農協での聞き取り調査によれば約 300 戸ある嬬恋村農家のうち、40 歳未満を対象とする農協青年部加盟農家は 120 人である。単純計算で約 3 分の 1 弱が 40 歳未満である。また、『2020 年農林業センサス』で嬬恋村の農産物販売金額別経営体数を見ると、1,000〜1,500 万円が 31.0％、3,000〜5,000 万円が 30.6％を占めている。このように、嬬恋村の農業はキャベツ生産を基軸とし、農家数が減少する中で、残された農家は大規模展開を行っている。

（2）嬬恋村農業の発展

　嬬恋村の高い主業農家比率は、農業収入が高く、大規模な農地展開があることを条件とする。嬬恋村の大規模農業はどのように生成、発展してきたのであろうか。嬬恋村の農業は、① 江戸時代末期からの伝統的な生業形態、② 大正中期以降の商業的な野菜栽培の導入、③ 戦後の国家の政策的保護と農業経営の近代化、④ パイロット事業の導入と耕境の拡大、⑤ 農協による共販出荷体制の確立を経て発展している（表5-3）[8]。

　第 1 に、嬬恋村は昭和の初めころまでは自給的な雑穀農業と駄賃稼ぎや山仕事に依存する貧しい山村だった。馬鈴薯は江戸末期に導入され、澱粉にして信州に販売されていた。1918 年ごろ男爵が導入されて種馬鈴薯生産が始まった。養蚕は大正中期から盛んになったが、気温が低いため 7〜8 月の夏蚕しかできず、経営は不安定であった。こうした伝統的な生業形態は昭和恐慌が始まる 1930 年ごろに、商業的農業へと姿を変えた。1929 年ごろには、田代地区の有志がキャベツの共同栽培を行った。また 30 年の全国的な養蚕不況は、養蚕にかわる商品作物の導入を促した。農村疲弊を解消する目的で実施された 32 年の嬬恋村産業振興 5 カ年計画や、37 年の救農対策事業で、鳥居峠から長野県に至る県道の改修工事が行われ、国鉄バスやトラックが通過できるようになった。

表 5-3　嬬恋村のキャベツ生産の歴史

年	概　　要
1932	戸部彪平が中心となって嬬恋村産業振興 5 カ年計画を策定する。
1934	嬬恋村農村会が中心となって、キャベツの共同出荷を行う。
1936	キャベツの栽培面積が県道開通に伴い増加する。
1942	共同出荷から統制出荷に変わる。
1945	国鉄長野原線が長野原まで開通する。キャベツの京浜方面への出荷が始まる。
1947	嬬恋村へ開拓農民が入植する。
1948	この頃から基幹作物が馬鈴薯からキャベツに移行する。
1950	青果物の統制出荷が撤廃される。キャベツ栽培が急激に増加する。
1958	キャベツの生産量が 100 万箱台になる。
1960	大型トラクターが初めて導入される。
1966	夏秋キャベツが野菜指定産地になる。
1968	ネコブ病・萎黄病が広まる。
1970	大型トラクターが 3 戸に 1 台の割合で普及する。
1972	国営嬬恋西部パイロット事業に着手する。570 ha の農地造成を行う（1978 年まで）。 県営干俣地区開拓パイロット事業に着手する。293 ha の農地造成行う（1982 年まで）。
1973	嬬恋村農協と東京都がキャベツ価格安定供給契約を締結する。
1989	国営嬬恋開拓建設事業に着手する。404 ha の農地造成を行う（2001 年まで）。
1993	販売高 200 億円達成する。キャベツ段ボール平箱を全面的に切り替える。
1997	キャベツのテレビコマーシャルを実施する。 トラクターによる冷蔵コンテナ輸送が始まる。

出所：関東農政局嬬恋開拓建設事業所編（2002）『豊かな明日へ緑の大地（国営嬬恋開拓建設事業完工記念写真集）』、嬬恋村農業協同組合史編纂委員会編（1990）『嬬恋村農協史』嬬恋村農業協同組合、をもとに作成。

　第 2 に、商業的な農業の拡大である。1933 年に長野県長村の青果商であった青木彦治が、長野県菅平で栽培されていた夏秋の白菜やキャベツを嬬恋村に持ち込んだ。生産者を中心に青木組合を組織し栽培を推奨した。嬬恋村の野菜栽培は、青木組合と農会の競争で飛躍的に発展した。農民は自由に開墾した後、事後承諾の形で営林署への国有小作地としての許可を願い出た。開墾さえすれば、自由に安い小作が手に入った農民は、この時期に競って国有原野の開墾を進め、野菜畑を造成した。

　第 3 に、戦後の国家的保護政策と農業近代化政策である。1946 年の農地改革で、開墾した国有小作地が解放され、多くの自作農が創出された。満州からの引き揚げや復員兵で増加した労働力に支えられ、国有原野の開墾が再び進展した。1950 年に青果物統制が撤去されると、貨物輸送に加えてトラッ

クによる野菜出荷が農協を中心に進められた。また従来のカヤ俵にかわって木箱によるキャベツ出荷にかわった。

1961年の農業基本法の成立は、嬬恋地域におけるキャベツ栽培と機械化の契機となった。嬬恋村キャベツは、63年に発足した野菜価格安定資金制度の対象となった。また66年野菜生産出荷安定法に基づく野菜産地指定制度が発足した。首都圏における低暖地産野菜の端境期にあたる8〜9月を中心に野菜を安定確保する目的で、夏秋キャベツと夏白菜が指定野菜に認定された。また73年には東京都、74年には横浜市との間で、野菜の安定供給契約が結ばれた。嬬恋村は大都市における夏季の野菜市場を支える食糧供給地としての基盤を確立した。

第4に、パイロット事業による耕境の拡大である。嬬恋村の農地造成は干俣地区における1966年の団体営による開拓事業から始まった。72年からは干俣地区で県営のパイロット事業が実施された。また大笹・田代地区を中心とする浅間火山山麓でも、70年から国営パイロット事業が始まった。89年には、国営嬬恋開拓建設事業が開始されている。パイロット事業は、① 開拓適地である国有林や民有林を活用して農家の経営規模を拡大し、連作体系を確立することで、連作障害を回避すること、② 農地の集団化と機械化の進展で、経営の安定合理化をはかることを目的としている。後者の機械化の進展などは進んだが、前者については、農家の盲目的な短期的利潤追求で、連作障害の発生と農薬の大量投与に伴う公害が発生した。

第5に、共販出荷体制の確立である。1963年に村内4農協の合併で、嬬恋村農業協同組合が発足した。農協を中心とする積極的な共販体制の推進で、キャベツの共販率は80%を超えている。嬬恋村の野菜出荷数や販売金額は、60年代以降に拡大している。『嬬恋村農協史』によれば、野菜出荷数は、63年の184万箱から、88年の986万箱へ、5.36倍に増加した。野菜販売金額も、63年の4.7億円から、88年の170.6億円へ実に36.3倍に増加している。出荷数や販売金額の急激な伸びは、66年の夏秋キャベツの野菜産地指定、70年以降の3度にわたる国営・県営のパイロット事業、集出荷場の整備や農協による共販体制の構築などが背景にある（図5-7、図5-8）。

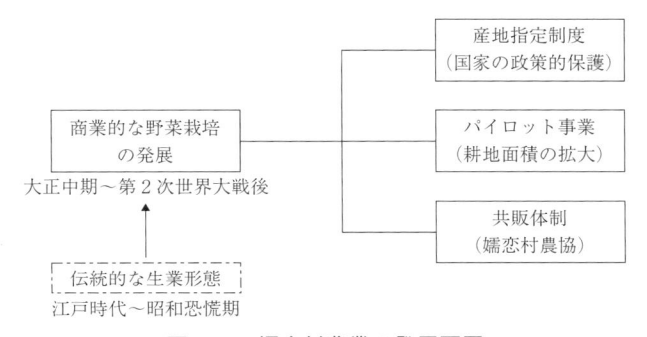

図 5-7　嬬恋村農業の発展要因

出所：丸山浩明（1994）『火山山麓の土地利用——山地の垂直性と環境利用』
大明堂、をもとに作成。

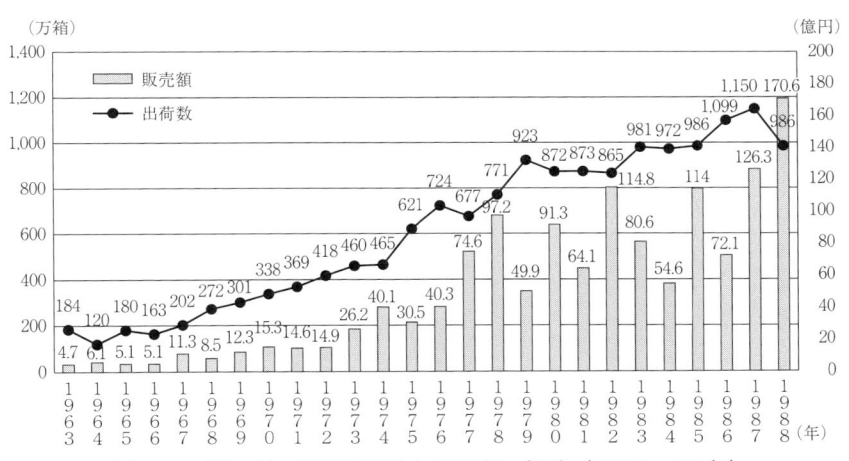

図 5-8　嬬恋村の野菜出荷数と販売額の推移（1963〜88 年）

出所：嬬恋村農業協同組合史編纂委員会編（1990）『嬬恋村農協史』嬬恋村農業協同組合、358 頁を
もとに作成。

4.　嬬恋村における外国人労働者の役割

（1）技能実習と特定技能労働者の特徴

嬬恋村のキャベツ生産は、農家数の減少の一方で、高い農業所得、高い主

業農家比率が特徴である。1 農家あたりの耕作面積は、2020 年で 7ha を超える（永田 2024：31）。農業の大規模化を進めるが、依然として家族経営が中心である。家族以外で収穫労働力が不足する場合、外国人労働者が確保される。

　嬬恋村では、嬬恋村農協が中心となって外国人労働者を受け入れている。ただし、嬬恋村農協とは別に農家が協同組合を作って、外国人労働者を受け入れるケースもある。たとえば、嬬恋村では、嬬恋キャベツ振興事業協同組合が、嬬恋村農協に匹敵するくらいの人数の特定技能労働者を受け入れている。嬬恋村農協は、伝統的に技能実習生を、受け入れているのに対して、嬬恋キャベツ振興事業協同組合は、特定技能労働者を軸にしている。嬬恋村農協と嬬恋キャベツ振興事業協同組合における外国人労働者受け入れの特徴は次の通りである。

　第 1 に、嬬恋村農協では 140 人前後の技能実習生を受け入れている。嬬恋村農協の技能実習生は、2014 年の 108 人から、23 年の 140 人へと 1.3 倍に増加した。20 年にピークの 220 人の技能実習生を受け入れていたが、コロナ禍の入国制限で、21 年は 0 人まで急減した。技能実習生の受け入れ農家数は、14 年の 80 戸から 23 年の 87 戸へ 1.1 倍微増した。1 農家あたりの技能実習生数は、23 年で 1.6 人である（図 5-9、表 5-4）。おおよそ家族＋2 人弱の技能実習生を受け入れている計算となる。

　技能実習生の国籍を見ると、2014 年では中国 56 人、インドネシア 52 人であったが、19 年の中国 69 人、インドネシア 42 人をピークに両国からの受け入れを停止している。代わって増えているのがミャンマーとカンボジアである。ミャンマー出身の技能実習生は、17 年の 41 人から 23 年の 117 人へ 2.9 倍に増加した。23 年はラオス出身者 16 人を合わせて、140 人の技能実習生を受け入れている。また 24 年度からはスリランカ出身の技能実習生を受け入れる予定である。

　第 2 に、嬬恋キャベツ振興事業協同組合は、技能実習生から特定技能労働者への切り替えを進めている。同協同組合は、嬬恋村農家の有志が 2007 年ごろに作った協同組合である。組合員全員が大規模農家で、共同出荷や共同

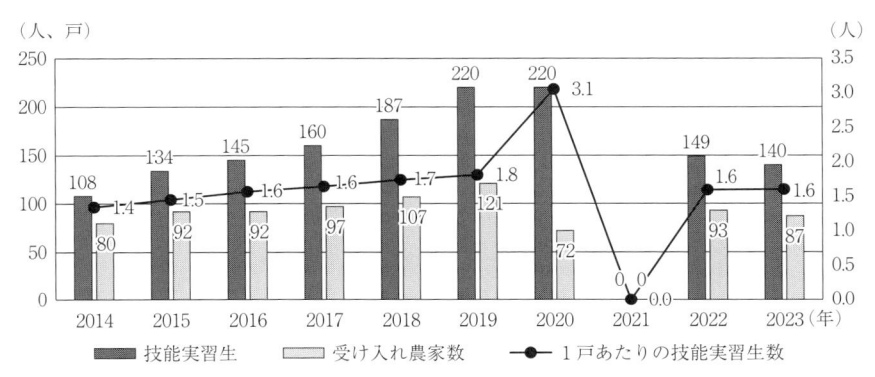

図5-9　嬬恋村農協における技能実習生数と受け入れ農家数の推移

出所：嬬恋村役場農林振興課提供資料をもとに作成。

注：2020年の技能実習生のうち102人は入国制限前に入国していたものを指す。

購入も実施している（マイナビ農業、2023年3月31日付）。嬬恋村役場提供資料によれば、2020年は120人の特定活動労働者を受け入れていたが、2023年は79人の特定技能労働者、9人の技能実習生、合計88人の外国人労働者を受け入れている（表5-5）。

特定活動は法務大臣が個々の外国人について特

表5-4　嬬恋村農協における国籍別技能実習生数の推移

（単位：人）

	中国	インドネシア	ベトナム	ミャンマー	ラオス	合計
2014	56	52	0	0	0	108
2015	38	96	0	0	0	134
2016	38	87	20	0	0	145
2017	48	71	0	41	0	160
2018	62	41	0	84	0	187
2019	69	42	0	109	0	220
2020	0	0	0	102	0	102
2021	0	0	0	0	0	0
2022	0	11	0	138	0	149
2023	0	7	0	117	16	140

出所：嬬恋村役場農林振興課提供資料をもとに作成。

に指定する活動（在留資格）である。コロナ過での入国制限で、技能実習生が入国できなかったことから、様々なバックグラウンドを持つ外国人労働者（観光業の外国人労働者、留学生、難民認定した外国人労働者など）が在留資格を特定活動に切り替えたと考えられる。

表 5-5　嬬恋キャベツ振興事業協同

年	特定技能		技能実習生		特定活動		合計	
2020	0	0.0	0	0.0	120	100.0	120	100.0
2021	0	0.0	0	0.0	120	100.0	120	100.0
2022	19	23.8	0	0.0	61	76.3	80	100.0
2023	79	89.8	9	10.2	0	0.0	88	100.0

出所：嬬恋村役場農林振興課提供資料をもとに作成。
注：2020 年と 2021 年の特定活動は、一部に嬬恋村農協出荷農家も含む。

　国籍別に見ると、2023 年はカンボジア 67 人、ミャンマー 10 人、ネパール 6 人、インドネシア 5 人である。カンボジア出身の特定技能労働者が全体の 76.1％を占めている。

　このように、嬬恋村農協では技能実習生を引き続き受け入れる方針であるのに対し、嬬恋キャベツ振興事業協同組合では技能実習生から特定技能労働者への切り替えを進めている。なぜ技能実習生から特定技能労働者への切り替えが進むのだろうか。嬬恋村農協では 2023 年度から受け入れを開始したラオス出身者について、今後 1 年以上の受け入れを想定している。通常は収穫期間の繁忙期である 7 か月程度の滞在で帰国することが多いが、出身国別で 7 か月の受け入れにするか、1 年以上の受け入れにするか、見極めをしている。

　キャベツ収穫期を終えた 10 月以降の仕事の確保について、嬬恋村農協では宿泊施設での Wi-Fi 整備など生活環境の改善に加えて、キャベツ以外の栽培も広げている。例えば、花豆の収穫作業では、乾燥、選別、出荷などの作業がある。これらは技能実習生の作業としても認められている。12〜1 月は作業がほとんどないが、有給休暇の取得が想定される。2 月に入ると種蒔きの準備が始まる。こうして、1 年間を超える外国人労働者の受け入れを農協ではシュミレーションしている。

　嬬恋村農協が技能実習生を 1 年以上受け入れることを検討しているのは、技能実習生を海外から選抜することが困難であるからである。毎年異なる属性を持つ技能実習生を選抜することは容易ではない。将来的に海外からの人材が枯渇することを考えて、1 年以上、嬬恋村で働く外国人労働者を想定し

組合における外国人労働者数の推移

（単位：人、％）

カンボジア		ミャンマー		ネパール		インドネシア		合計	
67	76.1	10	11.4	6	6.8	5	5.7	88	100.0

ている。

　また、特定技能労働者の増大も、長期にわたる外国人労働者受け入れと関係がある。新聞報道によれば、嬬恋キャベツ振興事業協同組合と宮崎県農業法人経営者協会は、農業における外国人労働者を、年間を通して受け入れるため、2023 年から連携協定を結んでいる。人材派遣会社のウィルテックが派遣する特定技能労働者が、4〜10 月まで嬬恋で働き、11〜3 月まで宮崎で働くことを想定している（『日本経済新聞』2023 年 3 月 24 日付、九州・沖縄版）。こうして、産地での繁忙期の違いを考慮して、外国人労働者が年間を通して就労できるような取組が進んでいる。

（2）農業の収穫労働

　技能実習生、特定技能労働者、双方とも、4 月上旬から 10 月下旬まで嬬恋村に滞在する。キャベツの作業は、種まき、苗になった後の苗とり、定植などがある。畑づくりのような収穫前の作業があって、春の時期はそれほど人手を必要するわけではない。6 月中旬になると最も早い段階でのキャベツの収穫が始まる。標高の低いところから、標高の高いところへ移動しながら、栽培面積を拡大している。これが高冷地特有の栽培方法である。

　寒暖差を利用した栽培はキャベツの品質を左右する。日中はお日様が出ているのでキャベツが糖度を吸収するが、キャベツが呼吸をしているため糖度が蓄積しづらい。夜の寒冷の時間帯では、キャベツの呼吸が浅くなるので、糖度を閉じ込めやすい。加えて、朝露の存在で糖度が増す効果もある。

　種まき、苗とり、定植などの前工程の作業は、ある程度機械化が可能であ

| キャベツの収穫 |→| 段ボールへの箱詰め |→| 段ボールの運搬 |→| トラックへの荷積み |

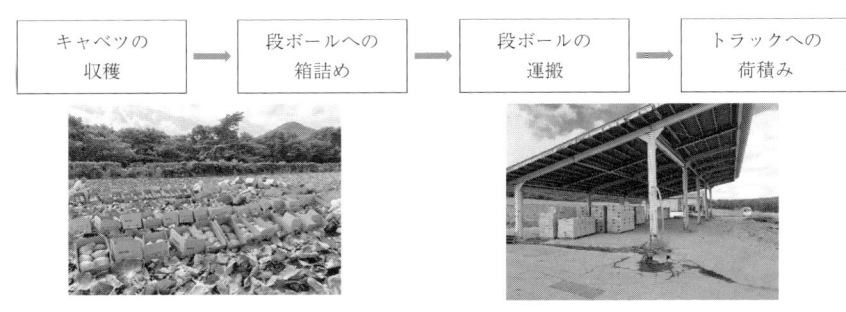

図 5-10　キャベツの収穫作業

出所：筆者作成。

る。それに対して、収穫作業などの後工程は、機械化するのが難しい。キャベツを包丁で切る、ダンボールをトラクターに詰め込むなどは手作業が中心である。嬬恋村の耕作地は傾斜があるため、機械化をすることが困難である。

　キャベツの収穫作業を見ると、キャベツの収穫やダンボールへの箱詰めと、トラクターでのダンボールの運搬、トラックへの荷積みなどの作業がある（図5-10）。商系農家に分類されるある農家は、5人のカンボジア出身の特定技能労働者を受け入れている。家族は事業主、事業主の妻、娘、事業主の両親の5名である。特定技能労働者はすべて男性で、年齢は20歳から30歳のあいだである。過去に埼玉県で左官の仕事を経験した者がいる。

　第1に、準備段階としてのダンボールの立体化作業である。圃場には平積みされているダンボールを立体化するための機械がある。トラクター部分に備え付けられたコンベア風の機械は、平積みのダンボールを立体化するために用いられる。ここでは特定技能労働者1〜2名が作業に従事している。

　第2に、キャベツの収穫である。キャベツの根っこを、包丁を使って裁断する。裁断されたキャベツは周辺に暫定的に置かれる。ここでは、ダンボールの立体化作業を終えた特定技能労働者1名を含めて2名が作業に従事している。

　第3に、キャベツの箱詰め作業である。ダンボールはキャベツのサイズで何個入りか規格が決められている。Lサイズは8個、2Lサイズは6個である。

キャベツの箱詰めは判断を要するので、特定技能労働者は作業に従事していない。

　第4に、ダンボールの平積み作業である。ダンボールは蓋が空いている状態なので、蓋を閉じる。そして、複数のダンボールをトラクター前方部分に積んでいく。この作業に特定技能労働者2名が従事している。トラクターには最大90箱のダンボールを詰めることができる。こうして段ボールの立体化、キャベツの収穫、キャベツの箱詰め、トラクターへの平積みなどの作業を経て、集荷場に段ボールが運ばれる。日本人家族と外国人労働者の作業分担という点からいえば、農家を経営する日本人家族は、経験を要するキャベツの段ボールへの箱詰めを行うのに対し、特定技能労働者は比較的習熟が容易なそれ以外の作業に従事するという関係がみられる。

（3）外国人労働者の役割

　嬬恋村農協での聞き取り調査によれば、嬬恋村での農家の事業継承は、家族・親族が中心である。嬬恋村の基幹的農業従事者が比較的若いのは、親族内の事業継承がうまくいっているからである。農業を始める場合、畑作の土地確保、トラクターなど機械の設備投資など初期費用が必要である。土地を取得する場合は、農業委員会などの承認を得るため時間も要する。ただし、親族経営の場合、土地や機械の初期投資がほとんどかからない。

　一部の農家は、減少した農家の土地を集約し、大規模のキャベツ経営を行っている。農地の大規模化は、家族経営だけでは不足するので、外国人労働者が追加労働力として雇用されている。嬬恋村農協での聞き取り調査によれば、収穫期におおむね1人あたり1日で200ケースの収穫作業に従事する。たとえば、家族が5人いる場合は、200ケース×5人＝1,000ケースが1日あたりの上限作業量の目安である。

　収穫期の勤務体制は、一般に明け方3〜11時までの午前勤務と、13〜17時の午後勤務に分けられる（図5-11）。調査対象の農家では、午前中はトラクターを16回集荷場に運ぶ。トラクターに搭載可能な段ボールは90箱であるので、午前中は90箱×16回で合計1,440箱を集荷場に運んでいる。午後

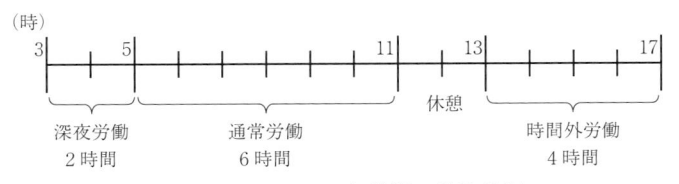

図 5-11　キャベツ収穫期の勤務体制
出所：嬬恋村農家への聞き取り調査（2022 年 6 月 11 日）をもとに作成。

は、トラクターを 6 回集荷場に運ぶので、90 箱×6 回＝540 箱のダンボール
を運搬する。こうして、1 日あたりダンボール 2,000 箱の収穫作業を行って
いる計算になる。

　1 人 1 日あたりの作業量が 200 ケース上限だとすれば、家族 5 人では 1,000
ケース分しか作業できない。特定技能労働者 5 名を雇用することができれば、
さらに 1,000 ケースを作業することができる。このように、大規模展開を志
向する農家にとって、機械化することが難しく、手作業に従事する割合が多
い収穫作業は、追加の雇用労働力を必要とする。大規模展開する嬬恋村農家
にとって、外国人労働者は欠かすことのできない役割を果たしている。

　おわりに

　本章では、農業分野における外国人労働者の特質を分析するため、嬬恋村
キャベツにおける外国人労働者の役割を考察した。課題として設定されたの
は、技能実習生、特定技能労働者が混在する下で、外国人労働者は、果たし
て、従来型の 7 か月契約の受け入れに留まるのか、それとも、7 か月を超え
た受け入れにシフトするのか、という点にあった。

　嬬恋村農家の基幹的農業従事者が群馬県平均と比較して若いのは、家族内
での事業継承がうまくいっているからである。高校を卒業して就農、大学を
卒業してから就農、会社で働いてからの就農、様々なパターンがある。家族
経営のほうが、土地確保、トラクターなど機械設備の初期投資がかからない。
　こうした家族経営を軸とする嬬恋村農業にとって、家族以外に収穫期の労

働力を確保することは困難を極める。収穫労働を機械化することは容易ではなく、日本人の季節労働力が集まらないため、外国人労働者を活用する。1農家あたりの耕作面積が増える中で、外国人労働者を確保することは、大規模家族経営にとって死活問題である。2023 年時点で嬬恋村農協が技能実習生 140 人、嬬恋キャベツ振興協同組合が技能実習生 9 人、特定技能労働者 79 人、合計 228 人の外国人労働者を受け入れている。嬬恋村の外国人労働者総数に占める技能実習生と特定技能労働者の比率を示せば、技能実習生が 66.8％（149 人）、特定技能労働者が 33.2％（79 人）である。

　全国的にみても、農業分野における外国人労働者は、技能実習生から特定技能労働者への切り替えが徐々に進む。出入国在留管理庁によれば、農業分野の特定技能労働者のうち技能実習ルートが占める割合は、2020 年は 98.4％であったが、23 年は 62.2％まで低下した。農業分野の外国人労働者は、必ずしも 3 年間の技能実習を経て、特定技能 1 号に移行するわけではない。外国人労働者は、日本語試験や技能検定試験を経て、特定技能 1 号として働く。加えて、出入国在留管理庁「農業分野の技能試験の実施状況（2023 年 12 月末）」によれば、技能試験合格者の 47.4％は国内である。国内試験を合格した特定技能労働者は、他の在留資格からの切り替えや、すでに農業産地で働いた経験者などからの移行が想定される。こうして、2020 年のコロナ禍以降、職場移動の制限された技能実習生から、同一職種内であれば転職可能な特定技能労働者へのシフトが進んでいる。

　特定技能の外国人労働者が、日常会話レベルの日本語能力を身につけていれば、よりよい労働条件を求めて、他の職場に移動することが考えられる。農業分野における外国人労働者確保と定着をめぐる産地間の競争は、引き続き加熱することが想定される。収穫期間の 7 か月を超えて外国人労働者を受け入れるという動きは、季節労働力としての外国人労働者受け入れが、新たな段階に入りつつあることを示唆する。今後も農業分野における外国人労働者受け入れの動向を注意深く観察する必要がある。

謝辞　調査・研究にあたっては科学研究費補助金（研究課題 23K01512）の助成を受けた。また現地調査の際には、ご多忙のところ、嬬恋村農協総務部企画審査課、嬬恋村役場農林振興課の皆様にご協力をいただいた。深く感謝申し上げる。当然のことながら、本章の内容に関する責任はすべて筆者にある。

注

1 ）自動車産業などで働く日系人は、職場を移動する権利が認められているのに対し、技能実習生は、技能実習 2 号から技能実習 3 号へ切り替える場合を除いて、職場を移動する権利が認められていない。この点について、吉田（2021：674-675）は技能実習制度では、法的制約という強制的な支配が前提として組み込まれていると指摘している。

2 ）出入国在留管理庁「技能実習生の支払い費用に関する実態調査の結果について」（2022 年 7 月）によれば、技能実習生の 54.7％が手数料・研修費用・渡航費などを支払うために借金をしている。借金の平均額は 54.2 万円で、最大の送り出し国のベトナムからの技能実習生の負担は平均 68.8 万円である。

3 ）厚生労働省『賃金構造基本統計調査』は 2019 年以降、在留資格別の外国人労働者の賃金を公表している。それによれば、2022 年の日本人一般労働者に対する外国人労働者の賃金水準は、技能実習生が 57.0％（17 万 7,800 円）、特定技能労働者が 66.0％（20 万 5700 円）である。技能実習生は 2019 年と比較して 5.8 ポイント、特定技能労働者が 2020 年と比較して 9.3 ポイント改善しているが、一般労働者の 60〜70％弱水準にとどまっている。

4 ）本章では、嬬恋村における外国人技能実習生、特定技能労働者の労働条件、生活条件などの実態については検討しない。アンケート調査も含めて別の機会に論じたい。

5 ）育成就労制度が有効に機能するために一定の日本語要件を義務付けるべきとの議論がある。たとえば、斎藤（2024：20）はベトナム人労働者からの相談に乗る中で、日本語能力の乏しさが、行政機関や支援団体へのアクセスを困難にしているとして、N4 程度の日本語能力試験の合格を来日のための要件とすべき、と主張している。

6 ）農業経営の主体が家族経営から法人経営に移行しつつある背景として、新自由主義的農業政策をあげる研究もある。たとえば、岩佐（2021：260）は、常雇経営体が増加してきたのは、WTO 体制への移行と食料・農業・農村基本法（新基本法）の「効率的・安定的な担い手」を柱とする新自由主義的改革があるとする。

7 ）農林水産省によれば、耕作放棄地とは、「以前耕作した土地で、過去 1 年以上作物を作付せず、この数年の間に再び作付する意思のない土地」である。農林

水産省『農林業センサス』では、耕作放棄地が 1975 年の 13.1 万 ha から 2015 年の 42.3 万 ha と約 3 倍強に増加していることが示されているが、2020 年は耕作放棄地の調査項目が除外されている。

8）嬬恋村農業発展に関する記述は、特に断りのない限り、丸山（1994）に依拠している。

参考文献

岩佐和幸（2021）「農業労働力のグローバル化——食料輸入大国の新展開」冬木勝仁・岩佐和幸・関根佳恵編『アグリビジネスと現代社会』筑波書房。

関東農政局嬬恋開拓建設事業所編（2002）『豊かな明日へ緑の大地（国営嬬恋開拓建設事業完工記念写真集）』。

北崎幸之助（2022）「群馬県嬬恋村の大規模キャベツ産地における外国人技能実習生の活用と課題」『環境共生研究』第 22 号。

小池とみ子（1962）「嬬恋のキャベツ」『地理』第 7 巻第 8 号。

後藤幸一（2016）「高冷野菜産地の再編——JA 嬬恋村キャベツ出荷組織とキャベツ作経営」八木宏典編『産地再編が示唆するもの（日本農業経営年報）』農林統計協会、第 10 号。

斎藤善久（2024）「外国人労働者政策のこれから」自治体問題研究所編『住民と自治』第 730 号。

嬬恋村農業協同組合史編纂委員会編（1990）『嬬恋村農協史』嬬恋村農業協同組合。

永田瞬（2016）「児島繊維産業における人材育成の課題——技能実習生活用のジレンマ」法政大学大原社会問題研究所・相田利雄編『サステイナブルな地域と経済の構想——岡山県倉敷市を中心に』御茶の水書房。

永田瞬（2020）「外国人技能実習生の基幹労働力化と不安定化——岡山県倉敷市における縫製産業の事例から」『高崎経済大学論集』高崎経済大学経済学会、第 63 巻第 1 号。

永田瞬（2024）「農業における雇用労働力と外国人労働者——群馬県嬬恋村を事例として」『日本の科学者』第 59 巻第 4 号。

西野寿章（2019）「大規模野菜産地の持続要因——群馬県嬬恋村を事例として」『地学雑誌』第 128 巻第 2 号。

丸山浩明（1994）『火山山麓の土地利用——山地の垂直性と環境利用』大明堂。

宮地忠幸（2006）「市場環境の変化に対する野菜主産地の対応とその課題——群馬県嬬恋村を事例として」『日本大学文理学部自然科学研究所研究紀要』第 41 号。

吉田舞（2021）「恩顧と従属的包摂——外国人技能実習制度における労務管理」『社会学評論』第 71 巻第 4 号。

第6章

持続可能な地域社会と孤独・孤立問題
高齢者支援の事例から

八木橋　慶一

はじめに

　持続可能な地域社会の構築に何をすればよいか、と問われれば、多くの人がイメージする対策は、中心市街地の活性化などの地域経済の振興策や若年層の移住による人口増加策であろう。経済的に疲弊し、人口減少に悩む地方にとって、これらの対策が重要なのは論をまたない。しかし、少子高齢化に直面するわが国においては、人口減少や地域社会の高齢化の問題は、地方に限定されるものではない。いずれ都市部にも及ぶことは間違いない。つまり、これらの問題は日本のすべての地域社会に今後確実に生じるということである。このように考えるならば、地域社会の持続性について、経済の活性化や人口増という観点だけでなく、既存の地域社会をどのように維持し、崩壊を防ぐのか、といった別の観点からの考察も重要と考える。本章では、このいささか異なる観点から、地域社会の持続性の問題について検証を行い、その対策を明らかにすることを目的とする。

　では、地域社会の持続性の構築に向けてどのような対策を取り上げるのか。本章では、孤独・孤立問題とその対策に着目する。一見すると、地域社会の持続性の問題と孤独・孤立という個人にかかわる問題は、結びつかいないように感じられる。しかし、地域で暮らす人たちの生活状況を顧みず、ただ外部からの人の流入に尽力することは、はたして地域住民にとって暮らしやすい地域の構築となるのであろうか。人口減少社会においては、移民政策を極端に推進しない限り、国内だけであればゼロサムゲームに陥る。移住の効果

は、国レベルでは限定的とならざるをえないということである。むしろ、いま地域で暮らす人たちの生活の質を改善し、そこで暮らし続けたいと思わせる地域社会を構築する方が持続性は高いと考えられる。

　住民間に適度の距離感は必要であろうが、何のつながりもないコミュニティも異質であろう。それゆえ本章は、孤独・孤立という問題をたんに個人的な問題とせず、地域社会とも深くかかわる問題と捉えたのである。では、孤独・孤立問題対策から地域社会の持続性にどのようにつなげるのか。この点について、本章は高齢者の孤独・孤立問題を手がかりに明らかにしていきたい。孤独・孤立の問題は全世代にわたるものだが、少子高齢化の進む日本の地域社会において、増加が確実視されているのは高齢者、とりわけ単身高齢者である。たしかに高齢者は将来の地域社会を担うわけではない。しかし、次世代を担う若年層もいずれ高齢者となる。高齢者の抱える問題から目を背ける地域社会とそれに取り組む地域社会、どちらが将来も暮らし続けたい地域社会であろうか。本章のこの観点から地域社会の持続性と孤独・孤立問題の関連を取り上げたのである。

　以下、本章の構成だが、第1節ではわが国において孤独・孤立問題が政策化された現状を簡潔にまとめる。第2節では、そもそも孤独と孤立とはどのように定義されてきたものなのかを紹介する。また、孤独・孤立問題と本章で焦点を当てる高齢者との関連において、かならず浮上する「孤独死（孤立死）」問題、および高齢者が自身の死後に必要となるさまざまな手続きを生前に行う活動である「終活」、この2つの関係についても触れる。

　第3節では、前節で触れた高齢者の終活について、近年、自治体や社会福祉協議会による支援が増えている実態を紹介する。支援増加の背景には、高齢者の孤独・孤立問題があるが、その点も明らかにする。第4節では、本書のテーマである持続可能な地域社会の構築との観点から、高齢者の孤独・孤立問題対策を論じる。着目するのは、非営利団体（NPO）による高齢者の孤独・孤立問題への新しい取組である。群馬県前橋市で活動する特定非営利活動法人（NPO法人）を事例として取り上げる。

1.　わが国における孤独・孤立対策の動き

　2023 年 5 月 31 日、孤独・孤立対策推進法が成立した（6 月 7 日施行）。すでに 2021 年 2 月には、内閣官房内に孤独・孤立対策担当室を設置、孤独・孤立担当大臣も任命していたが、法制度面でも孤独・孤立対策が整えられたのである。わが国の孤独・孤立対策は新しい段階に入ったと言える。

　同法は、「社会の変化により個人と社会及び他者との関わりが希薄になる中で、日常生活若しくは社会生活において孤独を覚えることにより、又は社会から孤立していることにより心身に有害な影響を受けている状態（以下「孤独・孤立の状態」という）にある者の問題が深刻な状況にあることを踏まえ、孤独・孤立の状態となることの予防、孤独・孤立の状態にある者への迅速かつ適切な支援その他孤独・孤立の状態から脱却することに資する」（同法第 1 条）総合的な施策を推進することが目的とされる。法律の概要説明では、「孤独・孤立に悩む人を誰ひとり取り残さない社会」、「相互に支え合い、人と人との「つながり」が生まれる社会」を目指すものと説明されている[1]。また、孤独・孤立は誰にでも起こる可能性があり、それゆえ社会全体の課題として取り組むべきとした（第 2 条）。

　つまり、孤独・孤立は、年齢や性別、社会的地位などに関係なく生じる個人的な問題であるが、心身に有害な影響を及ぼし、その結果、社会全体の損失にもつながるものという認識である[2]。そして、これを防ぐためには、人と人とのつながりの再生、言い換えるなら地域社会の再構築を掲げたのである。孤独・孤立の防止と地域社会の維持は、不可分の関係と示唆したのである。

　しかし、誰にでも生じるとはいえ、孤独・孤立の状態に陥りやすい、あるいは感じやすい人たちがいるのも事実である。たとえば、前出の内閣官房の孤独・孤立対策担当室による「孤独・孤立の実態把握に関する全国調査（令和 4 年実施）」では、孤独を「しばしば・常に」感じるのは、年代別では 30 歳代が最も多く（7.2%）、次いで 20 代（7.1%）であった。人間関係からは、

同居人がいない方が感じやすく（9.2％、いる場合は4.1％）、同じく相談相手がいない場合も高い（19.5％、いる場合は3.2％）ことが判明している。経済的な状況や本人の健康状態も大きな影響を与えており、経済的な暮らし向きが大変苦しい（14.2％）、心身の健康状態がよくない（21.7％）が、他の回答を圧倒していた[3]。周囲に親しい人がおらず、単身で暮らし、また経済的に苦しく、健康状態もよくない人が、孤独を感じやすいということになる。

年代別で見た場合、20〜30歳代の若い年齢層が孤独を感じやすいわけだが[4]、先ほどあげた他の条件（経済状況、健康状態）に着目した場合、ひとり暮らしの高齢者も孤独を感じる可能性は高い。収入や健康状態は、若い世代より低下するからである。その状況で家族や親族、あるいは地域の人たちの関係が希薄な場合、孤独感を深めるかしれない。それ以上に、孤独・孤立の状態の最悪の結果のひとつとして、孤独死（あるいは孤立死）があげられる。孤独死は、中高年層をはじめどの世代でも起こりうるが、高齢者で生じるリスクが高いことは間違いない。さらに、葬送の方式や納骨先といった生前の希望がかなえられない、誰からも弔われない、といった無縁死と言われる状況も生じる（たとえば、小谷 2017）。孤独・孤立の問題は、死後自身の存在が社会から完全に忘却されるリスクが高いわけで、その意味では若い世代よりも深刻かもしれない。

高齢者の孤独・孤立の問題に関連して、2023（令和5）年の衆議院予算委員会で坂井学議員（自由民主党・無所属の会）が高齢者の身元保証問題を取り上げた際に、岸田文雄総理大臣（当時）は「高齢者の単身世帯などの増加が見込まれる中で、身寄りのない高齢者への対応、これは今後ますます重要になってくると見込まれます。（中略）まずは厚生労働省を中心に、民間の身元保証等のサポートを行う事業等について、実態把握や課題の整理、これを行いたいと思います。その結果を踏まえて、必要な対策を政府としても講じていきたいと考えます。」（傍点筆者）と答弁した[5]。身寄りのない高齢者の身元保証の問題にとどまらず、そもそも彼らへのサポートを政策課題と認識していると明言したのであった。

坂井議員は、「頼れる家族もない、そして正常に一人で意思決定もできな

いということになりますと、日常生活の現金管理、医療や介護の利用、住まいの選択、こういったことも誰かの支援が必要になってまいりますし、また、施設に入るようなときには、緊急連絡先でありますとか、それから身元の保証人というものも求められている」[6]と成年後見人制度との関係から質問していた。しかし、「頼れる家族もいない」、「現金管理」、「緊急連絡先」の確認といった点は、身寄りのない高齢者の場合、死後における自身の希望（葬送の方式や納骨先など）をどのように実現するか、ということとも関連する。いわゆる「終活」とつながっているのである（八木橋 2023）。孤独・孤立は、高齢者の人生の終わりの時期、「周没期」[7]に影を落とす問題とも言えるのである。

　孤独・孤立の問題は、政策面では当事者の健康リスクによる医療費の上昇など、おもに社会経済的な損失の面から語られることが多い。しかし、高齢者に焦点を当てると、終活という個人的な行為から、地域社会の抱える孤独・孤立の問題が見えてくる。孤独・孤立対策推進法も、地域社会の再構築が不可欠としている。そこで次節では、高齢者の孤独・孤立問題と終活、そして地域社会との関係について触れる。

2.　孤独・孤立問題と「終活」

（1）孤独と孤立の定義

　そもそも孤独や孤立は絶対的な悪なのだろうか。

　じつは、この点については簡単に否定できる。たとえば、エドワード・ギボンは、マホメット（ムハンマド）がイスラム教を開く流れを記述する中で、「社交は知力を涵養するが孤独は天才の学校」と人が何かを為す時は、孤独であることに意味があるとした[8]。また、哲学者のハンナ・アレントは、孤独とは、人がひとりでいる時に行う思考、つまり自己との対話という営みであるとする（Arendt 1968=1981：321；Arendt 2003=2007：118）。石神（2019）は、この意味での孤独では、「私と私自身との対話」であるが、そのどちらかは必ず「世界」を意識しながら思考しており、結果的に「世界」とのつな

がりを保っている状態と指摘する。自己の確立には、孤独の中で思考することが必要であり、かつ「世界」との接触も不可欠ということなのである（石神 2019：74）。孤独は、思索を深め、自己を高めるには必要不可欠なプロセスということになる。

　また、孤立については、アレントはそこに二面性があることを指摘する。人々が社会において共同で活動する機会が奪われる状態としつつ（Arendt 1968＝1981：319）、一方で「わたしがみずからとともにあることも、ほかの人とともにあることもできず、何かの作業に従事している状態」（Arendt 2003＝2007：120）と定義する。これは、孤立とは政治的には人々が分断され、操作されやすい状況であるが、何らかの生産活動を行う際には、周囲からの物理的な距離が必要という認識である。ただし、その生産活動を行う際には、誰からか守られている必要があるともする。その環境があるからこそ、安心して作業に従事できる、つまり世界ともつながっているという理屈である。では、その環境がない中でひとり孤立している状況は何か。アレントは、それを「Loneliness」と呼んだのである[9]。

　「孤独（Loneliness）」の状況について、アレントは人が孤独な状況に追い込まれると、「……自分の思考の相手である自分自身への信頼と、世界へのあの根本的な信頼というものを失う。人間が経験するために必要なのはこの信頼なのだ。自己と世界が、思考と経験をおこなう能力が、ここでは一挙に失われてしまう」（Arendt 1968＝1981：322）とする。孤独とは、思考能力も世界との接触も失われる、というのである。自己との対話ができず、何を行うにも安心できる場もない、社会から「見捨てられている」状態に陥っているのである（石神 2019：76）。このような状況では、将来を絶望して自死を選択するか、そのまま社会から切り離されて孤独死のような結末に至るか、あるいは何かにすがって生きるか、いずれにしても好ましい選択につながらないであろう。たとえば、最後のケースについて、アレントは、全体主義的支配は孤独の上に成立しているとも指摘している（Arendt 1968＝1981：320）。見捨てられている感覚から、国家など自己を超えるものに依存するということである[10]。

　孤独のもたらす害は、きわめて大きい。しかし、本章は、孤独死のような社会問題に孤独・孤立の状態がどのように関係しているか、ここに焦点を当てている。したがって、上述の哲学的な孤独と孤立の定義はだけでは不十分であろう。社会科学分野でどのように定義づけているか、本章のテーマである高齢者との関連から触れる必要がある。

　社会科学の分野で孤独と孤立を取り上げる場合、孤独は主観的な感情、孤立は客観的な状態として扱われることが多い。このような分類は、P. タウンゼントの高齢者の生活状況にかんする研究が嚆矢とされる（河合 2013）。タウンゼントは、「孤独」を「仲間づきあいの欠除あるいは喪失による好ましからざる感じ（unwelcome feeling）」と、また孤立については「社会的孤立」として「家族やコミュニティとほとんど接触がないこと」と定義した（Townsend 1957=1974, 227, 傍点邦訳原文ママ）。さらに、社会的孤立の客観性を示すために、周囲の人たちとの社会的接触を得点化し、そのスコアから社会的孤立の程度を可視化したのであった（Townsend 1957=1974 : 227-229）。

　とはいえ、家族や友人が周囲に存在する、つまり孤立はしていないにもかかわらず、孤独感を持つ人がいるのも事実である。そこで、孤独を測るスケールも開発され、世界中で利用されている。それが、「UCLA 孤独感尺度」である。1978 年にアメリカのカルフォルニア大学ロサンゼルス校の研究者により作成されたものである。「自分は周りの人たちの中になじんでいると感じますか」、「自分には人との付き合いがないと感じることがありますか」、「周りの人たちと一体感がもてないと感じることがありますか」などの 20 項目に対して、「常にある」、「時々ある」、「ほとんどない」、「決してない」の 4 選択肢（1～4 点）を選択してもらい、20～80 点の範囲で点数化し、点数が高いほど孤独であるとした[11]。孤独も客観化が図られているのである（表 6-1）。

　このように社会科学分野での定義から見てみると、前節で触れた孤独・孤立対策推進法での孤独・孤立の状態とは、第 1 条の条文からもわかるように、主観的な感情の問題としての孤独と、物理的に社会との接触を失っている社会的孤立を前提にしていることが明瞭である。さらに、前出の内閣官房によ

表6-1　日本語版 UCLA 孤独感尺度（第3版）

	まったく感じない	めったに感じない	ときどき感じる	つねに感じる
1）自分は周りの人たちの中になじんでいると感じますか	4	3	2	1
2）自分には人との付き合いがないと感じることがありますか	1	2	3	4
3）自分には頼れる人が誰もいないと感じることがありますか	1	2	3	4
4）自分はひとりぼっちだと感じることがありますか	1	2	3	4
5）自分は友人や仲間のグループの一員だと感じることがありますか	4	3	2	1
6）自分は周りの人たちと共通点が多いと感じることがありますか	4	3	2	1
7）自分は誰とも親しくしていないと感じることはありますか	1	2	3	4
8）自分の関心や考えは周りの人たちにはわからないと感じることがありますか	1	2	3	4
9）自分を社交的で親しみやすいと感じますか	4	3	2	1
10）自分には親しい人たちがいると感じますか	4	3	2	1
11）自分は取り残されていると感じることがありますか	1	2	3	4
12）他人との関わりは意味がないと感じることがありますか	1	2	3	4
13）自分のことを本当によく知っている人は誰もいないと感じることはありますか	1	2	3	4
14）自分は他の人たちから孤立していると感じることはありますか	1	2	3	4
15）希望すれば自分と気の合う仲間は見つかると感じますか	4	3	2	1
16）自分を本当に理解している人がいると感じますか	4	3	2	1
17）自分は内気であると感じますか	1	2	3	4
18）周りの人たちと一体感がもてないと感じることがありますか	1	2	3	4
19）話し相手がいると感じますか	4	3	2	1
20）頼れる人がいると感じますか	4	3	2	1

出所：舛田ほか（2012）を一部改変。

る「孤独・孤立の実態把握に関する全国調査」においても、調査に際して
UCLA の孤独感尺度を利用している。これまでの社会科学分野での成果に
基づいているわけである。

　最後に、本章での孤独と孤立の定義を明確にしておく。これらが政策課題
として扱われる時は、タウンゼントの定義のようなシンプルなもの、つまり、
主観的な感情としての孤独、周囲との接触を失っている社会的孤立を指すも
のとする。ただし、本章の孤独の定義の根底には、アレントのような世界／
社会から「見捨てられている」状態ということも含まれている。つまり、孤
独は、感情という内面の状態を表すだけでなく、「存続に関わる個人的、社
会的、経済的、政治的な状態」（Hertz 2020=2021：11）でもある、というこ
とである。個人的な窮地だけでなく、貧困などの社会の矛盾が個人にのしか
かり、自己喪失に陥っている状態となる。

（2）孤独死問題と終活

　では、孤独・孤立の問題が、高齢者の「終活」とどのようにかかわるのか、
この点を明らかにする。

　終活という言葉は、木村他（2018）が指摘しているが、2009 年の週刊誌の
連載から広まった言葉とされる。大学生の「就活」をもじった造語である。
前出の「周没期」において、自身の死に備えて身辺整理をしておく活動とい
うことになる。

　この終活が登場する背景には、少子化など家族のあり方の変化、地域コ
ミュニティ内でのつながりの弱化などにより、高齢者が自身の死後の希望、
遺言のように相続にかかわることだけでなく、たとえば葬儀の形式や納骨先
なども生前に明示しておいた方が好ましい、という認識の変化があった。子
どものいない、親族との関係が希薄なひとり暮らしの高齢者の場合、生前の
希望の文書化はとくに重要であろう。これだけでも孤独・孤立の状態との関
係が見え隠れするが、孤独・孤立と終活を関連付けるなら、避けて通れない
問題がある。それが、孤独死（あるいは孤立死）の問題である。

　わが国において「孤独死」という単語を用いた報告は、1974 年の全国社

会福祉協議会と全国民生委員児童委員協議会の編集による「孤独死老人追跡調査報告書」が最初とされる。この時点の孤独死は、寝たきり高齢者や独居高齢者の問題という捉え方をされていた（呉 2021b）。その後、それほど注目されなくなった孤独死問題がふたたび取り上げられるようになったのは、阪神・淡路大震災後の仮設住宅での「孤独死」問題からであった。独居の高齢者だけでなく、中高年層においても孤独感にたえられず自死を選ぶ、あるいは「緩慢な自殺」とも言えるような自暴自棄な生活の末に孤独死に至るようなケースが頻発した。低所得層の被災者にとって、震災によりどこかでつながっていたコミュニティが崩壊し、社会的に孤立したことが生きる希望を奪った、ということである（額田 1999）。ただし、コミュニティの解体が孤独死と深く関係しているとの論調も生まれ、その後の孤独・孤立対策の枠組みを決定づけたという指摘もある（呉 2021b）。

　とはいえ、2000 年代以降も孤独死は高齢者に生じやすい問題という認識は変わらなかった。新田（2013）は、阪神・淡路大震災後の「仮設住宅」における孤独死が、この現象の背景には貧困や社会的孤立の問題があることを明らかにしたと指摘する。孤独死は、必ずしも非日常的な現象とは言い切れない、と認識が変わり始めた。同時期に老朽化した公営団地での孤独死問題も取り上げられたことで、日常的な生活空間でも起こりうる現象と捉えられるようになった。この公営団地での孤独死問題では、孤独死防止を掲げた千葉県松戸市の常盤平団地で行われた取り組みが有名である。この活動については、中心人物の中沢卓実氏と淑徳大学による研究成果があるが（たとえば、中沢・結城 2012 など）、注目すべきは国の政策に影響を与えたことであろう。常盤平団地での活動が、孤独死防止策として行政側に着目されたからである（呉 2021a：呉 2021b）。

　孤独死が増えた背景には、家族構成の変化に伴う単身高齢者世帯の増加、またコミュニティ内のつながりの希薄化がある、というのが国側の認識であった（厚生労働省 2008）。常盤平団地での活動は、孤独死を防ぐためにコミュニティづくり（あるいは再建）を重視しており、この点が行政側を引き付けたのである。前述の中沢氏も厚生労働省で事例報告を行うなど協力をし

ていた。孤独（死）対策とコミュニティづくりは、密接に関連しているという認識が、実践者と行政側で共有されたのである。具体的には、2007年に「孤立死防止推進事業」で国レベルでの政策化がなされ、翌2008年には厚生労働省から「高齢者等が一人でも安心して暮らせるコミュニティづくり推進会議（「孤立死」ゼロを目指して）——報告書」が公表された[12]。孤独死問題は、以前のような医療的な側面だけでなく、地域福祉の面からも重視されるようになったわけである（呉 2021a；呉 2021b）。

　孤独死（行政用語としては孤立死）が社会的な認知を高める中、メディアも同様な現象を別の表現でより一般社会に広めることとなる。それがNHKによる「無縁社会」の報道であった[13]。論調は、孤独死問題とそう変わらないものであった。現代社会は家族・親族や近隣との人間関係が希薄化し、死亡時において誰も知らない事例が増えているというものであった。孤独死と異なるのは、遺骨を誰も引き取らない、あるいは誰が引き取るかわからないケースも含めていた点であった。

　メディアで取り上げられると社会への影響は大きいものがあった。「無縁社会」はユーキャン新語・流行語大賞のトップテンに選出され、その後、メディアだけでなく研究者も孤独・孤立問題と絡めて取り上げることとなった（たとえば、石田 2011）。ただし、行政側は孤立死（孤独死）に焦点を当てていたこともあり、時折言葉としては出てくるものの（たとえば2011年の菅直人総理大臣の施政方針演説など）、「無縁」という言葉を積極的に使用していたわけではない。「無縁」の象徴的な部分である、引き取り手のない遺骨の問題にそこまで注目していなかったとも言える（八木橋 2020）。

　しかし、メディアや調査機関などでは、2010年代後半に入ると引き取り手のない遺骨のケースに注目が集まることになった。この問題を取り上げた小谷は、「弔われない死者」、「無縁死」との表現を用いている（小谷 2017：152-155）。小谷はさらに、単身高齢者で生活に困窮している場合、この危険性は高まると指摘した（小谷 2017）。上述の額田や新田などもすでに触れていたが、貧困問題との関連が改めて言及されたのである。

　同時期には、行政側でも引き取り手のない遺骨の問題に気付き始める。そ

れが、2015 年に神奈川県横須賀市が始めた「エンディングプラン・サポート事業」である。孤独・孤立の状態にある高齢の生活困窮者が、生前に市を仲介して葬儀会社と契約し、葬儀や納骨についての希望をかなえるしくみである。孤独死が避けられないのであれば、生前から彼らの意思を確認しておく必要がある、という視点である。つまり、「終活」を行ってもらうように支援しようということである。孤独・孤立の状態にあり、生活苦に喘ぐ高齢者が、自助努力で対応するのは困難をともなうことである。そこで、横須賀市は当事者と葬儀会社の仲介役となって、高齢の生活困窮者の終活を支援することにしたわけである。ここに、孤独・孤立の問題と終活が結びついたのである。

3. 行政・社会福祉協議会による終活支援

(1) 行政による終活支援

　前節でも紹介したように、終活は 2009 年に登場した言葉であるため、時期的には行政による孤立死（孤独死）対策の本格化、メディアでの無縁社会の登場と重なる。ただし、遺言ではないが、緊急時の連絡先や葬儀の形式、納骨を希望する墓の所在地など、生前に希望を書き込んでおく「エンディングノート」は、1990 年代後半から 2000 年代前半にかけて販売されるようになった（八木橋 2020；八木橋・北見 2024）。

　この流れの中で、前出の横須賀市がエンディングプラン・サポート事業を開始したのである。さらに、同市は市民が誰でも終活にかんする情報を登録できる事業も行っている。2018 年から始まった「わたしの終活登録（終活情報登録事業）」である。前出のエンディングプラン・サポート事業が生活困窮層を対象とするのに対して、終活情報登録事業は市民であれば誰でも終活に必要な 11 項目の情報を市に登録できる、というものである[14]。事業の対象は特定の市民か市民全体か、市の立場は契約の仲介者・履行の監視者か情報の管理者か（谷口 2021）、という点が両事業の違いであろう。

　横須賀市から見えてくるのは、終活が私的な行為である以上、行政は仲介

や情報管理といった立場に徹するべきだということである。民業圧迫は避けつつ、できうる限りの支援を行うのが行政による終活支援なのである（八木橋・北見 2024）。

「はじめに」で紹介したように、国も終活にかかわる支援の必要性を認めるようになっている。その先進的な事例として、横須賀市の2つの事業は注目され、さまざまなかたちで紹介されている。しかし、行政による終活支援が現状どのように行われているか、定量的な確認も必要である。そこで、筆者が行った悉皆調査から現時点での傾向を確認する（八木橋 2023；八木橋・北見 2024）。

調査は、行政による終活支援にかんする事業を以下の3つに分類し、1,741の全市区町村のホームページにキーワード検索を行うかたちで進めた[15]。キーワードは、「終活支援」、「終活」、「エンディングノート（終活ノートなども含む）」である[16]。

① 終活支援事業（横須賀市のエンディングプラン・サポート事業に類似のもの）
② 終活情報登録事業（横須賀市のわたしの終活登録に類似のもの）
③ その他の終活関連事業（自治体版のエンディングノートの作成・配布）

現状では、横須賀市をモデルにしたと考えられる ① と ② の事業双方、またはどちらかを実施している自治体はわずか 18（社会福祉協議会への事業委託含む）、1％ほどである。③ を含めても 300 にとどまる（表6-2 参照）。多くの自治体にとって、終活支援はまだ行政の役割とまでは捉えていないことがわかる。①② の事業にかんして、市区町村別で見た場合、指定都市や中核市など規模の大きな市での実施率は他よりも高いことがわかる。大都市部では、2017 年に毎日新聞が、引き取り手がなく、無縁仏として弔ったケースが指定都市で急増していることを報道した[17]。大都市部の方が、孤独・孤立の問題と貧困問題が結びついた場合、この問題が表面化しやすいと考えられる。

表 6-2　行政による終活支援の実態

市区町村（1741）	①終活支援事業および②終活登録事業	③その他の関連事業	①＋②＋③の合計
指定都市（20）	5	4	9
中核市（62）・施行時特例市（23）	4	25	29
市（687）	8	185	193
町（743）・村（183）	0	65	65
特別区（23）	1	3	4
合計	18	282	300

出所：筆者作成。

　全国的な傾向からは、現時点では終活支援を行政の役割と捉える自治体は少ないと言える。しかし、総務省（2023）の「遺留金等に関する実態調査結果報告書」では、約6万柱の引き取り手のない遺骨（無縁遺骨）の存在が判明し、各自治体が保管などに苦慮していると報告された。また、自民党議員主催による「身寄りのない高齢者（おひとりさま）等の身元保証等を考える勉強会」も開催されている[18]。今後、国や国会議員が終活支援事業の実施を基礎自治体に積極的に求める可能性はある。

　では、実際に支援事業を導入する場合、どのようなケースが考えられるか。①のように対象を限定したものと②の一般化したものを、双方とも実施するか、いずれかを行うかを自治体が判断することになる。孤独・孤立の問題と住民の生活困窮問題の両方に対応するのであれば、①タイプの事業実施が求められる。市民全体の終活情報を確実に把握したい場合、②が優先となる（八木橋・北見2024）。自治体の人口規模、高齢化率や住民の経済状況などの地域特性を考慮して判断することになるであろう。

（2）社会福祉協議会による終活支援

　終活支援だが、行政のみが主体となって実施する必要はない。というのも、地域の福祉課題では行政以上に社会福祉協議会が普段から重要な役割を担っているからである。社会福祉協議会は地域の高齢者の権利擁護事業や成年後

見制度の利用支援事業などを実施しており、高齢者の支援は重要な業務となっている。地域の単身高齢者が社会的孤立に陥っている恐れがあることは、十分に認識しているとも考えられる。この点から終活支援に社会福祉協議会がかかわることは不自然ではない。また、社会福祉協議会は行政とのかかわりが深い公共的団体である。彼らに地方自治体が終活支援事業を委託することは、高齢者支援の観点から検討に値すると言えよう。

　もちろん、契約履行の監視や情報管理といった観点からは、横須賀市のように行政が直接携わる方が理想かもしれない。しかし、自治体によっては社会福祉協議会と連携して実施した方が好ましい場合もある。具体例としては、東京都豊島区をあげることができる。豊島区は ② の終活情報登録事業を2022 年より実施している。委託の理由として、地域の事情に詳しい社会福祉協議会の方が、地域住民に終活情報の登録を勧める上で有利と判断したからとのことである（八木橋 2023）。

　実際、孤独・孤立状態の高齢者向け終活支援事業は、行政よりも社会福祉協議会の方が早くから事業化していた。たとえば、東京都足立区は 2005 年から「高齢者あんしん生活支援事業」を実施している。支援可能な親族がいない、資産 3,000 万円以下、住民税が非課税または課税総所得金額が 160 万円以下、不動産収入がないなどの条件に当てはまる人が対象である。支援サービスには、預託金（52 万円から）より葬儀費用支払いや埋葬などの死後事務の支援を行うことが含まれている。終活支援を自治体よりも早くから始めていたのである。また、福岡市社会福祉協議会は、2011 年から「ずーっとあんしん安らか事業」を開始した。これは、2003 年に始めた高齢者の入居支援事業にオプションとしてあった死後事務事業から発展させたものである[19]。2024 年時点では、対象者は 70 歳以上で、原則として子どもがおらず、明確な契約能力を持ち、生活保護を受給していない人、となっている。見守りサービスなどの日常の生活支援だけでなく、預託金（50 万円から）をもとに葬儀や納骨、家財処分といった死後事務を実施するしくみとなっている（八木橋 2022）[20]。

　全国の社会福祉協議会のうち、何らかの終活支援を行っている協議会は県

と市で29という調査がある（日本総合研究所2023）。やはりそれほど多くないと言える。しかし、単身高齢者の増加が確実な流れの中、地域の福祉課題に取り組む各地の社会福祉協議会が、終活支援を無視することはできないであろう。また、上述のように行政が孤独・孤立対策の一環で終活支援に取り組み始めれば、社会福祉協議会もその動きに同調すると考えられる。

　以上のように、本節では行政と社会福祉協議会による終活支援の実態を確認した。支援事業を実施している自治体や協議会の数はまだ限られているが、単身高齢者の孤独・孤立対策にも関連する事業であることは判明した。他方、これらの事業は高齢者の孤独・孤立対策の最後のセーフティーネットの性格を持つ。公的機関や公共的団体に死後事務の実施を支援してもらうからである。残された課題は、このようなセーフティーネットより前に孤独・孤立問題への対応で何かできることはあるのか、である。次節では、この課題への対応の参考となる民間非営利組織（NPO）の活動事例を紹介する。

4. 民間による孤独・孤立対策——NPOと自治会との連携の事例から

　本節で取り上げるのは、群馬県前橋市の特定非営利活動法人ソンリッサである。同法人は、2015年5月に設立された。代表理事の萩原涼平氏によると、祖母が祖父と死別後にひとり暮らしとなり、意気消沈してふさぎ込むようになったことから、祖母の孤独感をやわらげるにはどうしたらよいか、というのが原点であったとのことである。そこから、萩原氏は高齢者の孤独・孤立問題に取り組むことを志したのである[21]。

　ソンリッサのミッションは、「ひとりで抱えずに、優しいつながりがあふれる社会をつくる」であり、ミッションは「ひとりひとりの想いが尊重される支えや繋がりになる」である[22]。孤独・孤立問題の解決が根底にあることがわかる。設立の経緯から、高齢者の孤独・孤立問題に取り組むことに主眼が置かれているが、同時に高齢者に限定するのではなく、コミュニティで暮らす人たちのつながりの再生あるいは強化を意識していることがわかるであろう。

　ソンリッサの事業は、① 地域の担い手となる「まごマネージャー」育成事業、② 自治会再編を目指すモデル事業の構築、③ 高齢者対象のサービス展開、という三本柱となっている[23]。

① 認定まごマネージャー育成プログラム（群馬県委託事業）

　「まごマネージャー」とは、20〜30歳代の若いスタッフが、利用者（独居の高齢者）から見て孫世代にあたることから着想を得て名付けたものである。ソンリッサが独居の高齢者に訪問型の見守りサービスを提供する、Tayory（タヨリー）事業から生まれたものである（後述）。つまり、地域福祉を担う若手人材の育成事業ということである。

　萩原氏は、「持続可能な地域課題解決のための基盤作りとして、若い人材の巻き込みが重要な鍵」と考えている。持続可能な地域社会の構築には、若者の参加が不可欠という認識を持っているのである。地域とかかわりたいと考えているが接点を持たない若者、社会とのつながりを欠いた高齢者、この分断された二者を「まごマネージャー」育成によってつなぐ、というのが同氏の戦略である。

　社会的に孤立した高齢者は若者と日常的にコミュニケーションを取ることで孤独・孤立の解消へ向かい、若者は高齢者とかかわることで地域の文化や歴史などを知って愛着を持つようになり、また地域貢献も実感できるようになる。このような循環ができることで、地域社会の持続性につながると考えているのである。そして、ソンリッサは地域と若者を結ぶハブの役割を担う、としている。

② 自治会再編モデル構築

　萩原氏は、「自治会は地域福祉の要となる組織」と見ているが、近年はその機能維持は困難と捉えており、「この課題解消のために、自治会の見直し・再編を行う」時期に来ているのでは、と考えている。そこで、ソンリッサが自治会に伴走型支援を行う、というものである。具体的には、アドバイザー役だけでなく、自治会活動にも若手スタッフとして協働する、という内

容である。ソンリッサが拠点とする前橋市大利根地区でモデル事業に取り組み、将来的には調査内容をまとめ、前橋市や群馬県への政策提言を狙っている。

③ 高齢者対象サービス[24]

　Tayory は、高齢者の孤独・孤立状態の解消あるいは防止を狙った事業である。上述したように、利用者が若いスタッフとコミュニケーションを取ることで社会との接点を取り戻すだけでなく、コミュニティでの自身の役割を見出し、居場所を得ることを狙ったものである。一人ひとりに寄り添う訪問型見守りサービスとしており、いわゆる「御用聞き」としての性格も持つ。なお、しくみは入会金1万円、基本料金は月1回3,000円から（訪問サービスには別途費用が必要）となっている。

　次に、「地域サロン事業」である。高齢者の社会的孤立を予防することを狙いとするものである。具体的には、「生きがいや社会参加に繋がるサロンの選択肢」を増やすことである。現在は、補助金や企業協賛金を活用することで参加費を低く抑えて実施している（1回あたり200円）。たとえば、「スマホ基礎講座」（LINE の使い方）を開催し、高齢者が社会とつながるように促している。

　3つ目は、コミュニティ内での高齢者の居場所づくり事業である。拠点（事務所）を置いている前橋市大利根地区で「大利根居場所・相談支援事業」を実施している。具体的には、事務所内に「くつろぎカフェ」を設置、コミュニティの高齢者に対して「スマホ講座」や「囲碁・将棋の会」などの講座を告知、開催している。これは、高齢者が気軽に訪問したり、相談ができたりする居場所づくりが目的である。その中で終活にかかわるものとして、「カードゲームで人生を考える」という講座があげられる。これは、「人生100年これからゲーム」というカードゲームを利用することで、高齢者に自身にとって重要な価値観を確認してもらい、終活への準備を勧めるというゲームである。高齢者の孤独・孤立防止のための「居場所」において、同時に終活への意識を高めてもらう、という狙いがあると言える[25]。

　ソンリッサのこれらの事業は、まさに終活支援のひとつ前段階の孤独・孤立防止の事業と言える。また、高齢者の居場所づくり事業のカードゲームは、終活支援とも関連が深いものであった。さらに、認定まごマネージャー育成事業のように、地域の若者を高齢者につなぎ、地域への愛着を深めることで地域社会の持続性を高めることを狙った事業は、一見すると距離があるような孤独・孤立対策と持続可能な地域社会の構築との連続性を示すものであった。

　もちろん、本節で紹介したNPOによる孤独・孤立対策や終活支援関連の活動は、ソンリッサという一法人の事例でしか過ぎない。しかし、行政ではカバーできない部分について、どのような対策が取りうるかをNPO側から発信している事例であることは間違いない。また、萩原氏は自治体内での地域福祉、とくに高齢者との関係をこれまで主に担ってきた社会福祉協議会との連携も視野に入れている[26]。萩原氏は、ソンリッサが地域と若者のハブになることを明言しているが、地域（とりわけ高齢者）と行政とのハブを担ってきた社会福祉協議会との連携は、より重層的な地域での孤独・孤立支援の体制を築くことに役立つであろう。ソンリッサの活動は、NPOによる地域社会での孤独・孤立対策や終活支援、さらには持続可能な地域社会構築の一モデルとなりうる可能性を秘めていると考える。

おわりに

　本章は、地域社会の持続性の維持と孤独・孤立問題対策との関連を検証した。高齢者の孤独・孤立問題対策に焦点を当てたが、おもに取り上げた孤独死対策や終活支援は、一見すると地域社会の持続性との関連は見えにくいものである。しかし、誰もが暮らしやすい地域社会を維持していく、あるいは再建していくためには、孤独・孤立問題への取組、とりわけ高齢者への支援も重要であることを示すことができたであろう。

　ソンリッサの事例からもわかるように、高齢者の孤独・孤立対策は行政や社会福祉協議会だけでなく、NPOの役割も重要である。とくに若者を巻き

込む方策は、今後さらに求められるであろう。若者自身が暮らしている地域社会に愛着を持つことは、将来も住み続けたい、あるいは何らかのかたちでかかわり続けたい地域社会の構築に役立つからである。地域社会の持続可能性は、多様な視点から探ることが重要なのである。

謝辞　本研究の一部は、JSPS 科研費 JP24K05470 の助成を受けたものである。

注

1 ）内閣官房ウェブページ「孤独・孤立対策推進法」https://www.cas.go.jp/jp/seisaku/suisinhou/suisinhou.html（最終閲覧 2024 年 9 月 13 日）。

2 ）たとえば、イギリスは日本より早く 2018 年に世界で初めての「孤独担当大臣」を設置したが、孤独問題を政策化した背景のひとつには、孤独問題が心身に悪影響を及ぼし、結果的に医療費の増大につながっているとの見解があった。イギリスの孤独政策の概要については、山本（2024a）を参照されたい。

3 ）内閣官房ウェブページ「孤独・孤立対策」。https://www.cas.go.jp/jp/seisaku/kodoku_koritsu_taisaku/zittai_tyosa/zenkoku_tyosa.html（最終閲覧 2024 年 9 月 13 日）。

4 ）ただし、男性では 50 歳代がもっとも孤独を感じている（7.3%）。同上。

5 ）第 211 回国会　予算委員会　第 16 号（令和 5 年 5 月 24 日）https://www.shugiin.go.jp/internet/itdb_kaigiroku.nsf/html/kaigiroku/001821120230524016.htm（最終閲覧 2024 年 9 月 13 日）。

6 ）同上。

7 ）「周産期」（妊娠から産後までの時期）になぞらえて北見氏が命名したものである。初出は、日本政治法律学会第 7 回研究大会「私法パネル　死後事務委任——おひとり様時代の新しい終活」での北見報告「横須賀市の終活支援」である（2021 年 5 月 16 日オンライン開催、企画・討論者は八木橋）。なお、沢村（2021）は、日常生活が難しくなる時期から、死後に自身の遺るものを適切に処分するまでを含む時期とまとめ、図に整理している。

8 ）ギボン（1992）24 頁。

9 ）ところで、Loneliness も孤独の訳語があてられる。じつは、ギボンの引用やアレントの最初の例の「孤独」は、原文では「Solitude」である。Solitude は「ひとり」であることに強調が置かれ、Loneliness は「孤独と寂しさ」を結びつける傾向があるとの指摘がある（阿比留 2022）。それゆえ、Solitude は「積極的な孤独」（あるいは「孤高」）と訳され、Loneliness は「消極的な孤独」と訳される。

孤独・孤立担当大臣や孤独・孤立対策推進法の英訳における「孤独」は、すべて Loneliness である。つまり、社会問題として触れられる孤独は、Loneliness と捉えて差し支えないと言える。以下、断りがない限り、本章の孤独は Loneliness の訳とする。

10) 孤独と政治的な過激主義の関係について、過去のナチズムだけの問題ではなく、現代でもその危険性を説く声はある。ハーツは、アレントの議論を援用しながら、孤独と不寛容が結びつき、他者の排斥を当然視するような政治勢力（たとえば、極右ポピュリズム）の台頭を招き、社会に深い分断を生じさせている、と孤独の広がりに警鐘を鳴らしている（Hertz 2020=2021、第 3 章）。

11) UCLA 孤独感尺度（第 3 版）の日本語版が公表されており、舛田他（2012）が論文で公表している。また、横浜市立大学の以下のウェブページからも確認できる。「日本語版 UCLA 孤独感尺度（第 3 版）」https://www-user.yokohama-cu.ac.jp/~ycu_chn/wp/wp-content/uploads/2018/06/UCLA-LS3-j.pdf（最終閲覧 2024 年 9 月 13 日）。

12)「孤独死」と「孤立死」については、行政機関や研究者でも様々な定義が行われている。ほぼ同義で使用している例や、前出のタウンゼントの孤独と孤立の分類を参考に両者を区分した例などもあり、多様である。たとえば、タウンゼントの分類に従ったものとしては、ニッセイ基礎研究所（2011）の報告書があげられる。孤独死は「生前に孤独感を抱えて亡くなった人」、孤立死は「生前に孤立した状態で亡くなった人」と定義している。さらに、孤立死にはより客観性を持たせるため、死後経過時間と死後変化に伴う社会経済的影響・損失（資産価値の毀損など）を加えたものとした（ニッセイ基礎研究所 2011：17-19）。

　傾向として、「孤立死」は、厚生労働省の 2008 年報告書からもわかるように、行政が好んで使用し、研究者は「孤独死」の表現を選好しているとされる（呉 2021a）。とはいえ、行政機関と研究者による孤独死と孤立死の定義、両者の区分はきわめて多様であり、統一的な見解があるわけではない。この点について、呉は、辞典、行政機関、研究者にわけてこれらを一覧表にまとめている（呉 2021a：28-34）。

　本章は、この用語の定義づけが目的ではないため、これ以上議論を展開することは避ける。ただし、孤独死問題は後述の終活事業との関係も深いため、呉による暫定的な定義を紹介しておく。彼によると、孤独死とは、① ひとり暮らしで、② 孤独に生き、③ 死んだ後、④ 誰にも知られず、⑤ 相当期間放置された後に発見される、という 5 項目の要素の組み合わせとして整理できるものとなる。また、「「死」という契機を通して発言するものであるが、「死」の前後、つまり「生」と「死」に関わる社会的意味までも全て含む現象である」とした（呉 2021a：

62）。

13）NHK スペシャル『無縁社会――"無縁死" 3 万 2 千人の衝撃』（2010 年 1 月 31 日放送）。

14）登録する項目は次の通りである。① 本籍・筆頭者、② 緊急連絡先、③ 支援事業所・終活サークルなど、④ 医師・薬・アレルギー、⑤ リビングウィルの保管場所、⑥ エンディングノートの保管場所、⑦ 臓器提供に関する意思表示、⑧ 葬儀・納骨・遺品整理の生前契約、献体の生前登録、⑨ 遺言書の保管先、⑩ 墓の所在地、⑪ 自由登録事項。

15）今回の調査は、2023 年の 5〜6 月にかけて、筆者と筆者のゼミナールの学生 8 名で実施した。ゼミナールの学生、萩原李帆、境野未来、清家瑠華、野田楓、舟橋菜月、細井萌花、桃生結杜、三好光の 8 名には感謝の意を表する。

16）ホームページ掲載の情報であるため、各自治体の実態と合致しないケースもある。たとえば、エンディングノートの配布はすでに終了しているにもかかわらず、ホームページ上は情報が残っているような場合である。正確さに限界があることは否めない。ただし、表からもわかるように、大勢には影響がないと考える。また、八木橋（2023）に掲載後、調査から漏れたものがあり、初出から一部修正を行った。

17）「無縁仏 政令市、10 年で倍増 貧困拡大背景」『毎日新聞』2017 年 7 月 16 日。

18）たとえば、以下のような記事がある。「高齢おひとりさま、政治の手――与党有志提言案　身元保証支援、業者に登録制」（『毎日新聞』2023 年 7 月 29 日）、沢村香苗「「個・孤の時代の高齢期」課題解決に向け大きな一歩への期待」（日本総研経営コラム）https://www.jri.co.jp/page.jsp?id=105426（最終閲覧 2023 年 8 月 31 日）。

19）足立区や福岡市の社会福祉協議会の終活支援事業については、谷口（2019a；2019b）も参照されたい。なお、八木橋（2022）は、行政による直接的な終活支援を「横須賀モデル」、社会福祉協議会主導による支援を「社協モデル」と分類している。

20）福岡市社会福祉協議会の終活支援関連事業については、同協議会に聞き取り調査を行った（2024 年 9 月 3 日実施、対応者は終活サポートセンター所長の吉田時成氏）。

　なお、預託金の準備が難しい人のために、同協議会では「やすらかパック事業」という少額短期保険を利用したしくみも用意している。月額利用料支払いで死後事務（直葬、納骨、家財処分など）を実施する方式で、NPO 法人に事業を委託している。福岡市社会福祉協議会は、この 2 事業に加え、終活の総合相談の窓口となる「終活サポートセンター」も設置し、三本柱で終活支援を展開してい

る（聞き取り調査の際の同協議会提供の資料より）。

21）萩原氏への聞き取り調査より（2023 年 11 月 16 日、於 ソンリッサ事務所）。

22）ソンリッサのウェブページより（https://sonrisa-npo.com/ 最終閲覧 2024 年 9 月 30 日）。

23）萩原氏への聞き取り調査の資料より（2024 年 6 月 11 日、於 高崎経済大学）。

24）これらの 2 つの事業の詳細については、ソンリッサのウェブページを参照されたい。また、山本（2024b）もこれらの事業を紹介している。

25）なお、筆者もこの「くつろぎカフェ」を 2024 年 6 月 5 日に訪問、萩原氏やスタッフ、地域住民の方々とともに「人生 100 年これからゲーム」に参加した。この様子は、ソンリッサのウェブページの活動紹介記事「【大利根拠点くつろぎカフェにて『カードゲームで人生を考える』を実施しました】」で確認できる（2024 年 6 月 13 日掲載）https://sonrisa-npo.com/2024/06/13/（最終閲覧 2024 年 9 月 30 日）。

26）萩原氏への聞き取り調査より（2023 年 11 月 16 日、於 ソンリッサ事務所）。

参考文献
◎邦文（著者 50 音順）

阿比留久美（2022）『子どものための居場所論——異なることが豊かさになる』かもがわ出版。

石神真悠子（2019）「ハンナ・アレントにおける "一人である" ことの多層性——政治的主体化に向けて」『研究室紀要』第 45 号、東京大学大学院教育学研究科基礎教育学研究室、71-80 頁。

石田光規（2011）『孤立の社会学——無縁社会の処方箋』勁草書房。

NHK「無縁社会プロジェクト」取材班（2010）『無縁社会—— "無縁死" 3 万 2000 人の衝撃』文藝春秋。

呉 獨立（2021a）『「孤独死現象」の社会学——実在、言説、そしてコミュニティ』成文堂。

呉 獨立（2021b）「社会問題としての孤独死と、政策対応の方向性に関する再考」『生活経済政策』第 290 号、生活経済政策研究所、16-21 頁。

河合克義編（2013）『社会的孤立問題への挑戦——分析の視座と福祉実践』法律文化社。

エドワード・ギボン（1992）中野好之訳『ローマ帝国衰亡史』第 9 巻、筑摩書房。

木村由香・安藤孝敏（2018）「マス・メディアにおける終活のとらえ方とその変遷——テキストマイニングによる新聞記事の内容分析」『技術マネジメント研究』第 17 巻第 1 号、横浜国立大学技術マネジメント研究学会、1-19 頁。

厚生労働省（2008）『高齢者等が一人でも安心して暮らせるコミュニティづくり推進会議（「孤立死」ゼロを目指して）——報告書』。

小谷みどり（2017）『〈ひとり死〉時代のお葬式とお墓』岩波新書。

沢村香苗（2021）「単身高齢者の生前、死後を地域で支える新たな情報連携の仕組みづくり——「周没期」支援システムの提案」『JRI レビュー』11 月号、136-149 頁。

総務省（2023）『遺留金等に関する実態調査結果報告書』。

全国社会福祉協議会・全国民生委員児童委員協議会編（1974）『孤独死老人追跡調査報告書』。

谷口 聡（2019a）「公的団体における死後事務委任契約の活用——足立区社会福祉協議会の取組みの検討」『地域政策研究』第 22 巻第 1 号、高崎経済大学地域政策学会、13-32 頁。

谷口 聡（2019b）「福岡市社会福祉協議会における死後事務委任契約の活用」『地域政策研究』第 22 巻第 2 号、高崎経済大学地域政策学会、43-58 頁。

谷口 聡（2021）「横須賀市における「死後事務委任契約」の活用」『地域政策研究』第 23 巻第 4 号、高崎経済大学地域政策学会、75-96 頁。

中沢卓実・結城康博編（2012）『孤独死を防ぐ——支援の実際と政策の動向』ミネルヴァ書房。

ニッセイ基礎研究所（2011）『平成 22 年度老人保健健康増進事業——セルフ・ネグレクトと孤立死に関する実態把握と地域支援のあり方に関する調査研究報告書』。

新田雅子（2013）「「孤独死」あるいは「孤立死」に関する福祉社会学的考察——実践のために」『札幌学院大学人文学会紀要』第 93 号、札幌学院大学総合研究所、105-125 頁。

日本総合研究所（2023）『人口減少・単身化社会における生活の質（QOL）と死の質（QODD）の担保に関する調査研究事業報告書』。

額田 勲（1999）『孤独死——被災地神戸で考える人間の復興』岩波書店。

舛田ゆづり・田髙悦子・臺有桂（2012）「高齢者における日本語版 UCLA 孤独感尺度（第 3 版）の開発とその信頼性・妥当性の検討」『日本地域看護学会誌』第 15 巻第 1 号、日本地域看護学会、25-32 頁。

八木橋慶一（2020）「地域福祉における「終活」支援と行政の役割——横須賀市の事例から」『地域政策研究』第 22 巻第 4 号、高崎経済大学地域政策学会、101-116 頁。

八木橋慶一（2022）「行政および公共的団体による終活支援の動向と支援モデルに関する一考察」『地域政策研究』第 25 巻第 2 号、高崎経済大学地域政策学会、

129-140 頁。

八木橋慶一（2023）「終活における行政の役割」『都市問題』8 月号、後藤・安田記念東京都市研究所、4-15 頁。

八木橋慶一・北見万幸（2024）「孤独死問題と行政による終活支援」山本・山本編（2024）所収。

山本 隆（2024a）「英国の孤独政策の概観」山本・山本編（2024）所収。

山本 隆（2024b）「高齢者の孤独・孤立──ひとり暮らし高齢者を中心として」山本・山本編（2024）所収。

山本 隆・山本惠子編（2024）『日英の孤独政策──官民連携のあり方を問う』光生館。

◎欧文（著者アルファベット順）

Arendt, Hannah（1968）*The Origins of Totalitarianism, Part Three: Totalitarianism*, New York: Harcourt, Brace & World, Inc.（大久保和郎・大島かおり訳『全体主義の起源 3 全体主義』（新装版）みすず書房、1981 年）。

Arendt, Hannah（edited by Jerome Kohn）（2003）*Responsibility and Judgment*, New York: Schocken Books（中山元訳『責任と判断』筑摩書房、2007 年）。

Hertz, Noreena（2020）*The Lonely Century: Coming Together in a World that's Pulling Apart*, London: Sceptre（藤原朝子訳『THE LONELY CENTURY──なぜ私たちは「孤独」なのか』ダイヤモンド社、2021 年）。

Townsend, Peter（1957）*The Family Life of Old People: An Inquiry in East London*, London: Routledge & K. Paul（山室周平監訳『居宅老人の生活と親族網──戦後東ロンドンにおける実証的研究』垣内出版、1974 年）。

第 7 章

持続可能な社会に向けた柔軟な働き方
女性の在宅就業を中心に

佐藤　英人

はじめに

　本格的な人口減少・少子高齢化を迎えた日本では、労働力不足が深刻な社会問題になりつつある。総務省「人口動態統計」によれば、日本の総人口は 2008 年の 1 億 2,808 万人をピークに減少へと転じて、2023 年時点の総人口は 1 億 2,119 万人となった。単純に計算すれば、この 15 年間で 689 万人、毎年 45.9 万人もの人口が日本から消失したことになる。とりわけ、2019 年 12 月に中国武漢市で発生した新型コロナウイルス感染症（COVID-19）のパンデミックが出生数の減少に拍車をかけており、2023 年の出生数は 72.7 万人にとどまっている。合計特殊出生率についても、人口を維持するのに必要な置換人口水準の 2.04 を大きく下回る 1.20 であり、このままの状況で推移すれば、2070 年の総人口は 2023 年の 7 割程度の 8,700 万人になるとみられている[1]。

　人口減少がもたらす労働力不足は、すでに一部の業種業態で顕在化しており、中でも一般乗合旅客自動車運送業（乗合バス業）の人手不足は深刻である。人々の往来が滞る事態に陥ったコロナ禍をきっかけに、2022 年 3 月から 2023 年 8 月までに全国で合わせて 8,600 km 余りの路線が乗務員確保の困難を理由に廃止されたという（日本放送協会 2023）。無論、労働力不足が解消されなければ、持続可能な社会を構築していくことは不可能に近い。将来的な人口減少は所与のものとして受容しながらも、いかにして労働力を安定的に確保していくのかが緊要の課題であろう。

労働力の確保に関しては外国人材の積極的な活用が試みられるとともに、勤労意欲の旺盛な国内の労働力にも目を向けるべきとして、女性や高齢者、障害者など、多様な人材の労働参加を促す動きもある[2]。女性の労働参加については「雇用の分野における男女の均等な機会及び待遇の確保等に関する法律」（男女雇用機会均等法）が 1972 年に施行され、「労働者が性別により差別されることなく、また、働く女性が母性を尊重されつつ、その能力を十分に発揮できる雇用環境を整備すること」（厚生労働省 2023：104）を基本原則に法整備が進められている。2007 年には同法の改正により、性別を理由とする差別禁止（同法第 5～8 条）や婚姻、妊娠・出産等を理由とする不利益取り扱い禁止（同法第 9 条）などが拡充された。

そこで本章では、持続可能な社会を構築するという観点から、柔軟な働き方として注目される在宅就業が、女性の労働参加に対してどのように寄与しているのかを、コロナ禍前後の比較を通じて検討する。

1. 女性の労働参加と在宅就業を巡る議論

女性が労働参加するための法令は整備されつつも、依然として女性就業者が伝統的性別役割分業下に置かれ、結婚後は賃金労働者にして家事労働者であるという「二重労働」の負担を強いられているとの議論がある（吉田 2007：283）。女性の年齢階級別労働力率によれば、近年ではいわゆる M 字カーブの「掘り込み」が平滑になっているが[3]、女性の中には仕事と家事の両立を断念して、出産や育児をきっかけに離職し、キャリアを中断する人は少なくない。

ライフイベントを契機とした女性の離職やキャリア中断を抑止すべく、日本では総務省が中心となり、テレワークを含む在宅就業の普及・定着に務めている。たとえば、2007 年 5 月に「テレワーク人口倍増アクションプラン」がテレワーク推進に関する関係省庁連絡会議で決定され、「2010 年までにテレワーカーの就業者人口に占める割合を 2 割とする」ことを政府目標として掲げた。確かに自宅で業務を遂行する在宅就業は、原則的に職場への出勤を

要さない通勤時間が皆無となる職住一致の働き方である。家事労働や育児のために自宅外での就業が困難な女性にとって、通勤時間が皆無となる在宅就業は、出産や育児開始直後であっても就業を継続できる柔軟な働き方のひとつに挙げられる。

　奇しくもコロナ禍によってテレワークが一部の業種業態で導入された。総務省「通信利用動向調査」によれば、企業における在宅就業の実施状況は、コロナ禍直前の 2019 年時点で全体（N = 2,122）の 20.1％であったのに対して、2021 年時点では全体（N = 2,396）の 51.8％に拡大した。情報通信技術（ICT）が発達してテレコミュニケーションが普及した今般、人々は時間や距離を超えて意思疎通を図れるようになった。その結果、コロナ禍では 3 密（密閉・密集・密接）を避ける新しい生活様式を実践するため、都心部の職場へ出勤する頻度を減らし、自宅やコワーキングスペースなどで業務を遂行する就業者が、これまで以上に増えたことは事実であろう[4]。自然環境豊かなリゾート地などで職住を両立させるワーケーションや、勤務地と居住地を限定せず、複数の拠点を往来しながら職住を両立させるノマドワークは、時間と距離にとらわれない柔軟な働き方の先端的な事例として知られている[5]。

　とはいえ、情報通信技術が発達してテレワークが広く導入されるのであれば、あらゆる社会問題が解決に至るといった安易な技術決定論には慎重を要するべきである。たとえば、東京一極集中が是正したり、地方圏に新たな雇用が生まれ地方創生に直結したりするといった論調はその典型例である。女性の働き方についても、在宅就業が女性の労働参加を促し、出産・育児による離職やキャリア中断を抑止するというほど単純な問題ではあるまい。逆に在宅就業が長時間勤務を引き起こしたり、仕事とプライベートの境界を曖昧にさせたり、賃金労働と家事労働の負担を増大させていたりする可能性は十分に考えられる[6]。

　女性と在宅就業の関係を論じた研究は、経営学や社会学、人文地理学などに一定の蓄積が存在する。たとえば、経営学ではテレワークを活用した女性経営者に着目し、起業に向けたノウハウなどが議論されている（スピンクス 1998：261；堀 2003：163；下崎・小島 2007：218）。社会学では在宅就業の意味

や意義を議論し、家庭という外部から見えにくい環境下で仕事をする「不可視性」が、結果的に女性を家庭に拘束させ、在宅就業が女性の「二重労働」を強化しているという指摘がある（佐藤 2008：209）。在宅就業の不可視性と二重労働の負担に関する論考は、コロナ禍を経てさらなる研究蓄積がみられる。たとえば、倉光ミナ子（2021）は、コロナ禍による「ステイホーム」が自宅や家庭（ホーム）を、暗黙のうちに異性愛規範に基づいた「安全な場所」のようにイメージしているとした上で、現実には不可視性によるドメスティックバイオレンス（DV）の問題を抱えていると、暗に在宅就業を批判している。黒田かおり（2021）は在宅就業が女性に対して仕事の選択肢を増やしているか否か、負担軽減に寄与しているか否かについて論じている。女性就業者への詳細な聞き取り調査を通じて、特に子供を持つ女性が希望する仕事に就けない実情や、家事と仕事の二重労働の負担を求められているにもかかわらず、それらは女性個人の努力に委ねられている現状を明示した。在宅就業に伴う家事・育児などの生活領域と仕事領域の境界消失／曖昧化が、女性の活動時間の延長と負担増を招いている点は、池田梨恵子（2021）も同様の見解を示している。

　人文地理学を専門とする筆者も、かつて女性が在宅就業に至る要因を学卒以降の職歴と居住経歴の関係から分析した（佐藤 2015）。この研究によれば、女性就業者の多くは結婚後、持家を取得するために東京大都市圏郊外部に転居するが、その結果、都心部への通勤が長時間に及ぶため、仕事と家事を両立させる観点から通勤時間が皆無となる在宅就業を選択した。ただし、在宅就業はデータ入力などの定型的業務に限られており、得られる収入は夫の扶養控除内にとどまった。なお、女性の常住地と従業地の変化については、由井義通（2012：264）の分析結果と符合している。女性は結婚前、正規の社員・職員として大都市圏都心部近傍に居住するが、結婚後は夫との同居と将来的な子供の養育を見据えて、より広い居住面積が確保できる郊外部へ転居する傾向にある。つまり、女性は男性と比較してライフイベントによる常住地と従業地の変化が大きく、その後の人生設計にも大きな修正を迫られることになる。

以上のように、女性の労働参加と在宅就業を巡る議論は、コロナ禍によってその有用性を問い直す研究が展開されている。ただし、先行研究の多くは少人数のパネルから聞き取った定性的な分析にとどまることから、今後は定量的な分析が待たれるところである。

2.　研究方法

第 1 節で示した問題関心に従って、本章では在宅就業に関する質問紙調査を実施した。調査時点で在宅就業を東京大都市圏（東京都、神奈川県、埼玉県、千葉県）で行っており、かつ学卒直後に正規雇用として勤務した経験のある既婚女性を対象としている。コロナ禍前後で比較するために、サンプル抽出には、インターネット回答者のパネルを持つ調査会社に調査を委託し、同一条件で抽出されたパネルに対して、同一項目の質問紙調査を 2 回実施した。1 回目の調査では、2015 年 2 月 3 日から 5 日までに有効なサンプルを 208 人収集し（以下、2015 年調査と略す）、2 回目の調査では、2023 年 9 月 6 日から 8 日までに有効なサンプルを 198 人収集した（以下、2023 年調査と略す）[7]。調査票は在宅就業を行う利点、雇用形態、業務内容、職歴および居住経歴などで構成されている。なお、本章における東京大都市圏の地域概念は、都心部を都心 3 区（港区、中央区、千代田区）とし、都心周辺部を都心 3 区以外の東京特別区、郊外部を東京特別区以外の市区町村（ただし、島嶼部は除く）とする。

3.　コロナ禍前後における女性在宅就業者の動向

まず、総務省「国勢調査」を用いて女性在宅就業者の全国的な動向を把握する。表 7-1 は常住地による 15 歳以上就業者数のうち「自宅で従業」している人数と、その割合を職業大分類別に集計したものである。これによると、2010〜20 年までの 10 年間に、全国の在宅就業者数は性別を問わず大幅に増加していることがわかる。特にオフィス従事者（管理的職業従事者、専門的・

表 7-1　常住地による 15 歳以上就業者数のうち「自宅で従業」している
雇用者

	男性			女性		
	2010 年 （人）	2020 年 （人）	増加率 （%）	2010 年 （人）	2020 年 （人）	増加率 （%）
管理的職業従事者	1,609	3,292	104.6	1,527	691	− 54.7
専門的・技術的職業従事者	26,211	219,550	737.6	21,795	123,700	467.6
事務従事者	13,927	129,385	829.0	133,425	280,969	110.6
販売従事者	29,505	79,000	167.8	36,924	49,444	33.9
サービス職業従事者	21,395	28,348	32.5	45,737	60,984	33.3
保安職業従事者	4,811	14,143	194.0	106	1,029	870.8
農林漁業従事者	10,742	13,675	27.3	7,439	12,097	62.6
生産工程従事者	26,058	72,906	179.8	25,534	38,144	49.4
輸送・機械運転従事者	4,369	18,145	315.3	538	1,207	124.3
建設・採掘従事者	21,341	33,993	59.3	2,359	2,715	15.1
運搬・清掃・包装等従事者	9,896	25,119	153.8	16,541	26,874	62.5
分類不能の職業	5,674	13,343	135.2	8,964	17,291	92.9
総数	175,538	650,899	270.8	300,889	615,145	104.4

出所：総務省「国勢調査」より筆者作成。

技術的職業従事者、事務従事者の総数）での増加が顕著であり、男性は約 4.2
万人から約 35.2 万人（増加率 738.1%）に、女性は約 15.7 万人から約 40.5 万
人（158.0%）にそれぞれ増えている。これらの数値からすると、コロナ禍前
までは、主に女性が在宅就業を担っていたが、コロナ禍による 3 度に及ぶ緊
急事態宣言が発出され、不要不急の外出が制限されたことなどで、性別を問
わずに在宅就業への転換が図られたものと推測される。

　女性在宅就業者を詳しくみていくと、オフィス従事者以外にも保安職業従事
者、輸送・機械運転従事者で高い増加率を示している。ただし、これらの職
業は 2010 年の実数値がきわめて小さく、増加数自体はさほど増えていると
は言えない。また、販売従事者、サービス職業従事者、生産工程従事者など、
テレワークへの転換が困難な職業では、いずれも増加率が低い傾向にある。

　総務省「通信利用動向調査」によれば、コロナ禍の最中である 2022 年に
おける在宅就業の業種別導入率は、情報通信業が 97.6%、金融・保険業が
84.3% であるのに対して、運輸業・郵便業が 33.0%、サービス業が 41.9%、

卸売・小売業は 50.5％であり、テレワークへの転換が容易な業種と困難な業種との差は歴然としている。このように在宅就業はオフィス従事者を中心に、コロナ禍のいわば副産物として短期間のうちに普及したものと考えられる。

つぎに、全国で最もオフィス従事者が集中する東京大都市圏において、女性在宅就業者の地理的分布をみていきたい。東京大都市圏全体の女性在宅就業者数とその割合[8] は、2010 年の 22.1 万人（7.0％）から 2020 年には 38.4 万人（9.8％）となり、全国の動向と等しく増加／拡大している。都県別に集計すると、東京都が 9.8 万人から 18.4 万人（増加率 87.8％）に、神奈川県が 5.1 万人から 8.7 万人（70.6％）に、埼玉県が 4.1 万人から 5.8 万人（41.5％）に、千葉県が 3.1 万人から 5.0 万人（61.3％）にそれぞれ増えており、郊外部に位置する 3 県よりも、むしろ都心部を含む東京都での増加が目立つ。

リチャードソンほか（Richardson et al. 2000）によれば、コールセンターなどのバックオフィスを運営する企業は、優秀かつ安価な労働力を求めて、大都市圏郊外部に居住する高学歴の主婦を在宅就業者として積極的に雇用する傾向にあるという。佐藤英人（2015）も女性が在宅就業を選択するきっかけが、結婚後の持家取得に伴う転居（外向移動）にあるとしているが、2020 年国勢調査の数値をみる限り、これらの先行研究とは異なった傾向を読み取ることができる。

この点を詳しく考察するために、女性在宅就業者の割合を市区町村別に集計して地図化したものが図 7-1 である。2010 年と 2020 年を比較してみると、前者では都心 40 km 以遠の郊外部に女性在宅就業者の割合が高い市区町村を確認できるが、後者では都心 40 km 以内に分布が収斂しており、郊外部における女性在宅就業者の割合が軒並み低下している。前者で最も高い割合を示しているのは、世田谷区の 3.8％（8,384 人）であり、以下、練馬区の 2.5％（5,430 人）、大田区の 2.4％（5,349 人）、杉並区の 2.3％（5,026 人）、足立区の 2.0％（4,456 人）と続く。後者も同様に世田谷区が最も高く 4.8％（1 万 8,197 人）、以下、杉並区の 2.8％（1 万 471 人）、練馬区の 2.7％（1 万 233 人）、大田区の 2.6％（9,715 人）、品川区の 1.9％（7,249 人）と続いている。順位に若干の変化があるものの、いずれの区も東京大都市圏の都心周辺部に位置す

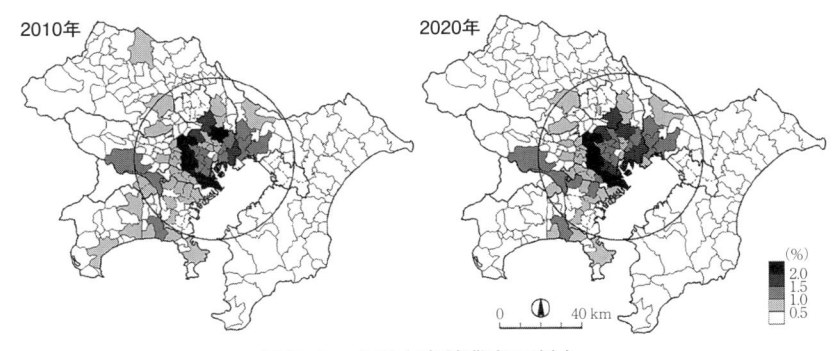

図 7-1　女性在宅就業者の割合

出所：総務省「国勢調査」より筆者作成。
注：数値は在宅で従業する者の全体に対する割合を市区町村別に集計した値である。
　　図中の円は東京都中央区の重心を中点とした半径 40 km 圏を示す。

ることに変わりはない。

　一方、郊外部に目を転じると、2010 年時点では比較的高い割合を示していた市区町村で、その割合を低下させている。具体例を挙げるならば、川口市が 1.8%（3,988 人）から 1.6%（5,969 人）に、八王子市が 1.4%（3,241 人）から 1.3%（4,776 人）に人数こそ増えているものの、その割合はそれぞれ僅かながら低下している。こうした傾向は埼玉県北部や神奈川県西部の市区町村でみられる。

　したがって、コロナ禍以前は、既婚女性が在宅就業を選択する理由を都心部までの通勤距離に求めることができたが、コロナ禍では合理的な説明ができない。言うまでもなく、コロナ禍で在宅就業を実施する最大の理由は、3 密を避けるために不要不急の外出を控えたことにある。だとすれば、ステイホームで在宅就業を余儀なくされた女性在宅就業者にとって、在宅就業を実施する利点とは何か。次節以降では、時間と距離にとらわれない柔軟な働き方とされる在宅就業が、コロナ禍における女性の働き方に対して、どのように寄与しているのか、筆者が独自に実施した質問紙調査を手掛かりに検討する。

4.　分析対象者の属性

　第 2 節で説明したように、本章の分析ではコロナ禍前後で 2 回の質問紙調査を実施した。いずれの母集団もサンプルを抽出する際、特段の条件で割り付けを行っておらず、それぞれランダムにサンプルが抽出されていることを付言しておきたい。

　まず、調査時点の年齢からみていくと、両年の母集団はともに 30〜49 歳までの年齢層がボリュームゾーンとなっており、全体の 6 割以上を占める。なお、2015 年調査の平均初婚年齢は 26.7 歳であり、2023 年調査のそれは 30.0 歳であった。つまり、両年の母集団はともに結婚から調査時点まで概ね 15〜20 年が経過していることになる。この期間に出産・育児を経験した人もいるが、調査時点の家族構成を集計した結果、両年の母集団はともに「夫婦と子から成る世帯」が全体の約 5 割、「夫婦のみの世帯」が約 4 割でその差は拮抗している。

　つぎに最終学歴であるが、4 年制大学・大学院を卒業した人は、2015 年調査で 44.7%（93 人）、2023 年調査で 64.4%（123 人）であり、後者の方が学歴水準は高い。ただし、文部科学省「学校基本調査」によれば、1969 年（2015 年調査の平均出生年）の大学進学率は 13.6% であり、1980 年（2023 年調査の平均出生年）のそれは 27.5% であることから、両年の母集団はともに高い学歴水準にあるといえる[9]。

　このように、両年の母集団には共通点がある一方で相違点も存在する。とりわけ、調査時点の雇用形態については大きく異なっている。表 7-2 によれば、2015 年調査は「自営業主・家族従事者」の割合が 67.3%（140 人）であるのに対して、2023 年調査は「正規の職員・社員」の割合が 62.8%（120 人）となっており、それぞれ最も高い割合を占めている。第 3 節で述べたように、コロナ禍によってオフィス従事者の多くが半ば強制的に在宅就業に切り替わらざるを得なかった。そのため、2023 年調査では企業や組織に在籍する正規の職員・社員が、自営業者や家族従事者よりも多く抽出され、これが雇用

表 7-2　調査時点の雇用形態

	2015 年調査		2023 年調査	
	該当数 （人）	割合 （％）	該当数 （人）	割合 （％）
正規の職員・社員	12	5.8	120	62.8
派遣・契約・嘱託	22	10.6	24	12.6
パート・アルバイト	34	16.3	29	15.2
自営業主・家族従事者	140	67.3	17	8.9
その他	0	0.0	1	0.5
総計	208	100.0	191	100.0

出所：質問紙調査より筆者作成。

形態の差異に反映されたといえる。

　加えて、学卒直後から調査時点に至る雇用形態の変化についても、両年の母集団には大きな差がある。図 7-2 では雇用形態をライフイベント毎に比較している。このグラフによれば、2015 年調査は学卒直後、全体の 78.8%（164 人）までが「正規の社員・職員」として勤務していたものの、それ以降は割合を急速に低下させていき、第一子誕生直後になると 9.3%（13 人）、調査時点では 5.8%（12 人）にとどまる[10]。これに対して、2023 年調査は学卒直後に全体の 93.5%（185 人）が「正規の社員・職員」として勤務しており、第一子誕生直後でも 64.4%（76 人）、調査時点でも 64.6%（128 人）となっており、割合の低下は比較的軽微であるといえる[11]。つまり、本調査の結果は、女性の年齢階級別労働力率における M 字カーブの掘り込みが、近年、平滑になっている点と符合する。

　以上のように、両年の母集団は、調査時点の年齢や家族構成、最終学歴などに共通点があるが、雇用形態については大きく異なっているという特徴を持つ。雇用形態の差異、すなわち 2015 年調査は「自営業主・家族従事者」から、2023 年調査は「正規の社員・職員」からそれぞれ構成されるということは、前者は自宅での就業が主となり、後者は所属する企業・組織の職場での就業が主であることが想定される。こうした職住関係から通勤距離を敷衍するならば、コロナ禍の有無にかかわらず、後者は前者よりも都心部に至近な地域に居住するのが合理的であろう。この点については、次節で居住地分布を比較から検証する。

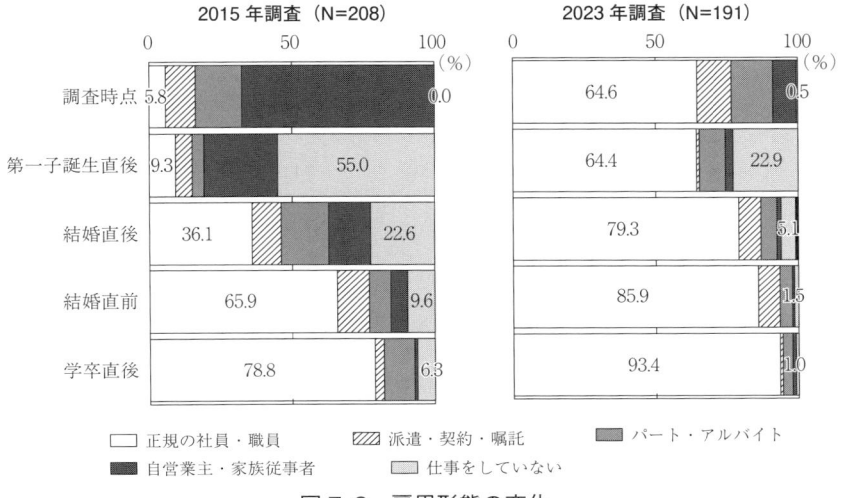

図 7-2　雇用形態の変化

出所：質問紙調査より筆者作成。

5.　居住地分布の比較

　女性のライフコースと居住地移動を分析した由井義通ほか（2007）によれば、独身時、女性は男性よりも都心部に至近な地域に居住する傾向にあるという。1999 年の男女雇用機会均等法改正に伴い、女性の深夜勤務が事実上解禁された。親元から通勤できる人はともかく、賃貸住宅などで一人暮らしをする女性にとって、通勤の利便性や住居の安全性を確保することは、平穏な日常生活を送る上できわめて重要である。ただし、結婚後は、夫との同居と将来的な子供の養育を考慮して、郊外部の戸建住宅に転居する傾向を強めることになる。2015 年調査では、こうした結婚後の外向移動が在宅就業を選択する大きな原動力になっていたが、第 3 節で述べたようにコロナ禍では外向移動が在宅就業を選択する原動力にはなっていない。

　図 7-3 は、調査時点の現住居からみた最寄駅分布を両年で比較したものである。2015 年調査では埼玉県北部や千葉県東部など都心 50 km 以遠に位置

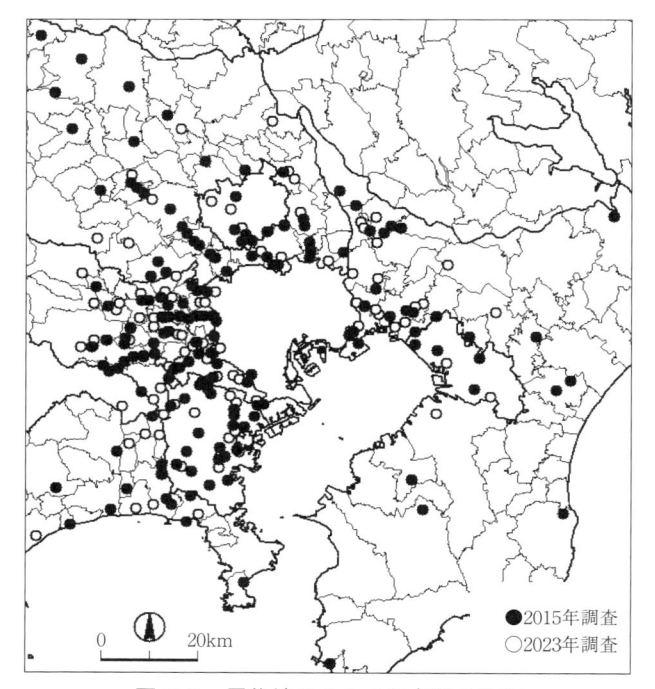

図 7-3　居住地からみた最寄駅の分布

出所：質問紙調査より筆者作成。

し、東京都心部まで片道 1 時間以上かかる外部郊外にも女性在宅就業者が分布していた。ところが、2023 年調査になると外部郊外に居住する女性在宅就業者が見当たらない。地理情報システム（GIS）を用いて最寄駅分布の標準偏差楕円と重心点を計測した結果、2015 年調査の長軸半径は 23.6 km、短軸半径は 22.3 km、面積は 1,647.2 km²、重心点は杉並区浜田山付近であったのに対して、2023 年調査の長軸半径は 22.2 km、短軸半径は 16.1 km、面積は 1,119.9 km²、重心点は杉並区下高井戸付近であった。重心点の位置に変化はなかったが、標準偏差楕円の面積は縮小しており、2023 年調査は 2015 年調査よりも分布が東京都心部方面に収斂していることを意味する。

　確かに、最寄駅分布を都心距離帯別に集計すると、分布のボリュームゾー

ンは両年ともに都心 20 km 圏で
あるが、都心 10 km 圏は、2015
年調査で 18.2%（28 人）、2023 調
査で 22.9%（33 人）、都心 50 km
以遠は、前者が 11.0%（17 人）、
後者が 2.8%（4 人）とそれぞれ
なっており、2023 年調査の方が
都心方面に分布していることがわ
かる（図 7-4）。

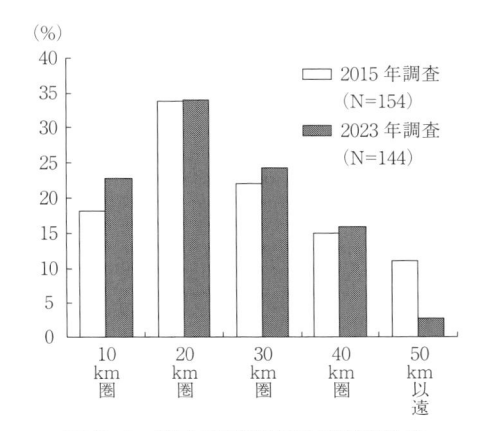

図 7-4　都心距離帯別の最寄駅分布
出所：質問紙調査より筆者作成。
注：都心距離は東京駅の緯度経度を基準に
　　計測した。ただし、最寄駅不明の人を除く。

　つまり、第 4 節で指摘したとお
り、「自営業主・家族従事者」で
構成される 2015 年調査の居住地
は、郊外部に広く分布しているの
に対して、「正規の社員・職員」
で構成される 2023 年調査の居住地は、職場が所在する都心部に至近な都心
周辺部に分布していることが理解できる。換言すれば、コロナ禍前はテレ
ワークが時間や距離を超えて意思疎通を図れるという優位性を十分に発揮し
て、都心部への通勤が困難な外部郊外での就業に寄与していた。しかしなが
ら、コロナ禍では都心部への通勤が比較的容易な都心周辺部であってもテレ
ワークが行われており（あるいは、行わざるを得ず）、その優位性が発揮され
ているとは言い難い。

　そこで次節では、テレワークを含む在宅就業の優位性を、在宅就業で行わ
れる業務の内容とそこから得られる利点などに注目して検討する。

6.　コロナ禍における在宅就業の優位性

　上述のとおり、コロナ禍で在宅就業を実施する最大の理由は、3 密を避け
るために不要不急の外出を控えることにある。したがって、2015 年調査は、
本人の意思で在宅就業を開始した人が一定数いるのに対して、2023 年調査は、

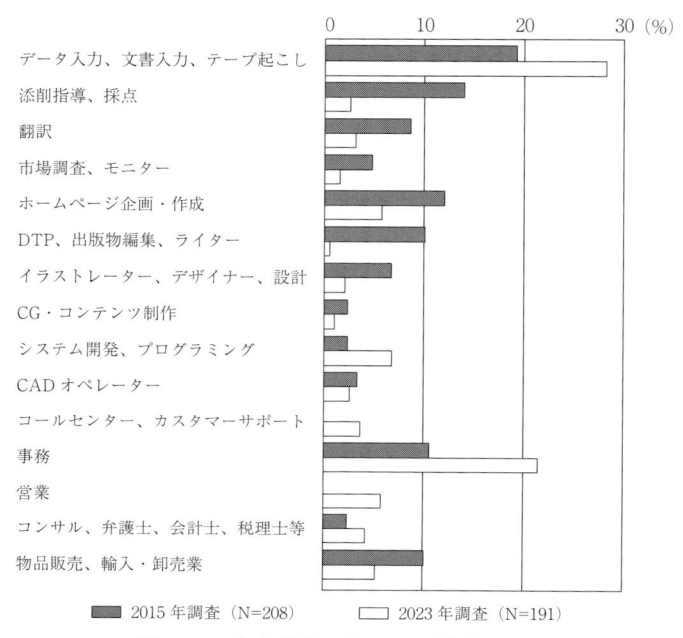

図 7-5　在宅就業で行われる業務の内容

出所：質問紙調査より筆者作成。
注：複数回答による。

本人の意思にかかわらず在宅就業を開始した人が前者よりも多いと推測される。この前提条件に留意しながら、以下の考察を試みていく。

　図 7-5 は在宅就業で行われる業務の内容を両年で比較したものである。複数回答による回答率によれば、2015 年調査で上位を占める業務は、「データ入力、文書入力、テープ起こし」の 19.2％、「添削指導、採点」の 13.9％、「ホームページ企画・作成」の 12.0％、「事務」の 10.6％と続く。一方、2023 年調査では、「データ入力、文書入力、テープ起こし」の 28.3％、「事務」の 21.5％、「システム開発、プログラミング」の 6.8％、「ホームページ企画・作成」「営業」の 5.8％となり、業務の内容には変化がみられる。

　たとえば「データ入力、文書入力、テープ起こし」や「添削指導、採点」は、普段、社内外の人物と対面による業務接触を必要としない定型的な業務

表 7-3　在宅就業で得られる利点

	2015 年調査		2023 年調査	
	全体（N＝208）		全体（N＝198）	
	該当数	割合	該当数	割合
通勤に関する肉体的・精神的負担が少ない	170	81.7	160	80.8
通勤時間を気にせずに居住地を選択できる	83	39.9	58	29.3
家族とのコミュニケーションがとりやすい	112	53.8	79	39.9
家事・家庭生活との両立が図れる	173	83.2	131	66.2
趣味や自己啓発など、自分の時間が持てる	86	41.3	50	25.3
地域活動やボランティア活動の時間が持てる	30	14.4	2	1.0
ストレスがなくなり、心のゆとりが持てる	81	38.9	107	54.0
高い収入を得ることができる	10	4.8	3	1.5
得られるメリットは特にない	3	1.4	10	5.1

出所：質問紙調査より筆者作成。
注：複数回答による。

である。図 7-5 が示すように、こうした定型的な業務は 2015 年調査に多く
みられたが、2023 年調査では、「コールセンター、カスタマーサポート」、
「コンサルタント、弁護士、会計士、税理士等」、「営業」など、普段の業務
で対面による接触を必要とする業務が新たに加わり、より多様な業務が在宅
で行われている。

　本調査の母集団に限られるが、在宅で行われる業務の多様化は女性在宅就
業者の収入にも反映されている。在宅就業で得られる年収（税込）を比較し
たところ、2015 年調査では「100 万円未満」の割合が 56.3％（117 人）で最
も高く、次いで「100～300 万円未満」の 24.5％（51 人）、「300～500 万円未
満」の 7.7％（16 人）となっており、母集団の半数以上が「100 万円未満」
すなわち、夫の扶養控除内にとどまる副次的な就業と位置づけられる。これ
に対して、2023 年調査では「100 万円未満」の割合が 18.8％（36 人）、
「100～300 万円未満」が 18.3％（35 人）、「300～500 万円未満」が 28.3％（54
人）、「500～700 万円未満」が 13.1％（25 人）、「700 万円以上」が 7.9％（15
人）となっており、明らかに 2023 年調査の方が得られる年収が高い。

　ただし、在宅就業で得られる利点を複数回答で尋ねたところ、「高い収入
を得ることができる」と回答した人は、2015 年調査で 4.8％（10 人）、2023

年調査で 1.5%（3 人）ときわめて低い（表 7-3）。この回答のみで断定することはできないが、在宅就業を行うこと自体が収入増に直結しているわけではないと解釈できる。在宅就業で得られる利点は収入よりも、むしろ「通勤に関する肉体的・精神的負担が少ない」と回答した人の割合が高く、両年ともに 80％を超えている。元来、テレワークを含む在宅就業が有する時間と距離にとらわれない柔軟な働き方を反映して、この項目に関しては両年ともに評価が高い。

　通勤時間が実質的に皆無となる在宅就業を実施すれば、通勤に要する活動時間を他の活動時間に振り分けることができ、時間にゆとりのある充実した日常生活の実現が可能となる。ところが実際には「家事・家庭生活との両立が図れる」と回答した人の割合は、2015 年調査で 83.2％〔173 人〕に対して、2023 年調査では 66.2％（131 人）となっており、回答率の低下が目立つ。在宅就業は賃金労働と家事労働との両立が可能な柔軟な働き方とされてきたが、この点については懐疑的な見方をしている。

　仕事と家事の関係を端的に示した統計として、総務省「社会生活基本調査」を挙げることができる。図 7-6 は末子が就学前の夫婦における消費時間を比較したものであるが、このグラフによると、夫の家事・育児への参画が認められる一方、妻の育児に対する消費時間は拡大を続け、結果的に週全体の消費時間を押し上げていることがわかる。なかでも、共働き世帯ではその傾向が強く表れている。コロナ禍前の 2016 年とコロナ禍最中の 2021 年で比較してみると、夫の消費時間は週全体で 547 時間から 551 時間（増加率 0.7％）と僅かながら拡大しており、その内訳は、仕事が 468 時間から 441 時間（5.8％減）、家事が 20 時間から 32 時間（60.0％）、育児が 44 時間から 60 時間（36.4％）、買い物が 14 時間から 17 時間（21.4％）であった。一方、妻の消費時間は週全体で 579 時間から 603 時間（4.1％）となっていて、夫よりも拡大している。内訳をみると、仕事が 221 時間から 220 時間（0.5％減）、家事が 161 時間から 158 時間（1.9％減）、育児が 159 時間から 192 時間（20.8％）、買い物が 31 時間から 29 時間（6.5％減）であり、育児に対する消費時間の拡大が目立つ。

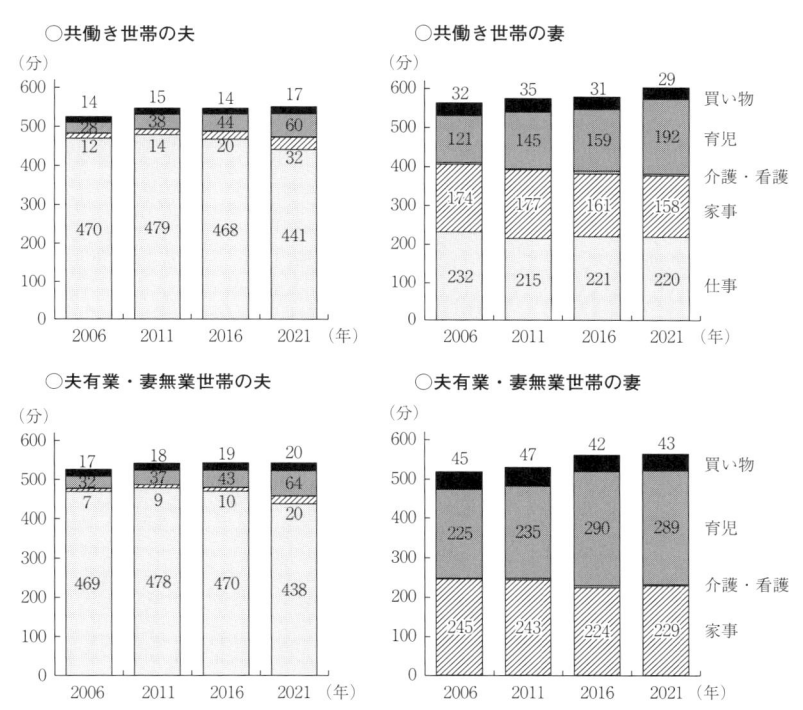

図7-6　末子が就学前の夫婦における仕事・家事・育児等の消費時間（週全体）

出所：総務省「社会生活基本調査」より筆者作成。

　つまり、共働き世帯の妻は、図7-6の4群の中で唯一、週全体の消費時間が600時間を超えており、コロナ禍によって「二重労働」の負担が増したことに加え、育児に要する消費時間が拡大しているといえる。

　コロナ禍によって育児に充てられる消費時間の拡大は、感染症拡大に伴う保育所の休園が影響していると考えられる。図7-7はこども家庭庁が公表しているコロナ禍における保育所の休園数を示したものである。この図によれば、3回に及ぶ緊急事態宣言の発出によって休園数は増減を繰り返している。とりわけ、オミクロン株による感染が確認され、1日の新規感染者数が急増した第6波（2022年1月1日～3月31日）を境に休園数は激増し、2022年2～6月にかけて、全国で約800箇所の保育園が休園を余儀なくされた。本

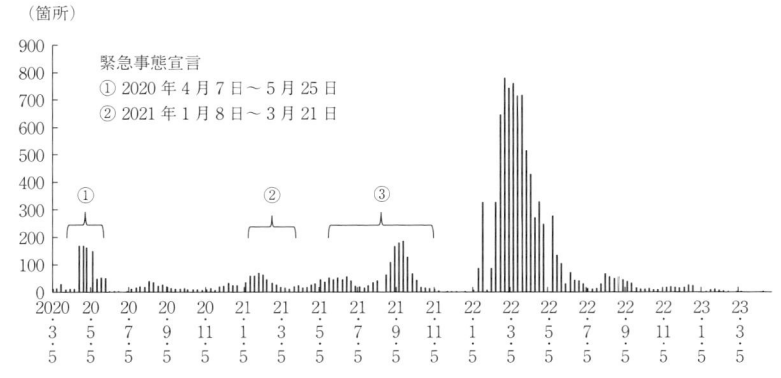

図7-7　保育所等における新型コロナウイルスによる休園等の状況

出所：こども家庭庁「保育所等における新型コロナウイルス対応関連資料」より筆者作成。
　保育｜こども家庭庁（cfa.go.jp）www.cfa.go.jp/policies/hoiku
注：保育所等とは、認可保育所、保育所型認定こども園、地域型保育事業所、へき地保育所を指
　す。

来であれば、子どもを保育園に預けられたが、コロナ禍によって保育園が利用できなくなると、子どもが自宅にいる中で、夫婦が同時に在宅就業を実施せざるを得なくなる。特に東京都心部に比較的近く、居住面積が狭小なマンションでは、十分なワークスペースが確保できなかったり、仕事とプライベートの境界が不明瞭になったりして、夫婦同時に行う在宅就業が妨げられる可能性は高い[12]。

　加えて、自宅で子どもと過ごす時間が増えれば、家族の絆を強めることができるなど、情緒的な利点が想定されるが、少なくとも表7-3をみる限り「家族とのコミュニケーションがとりやすい」と回答した人の割合は、2015年調査の53.8％（112人）から2023年調査の39.9％（79人）に低下しており、コロナ禍による在宅就業が情緒的な利点に結びついているとはいえない。在宅就業の増加に伴う子育てへの影響を調査した全日本育児普及協会（2022）も、夫婦同時の在宅就業が育児の負担を増大させたり、ストレスを抱える原因になったりするなど、在宅就業の「負の側面」を指摘している[13]。

　したがって、テレワークを含む在宅就業は時間と場所にとらわれない柔軟な働き方のひとつではあるが、コロナ禍という特殊な状況下に限るならば、

時間と場所の柔軟性による利点よりも、むしろ女性における二重労働の負担や育児に充てる消費時間の増大など、女性が労働参加をする上で障害になりかねない新たな問題をはらんでいるといえる。

おわりに

　本章では在宅就業が女性の働き方にいかに寄与しているのかを検討した。明らかになった諸点はつぎのとおりである。① コロナ禍によって在宅就業が広く普及したことは確かであり、特にオフィス従事者は他の職業よりもその傾向が強い。② コロナ禍以前は、在宅就業を実施する要因を結婚後の転居（外向移動）に求めることができたが、コロナ禍ではそれに求めることができない。③ 在宅就業で行われる業務は多様化し、高収入の女性在宅就業者が増加している。ただし、二重労働の負担や育児に充てる消費時間の増大など、女性が労働参加をする上で障害になりかねない新たな問題をはらんでいる。

　コロナ禍が収束に向かう中、在宅就業を終了して職場への出勤を再開させる企業が増え始めている。生産性の向上や労務管理の観点からすれば、遠隔から対面への移行は必定であろう。とりわけ、無から有を生み出すようなクリエイティビティの高い業務では、言語化や数値化されていない曖昧模糊としたアイディア、発想、考え方など、非定型の情報を交換、蓄積、消費することが欠かせない（フロリダ 2014：488）。いわゆるクリエイティブ・クラスが従事するような業務ではテレワークを含む在宅就業よりも、むしろ対面による就業形態の方が効率的であることが多かろう。

　コロナ禍という未曾有の事態を経験したことで、多くの人々が在宅就業を実際に経験した。こうした経験知から学ぶことは多く、単に在宅就業を是か否かといった二元論でとらえるのではなく、「適材適所」で利活用していくことが肝要である。人口減少に直面した日本で持続可能な社会を構築していくためには、言うまでもなく、勤労意欲の旺盛な女性の労働参加が不可欠となる。今後も冷静な視点で女性と在宅就業の関係を検討し、女性の労働参加

に資する在宅就業のあり方を模索していくことが求められる。

　付記　本章の概要は日本地域政策学会第 23 回全国研究「京都大会」の都市分科会
　　（2024 年 6 月 26 日：龍谷大学深草キャンパス）で発表した。

注
1 ）国立社会保障・人口問題研究所「日本の将来推計人口（令和 5 年推計）」（出生
　　中位・死亡中位仮定）による。
2 ）多様な人材の労働参加は、2015 年 9 月 25 日に国連総会で採択された持続可能
　　な開発のための 17 の目標（SDGs）の「ジェンダー平等を実現しよう」（Gender
　　Equality）や「働きがいも経済成長も」（Decent Work and Economic Growth）
　　で謳われており、その実現が求められている。なお、日本では外国人材の活用に
　　向けて、2019 年 4 月からは従来の技能実習制度に代わり特定技能制度が創設さ
　　れた。
3 ）総務省「労働力調査」を用いて、最も労働力率が落ち込む 30〜34 歳の数値を
　　比較すると、1990 年が 51.7% であるのに対して、2020 年には 77.8% となってお
　　り、M 字カーブの「掘り込み」は平滑になっている。
4 ）『日本経済新聞 web 版』（2024 年 2 月 19 日配信）によれば、製薬会社大手の
　　アステラス製薬が国内社員の半数を居住地自由とし、出社を前提としないテレ
　　ワーク中心の就業形態に転換するという。なお、従業員の居住地を不問とする動
　　きはコロナ禍以降にみられ、NEC、NTT、ヤフーなどの情報関連企業を中心に
　　「フルリモート」「居住地自由」の導入が進んでいる。なお、コロナ禍前後におけ
　　るテレワークの導入状況に関しては、川口（2020）と中澤（2022）が詳しい。
5 ）ワーケーションやノマドワークに関しては住吉（2021）や佐藤・中村（2024）
　　が詳しい。
6 ）在宅就業がもたらす「負の側面」に関しては、グローバリゼーションと開発学
　　を専門とするイアン・ゴールディンが近著の中で指摘している。彼によれば、コ
　　ロナ禍が多種多様な業種でリモートワーク（テレワーク）への転換を余儀なくし
　　たが、転換が容易な業種と困難な業種との間に深刻な格差が生じているとし、深
　　まる不平等社会化に警鐘を鳴らしている（ゴールディン 2022：71-99）。
7 ）1 回目の調査の所在地は、東京都市部が 52 人（25.0%）、神奈川県が 59 人
　　（28.4%）、埼玉県が 57 人（27.4%）、千葉県が 40 人（19.2%）であり、2 回目の
　　調査のそれは、東京都市部が 68 人（34.3%）、神奈川県が 49 人（24.7%）、千葉
　　県が 41 人（20.7%）、埼玉県が 40 人（20.2%）である。
8 ）ただし、女性在宅従業者の割合は「従業者総数（女性）」に対する「自宅で従

業（女性）」する人の割合を指し、オフィス従事者に限るものとする。

9）文部科学省「学校基本調査」の数値は、2015 年調査の平均出生年が 1969 年であるので、出生年から 18 年が経過した 1987 年の数値を用いている。同様に 2023 年調査の平均出生年は 1980 年であるので 1998 年の数値を用いている。

10）ただし、第一子誕生直後の総数は、子どものいない人（68 人）を除いた 140 人で計算している。

11）ただし、第一子誕生直後の総数は、子どものいない人（80 人）を除いた 118 人で計算している。

12）朝日新聞デジタル 2020 年 4 月 26 日配信「テレワーク、「おうち育児」に悲鳴　工夫できることは？」https://www.asahi.com/articles/ASN4T6KCWN4RUPQJ 003.html（最終閲覧 2024 年 8 月 15 日）による。なお、総務省「平成 30 年住宅・土地統計調査」によれば、東京大都市圏における一住宅あたりの延床面積は、戸建住宅で 116.2 m^2、共同住宅で 73.2 m^2 となっており、都心部に近い距離帯ほど延床面積が狭くなる。

13）不動産仲介業大手のアットホームによれば、コロナ禍以降、コワーキングスペースが共用施設として設置されているマンションの需要が増えている。 https://www.athome.co.jp/mansion/shinchiku/tag/telework/（最終閲覧 2024 年 8 月 15 日）。

参考文献

◎邦文（著者 50 音順）

池田梨恵子（2021）「緊急事態宣言下におけるテレワークを行う女性のワークライフバランス――オンラインインタビュー調査を通じて」『評論・社会科学』同志社大学社会学会、第 138 巻、165-186 頁。

川口太郎（2020）「日本におけるテレワークの展開とその地理学的意味」『駿台史學』、第 170 巻、105-139 頁。

倉光ミナ子（2021）「COVID-19 と「ホーム」――フェミニスト地理学の視点から」『ジェンダー研究』お茶の水女子大学ジェンダー研究所年報、第 24 巻、67-74 頁。

黒田かおり（2021）「テレワークの導入で子供を持つ女性の働き方の選択肢は増えるのか」『龍谷大学大学院政策学研究』第 10 号、21-35 頁。

厚生労働省（2023）『男女雇用機会均等法のあらまし』（厚生労働省都道府県労働局雇用環境・均等部）。

イアン・ゴールディン（2022）矢野修一訳『未来救済宣言――グローバル危機を超えて』白水社。

佐藤彰男（2008）『テレワーク』岩波新書。

佐藤英人（2015）「仕事と家事の両立を目指した在宅就業の現状と課題——女性の居住地移動に着目して」『日本地域政策研究』第 15 巻、4-11 頁。

佐藤英人・中村広幸（2024）「多拠点居住者の居住地選好と拠点間の関係——東京・横浜・川崎在住者を対象として」『日本地域政策研究』第 33 巻、4-11 頁。

下崎千代子・小島敏宏（2007）『少子化時代の多様で柔軟な働き方の創出——ワークライフバランス実現のテレワーク』学文社。

ウェンディ・A. スピンクス（1998）『テレワーク世紀——働き方革命 理論と実践』日本労働研究機構。

住吉康大（2021）「日本における「二地域居住」の実態と地域振興との関係性——千葉県南房総市および周辺地域を事例に」『地理学評論』第 94 巻第 5 号、348-363 頁。

全日本育児普及協会（2022）『在宅勤務（リモートワーク）増加に伴う子育て負担と子どもへ与える影響の実態調査報告書』ドコモ市民活動団体助成事業、https://www.mcfund.or.jp/news/pdf/jittai2021-02_02.pdf（最終閲覧 2024 年 8 月 11 日）。

中澤高志（2022）「『テレワーク人口実態調査』に基づくコロナ禍における市区町村別テレワーカー率の推計」『E-journal GEO』、第 17 巻第 2 号、210-229 頁。

日本放送協会（2023）「バス路線 全国 8600 キロ余が廃止 要因の 4 割が運転手不足」NHK NEWS WEB、2023 年 11 月 24 日配信、https://www3.nhk.or.jp/news/html/20231124/k10014267761000.html（最終閲覧 2024 年 7 月 30 日）。

リチャード・フロリダ（2014）井口典夫訳『新クリエイティブ資本論——才能が経済と都市の主役となる』ダイヤモンド社。

堀眞由美（2003）『テレワーク社会と女性の就業——仕事が変わる女性が活きる』中央大学出版会。

由井義通・若林芳樹・中澤高志・神谷浩夫（2007）「働く女性の居住地選択と都市空間」『E-journal GEO』第 2 巻第 3 号、139-152 頁。

由井義通（2012）『女性就業と生活空間——仕事・子育て・ライフコース』明石書店。

吉田容子（2007）『地域労働市場と女性就業』古今書院。

◎欧文

Richardson, R., Belt, V. and Marshall, N.（2000）"Taking Calls to Newcastle: the Regional Implications of the Growth in Call Centres." *Regional Studies*, 34, pp.357-369.

第8章

前橋市戦災復興における住宅建設と市民

小林 啓祐

はじめに

　本章は戦災復興期[1] の群馬県前橋市において、市民たちによっていかに住宅[2] 建設が進められたか、そしてそれらが戦災復興計画の遂行とどのような関係性にあったのかについて明らかにしようとするものである。

　戦災復興に関する研究は、特別都市計画法（1946 年法律第 19 号、1946 年 9 月 11 日公布）のもとで行われた戦災復興計画[3] に集中している現状にある[4]。戦災復興期において戦災復興計画が重要であることは言うまでもないが、研究が集中することによって見落とされてきた点もある。本章では以下の点に注目したい。

　戦災復興計画の費用の大半は国が負担し、またその施行は都道府県であったため市町村の役割や罹災者が捨象されてしまう問題があった。戦災復興計画で立案された事業においては国や県の権限が大きく、費用の面でも国や県からの補助で大半が賄われていた。しかし、戦災を受けた人々にとって重要である住宅建設について、戦災復興院は戦災復興計画で行うことは同院設立当初考えていなかった（大本 1991：149-152）。罹災者の住宅建設にかかる費用に関しては戦災復興事業費とは別に（誰が建設するのかということも含め）財源を用意する必要があり、戦災復興計画とは異なった問題を抱えることになる。

　戦災復興計画は、その実行のタイミングにも問題があった。戦災復興計画が立案されるのは敗戦後 1 年経ってからであり、住宅の復興が一定程度進ん

だ状況で行われた。そのため、住宅の復興と戦災復興計画の実行の間で摩擦を生むこととなった。国や県が行う復興計画の中心は土地区画整理にあったが、住民にとっては住宅や上下水道といったライフラインの復興が急務であった。戦災復興期東京都内におけるこうした住宅建設に関しては、小野浩の研究に詳しい。

　小野は、戦時期の住宅供給を、「人間の生存や労働力生産に不可欠な住まいが、「生き抜かれた空間」＝非商品化した住空間として創出あるいは分配される過程」として捉え、「供給構造の破壊と所有構造の変化という視点から体系的に把握する」ことで、既存の都市計画を軸とする制度史的把握では補足されない「焼け跡からの復興」を描き出そうとした（小野 2014：67）。戦災復興期に建設された「簡易住宅」は自力建設によるところが多く、罹災者自身の経済的困窮が「簡易住宅」建設を制約する一因となっていた（小野 2010：93）。復興初期の問題は資材不足による制約であったが、次第に資金不足による制約になっていった。借地の取得においても資力の有無は重要な要因となっていた。小野はこの時期の住宅建設を「国土の荒廃による国富の食い潰し」という矛盾が最も蓄積された部分であると評価した。その結果、「焼け跡からの復興」の特質の一つとして「1住宅＝複数世帯」という住空間の柔軟な利用を生み出したとした（小野 2010：68）。

　小野の制度史的把握では補足されない部分への視点は筆者も共有するところである。また、復興にあたって住宅建設が単純な問題でなく、時期によって直面する課題に変化があったという指摘は、本章においても重要な視座となる。住宅建設にかかる資金・資材の不足のなかでも、罹災者は住む場所を求めた。トップダウンで行われる戦災復興計画に注目することは、こうしたレベルの問題が捨象されてしまうのである。

　さらに、戦災復興ではないが、関東大震災からの復興を取り扱った研究として田中傑の研究に注目したい（田中 2006）。田中は、震災復興が直面した課題を整理したうえで、どのように復興が進められたか、そして人口構造や建築物にどのような影響があったか、特にバラックの建築、区画整理の実行に注目しながら明らかにしている。

　田中はそれにより、帝都復興の成果と限界を解明しようとし、関東大震災研究から得られる教訓として2点あげる。1点目は規制が「一人歩き」してしまい、本来なら「有機的に各種の規制」が結びつくべきであったが、決してそうではなかったため、「従前型の市街地の改善が中途半端なままに先送りされ、スプロールばかりが進展してしまった」とする（田中2006：448）。2点目としては、既成市街地の再建をするという目的のためには、民間によって行われる無計画な郊外開発を規制する必要性をあげた。

　こうした非常時における復興のあり方を豊富な史料を用いて丁寧に分析した同研究は、今を生きる我々にとっても示唆に富む。本章が対象とする時代は関東大震災が起こってから20年経ったあとであり、震災ではなく戦災という点に大きな違いはある。しかし、戦災復興がどのような問題に直面し、どのように対処されたかを明らかにすることは、関東大震災同様重要な示唆を現代に生きる我々に与えてくれよう。

　上記をふまえ、本章では行政が行う戦災復興がどのような影響を住民たちに与えていたのか、特に罹災者である住民たちがどのような負担をしてきたのかについて注目する。罹災者にとっての復興は戦災を受けた直後より始まるものであったが、市町村や都道府県が行う復興事業、戦災復興院が主導する戦災復興計画とは内容もその施行時期にもずれがあった。論を先取りすれば、戦災復興計画の実行は罹災者による建築行為との間に摩擦を引き起こした。戦災によって失った家屋の復興は罹災者にとって喫緊の課題であったのにもかかわらず、戦災復興計画の実行が彼らの建築行為に対して大きな影響を与えていたのである。罹災者レベルの復興と行政による戦災復興計画との間にもズレがあったと言わざるをえない。本章では、住宅復興を通してこうした復興のズレについても検討していく。

　研究対象地としたのは、群馬県前橋市である。1947年の臨時国勢調査において、前橋市の人口は9万432人であった（群馬総務部統計課1950：6）。戦災も影響していたが、群馬県内では桐生市に継いで2位であった。人口規模でいえば、特筆して大きな規模の市というわけではない。しかし、戦災の度合いは大きいもので（具体的には後述）、実に7割の住宅が罹災した市で

あった（東京市政調査会 1949：129-130）。前橋市は壊滅的なダメージを負った市であり、そこからいかに住宅を建設していくかが重要な課題であった。1945 年に空襲を受け、特別都市計画法適用都市となった同市であるが、戦災復興計画に対して反対運動が展開された市であった。

　この点は、ティラッソーらの研究に詳しいが、反対運動が展開された主な理由は、地域住民が大規模な戦災復興計画ではなく、急を要する事業の優先を求めたことにあるとしている（ティラッソー他 2006：261-293）。同書では、戦後再建期の都市計画が「非民主的」であったという指摘をする（ティラッソー他 2006：35）。前橋市においては、群馬県・前橋市当局の都市計画の進めかたに対して広く市民の間に不信感があったとし、いっぽうで、東京や大阪の場合でも同様に「復興計画の策定の過程で決定的な発言力を有したのは政府」であり、群馬県・前橋市はもちろん、市民たちも従うしかなかったとする（ティラッソー他 2006：292-293）。すでに本章が課題とする地域社会と行政とのズレの一端が指摘されているといえる。

　この点に関連して、本書の各章に通底する問題関心に対する本章の位置についても整理しておきたい。本章は罹災者の目線で戦災復興計画がもたらした地域への影響を検討するものであるが、根底にある問題関心は本書序章でも指摘されているトップダウンで行われる政府の事業が、地域に引き起こす問題にある。本書 4 章を執筆する西野寿章はエネルギー問題を地方分権の問題としてとらえたが（西野 2020：10）、復興計画をいかに進めるかについても、そこには大きなガバナンスの問題が存在していた。

　既存研究が指摘するように、戦災復興計画においては、都道府県・市町村の裁量は限定されていた。そうした結果、罹災者の生活にも多大なる影響を及ぼすことになる。このような結果をもたらした要因はどこにあるのか、前橋地方法務局所蔵の旧土地台帳、群馬県立中央図書館に所蔵されている地域資料・新聞資料を用いながらその一片でも明らかにできればと考えている。

1.　戦災復興計画立案前の住宅復興と前橋市政

　まず、終戦直後の住宅復興について、前橋市政に注目しながら整理していく。

　前橋市が戦災にあったのは、1945 年 8 月 5 日のことであった。その被害状況は前橋市発表で罹災戸数 1 万 1,460 戸、罹災人口 6 万 738 人（前橋市戦災復興誌編集委員会編 1964：627）であり、前橋市の中心市街地の大半が焼失することになった。終戦前の 1945 年 8 月 9 日には、群馬県で決定した前橋市戦災復興計画が立案されるが、終戦を迎えたことによって廃案になる。

　終戦後まもない 1945 年 8 月 25 日には、前橋市において復興調査会が設置される。同会は市長を会長とし、市会議員と町内会長（区長）を委員とした（前橋市戦災復興誌編集委員会編 1964：558）。25 日の調査会第一回委員会において討議されたのは、住宅の復興と消失跡地の菜園化であった。住宅復興は県にとっても喫緊の課題であり、罹災者に対する住宅供給は急務でもあった。

　県は 8 月 19 日には限られた資材の効率的な配分のためにその割り当て量を決め、それに従って前橋市では戦災者住宅建設要項を決めた。同要項では、建設戸数が合計 8,300 戸とされ、そのうち 7,500 戸は前橋市によって建設されるもの、残り 800 戸が住宅営団によるものとされた。しかし、前橋市によって建設されるといっても、市が費用を負担し、建設まで行うものではなかった。その建設にかかる費用負担は、必要とされる資材や労働力によって差がつけられ、古トタンを利用して労務を必要とする者が 1 戸 760 円、杉皮またはタンパン（単板、ベニヤ）ぶきで労務を必要とするものが 850 円、自力建設で木材及び釘のみの配給を受けるものが 533 円、木材杉皮及び釘の配給をうけるものが 654 円と決められた。これらは住居を必要とされるものから徴収される費用であり、徴収は各区長が行った。これらが『上毛新聞』に報じられたのは同年 9 月 17 日のことであった（『上毛新聞』1945 年 9 月 17 日。以下、丸括弧で上毛と年月日が記されているものは同紙からの引用）。建設は市によって行われるものの、費用負担は罹災者がしている。つまりは、罹災者

であっても受益ある者が負担する受益者負担の原則が取り入れられているのである。記事では、実際に作る際の値段を計算しており、「例をあげれば古トタン葺一戸を労務の供給を受けて建設し、これに雨戸を設けたとすれば結局九百八十円を要し、又労務をようせず木材釘のみ配給を受けた場合は五百三十三円で外に雨戸十三本を加へれば七百五十三円で出来上がる勘定になっている」というものであった。この条件は市の記録でも同様である（前橋市戦災復興誌編集委員会編 1964：572）。既存研究において、新築用資材を入手することは困難であったとの指摘がある（小野 2013：59）。それでも、労働力を自前で調達できる人はまだ負担は低く、労働力も必要とする人は更なる受益者負担を必要とした。

　「どうなる戦災地土地問題」との見出しで報じられたのは、地主を無視して仮小屋をたてる罹災者たちの姿であった（上毛 1945 年 9 月 4 日）。借家であっても、住む場所を求める罹災者は土地の持ち主の意向に従っている余裕はなかった。この時期は、都市計画立案に行政が奔走している頃であり、まだ住宅地などの用途地域は決定していなかったが、その決定を待つ余裕もなかった。同年 9 月 29 日には建築許可についての詳細が報じられる。以下に引用する（上毛 1945 年 9 月 29 日）。

　　1、市内戦災地に建設する建物は、何れも仮建築物とす
　　2、市及住宅営団に申し込みたる（六坪二合□……判読不明、以下同じ、
　　　引用者）住宅は、其の申込書を持って建築届と看做す
　　3、十五坪以下の住宅其のほかを建築する場合は、警察署長当てに将来
　　　計画上移転撤去等の命令ありたる場合はこれに応ずる旨の請書（建
　　　築届書）に付近の道路敷地の見取り図建物略図を添へ届け出ること
　　　（掘っ立て小屋はこの限りにあらず）

　（後略）

　これ以外にも、罹災者に対しては県が木材配給統制規則を緩和し、15 石まで公価で譲り受けられるようにしたと報じられる。ここで注目すべきは、

建設に際して届出が必要とされている点と、届け出たとしても復興計画次第では撤去の可能性があることである。4日後に掲載された「秋酣わ建設の槌音」という記事は、住宅を建設するにあたっての罹災者が持つ不安を報じる。「十五坪の範囲まで家を建てられるが、この反対に資材も整ひイザ建て方にかからうと地主に交渉したところ、イヤあれは貸すことができぬ、うちの新宅を建てるんだから、それは止してもらひたいとか、または別の口上で拒絶されせっかくの資材を抱へて途方に暮れている人もかなりある」（上毛1945年10月2日）と、折角資材を用意しても地主の意向にそぐわないと建設できない状況が指摘されていた。先述の通り、こうした地主の意向に沿うと借家の罹災者は住む場所を失うことになる。また、材料は基本「トタン」であり「バラック」が多かったという。

前橋市「南部」では、「今回の復興家屋は家主が再び貸家として建築するものがほとんどなく、いずれも戦災者各自が建築するようだ、これで賃借人の対立が従来相当少なくなろうが、これも市街地はづれに土地を有する一部の地主は、今後の食糧事情を顧慮してか耕地に転換した地主があり、ために、建築地は極度に不足の状況で、住み慣れた土地から他へ移転を余儀なくされるものが多数」とある。この「南部」がどの地域を具体的に指すかは明示されていないが、「再び貸家」という文言があることから、罹災地の南部であると推察できる。借家住まいであって焼け出された人は、地主が再度借家を建てないと再び同地に住むことができないという問題があった。

1946年2月に掲載された記事においても、「家の出来ぬ人に貸す」目的で市によって住宅建設が行われることが報道される（上毛1946年2月8日）。「家の出来ぬ人」は、借家暮らしであったが家主が建設しないケースが想定されていた。家主としても建築費は決して安くなく、なかなか建設が進まなかったといえよう。それでも同年11月の記事によれば、2,300戸住宅が建設され内訳は「戦時住宅」と「個人建設」が半数程度であったという（上毛1946年11月10日）。「戦時住宅」は『戦災と復興』において「戦災者住宅」とされている住宅を指すと考えられる（前橋市戦災復興誌編集委員会編1964：567）。この「戦災者住宅」は前述の「要労務建築」であって、費用は市民が

負担するものであった。1945 年 12 月末時点で前橋市が計画した 7,500 戸中、申し込みがあったのが要労務建設 3,674 戸、自力建設 1,512 戸、そのうち建設が終わったのが要労務建設で 3,530 戸、自力建設が 381 戸であった。要労務建設に関してはその大半が建設され、自力建設はまだ計画の 3 割に満たないものであった。敗戦直後においては、自力建設に限界があった。この限界については、既存研究でも指摘されていたが、完全な自力建設は遅々として進んでいなかった。資金・資材に加え、労力の不足も影響していたと言える。

　1945 年時に戦災復興院事務官を務めていた百田正弘は、1945 年冬に計画した「越冬応急住宅」について、「結果的に 30 万戸というのは、とても無理でした。やり方としては資材で売るのと建てたものを売るのと、二つの方法をとりました。それで切り組んだ資材を個人に斡旋するのがいちばん多く、それから、どうしてもだめなのは賃貸するということでした。普通の人では木材もなにも手に入らないのだから」（大本 1991：215）と回顧しているが、前橋市においては、終戦直後に自力建設が進まない中で市の援助による住宅供給（要労務建設）が進められ、百田の言う「建てたものを売る」というのが現実的であったのだろう。その費用については種類によって差はあるものの、受益者負担として負担額が設定された。空襲被害にあった住民においても、軽減されるとはいえこうした費用の負担は免れないものであった。自力建設は戦災復興期の初期にはなかなか進まず、こうした混乱のなかで罹災者は住宅建設を行っていたのであった。ただし、これは持ち家の場合であり、借家であった人たちは地主の考える復興と自分たちの考える復興が必ずしも整合しないことに苦悩するのであった。

2.　前橋戦災復興土地区画整理の実行と罹災者

　前橋市と罹災者たちによる住宅建設が進められているいっぽう、戦災復興計画についても検討が並行して進められていた。1946 年 1 月 30 日の『上毛新聞』には「都計、二月から測量」という記事が掲載されている。これは戦災復興計画とは別で、都市計画法のもとに行われる計画の測量であった。前

述のとおり、罹災者は住居を仮建築のままで作る必要があった。翌月には「戦災復興実施に土地一割を返上　四月から本建築可能」という記事が掲載される。「所有面積中一割乃至一割五分が無償で強制収用される」と報じられるが、これは後述する減歩について指摘しているものである（上毛1946年3月19日）。また、記事中には「中央の方針に基づき」とあることから、特別都市計画法下の戦災復興計画との調整が行われていることがうかがえる。4月には「夢を追ふ都市計画　構想は美しいが　現実無視に市民不満」という記事が掲載される。同記事では、明かされた都市計画方針に対する市民の声として以下のような声を載せる（上毛1946年4月9日）。

　　　美しい町の素描は進められ、この町が前橋市の実現の姿となるが為には、種々の困難が前途に横はつてゐる、一部市民はかうした復興計画を□て示さぬ為に、現在の住居さへ何処に建て、良いやらわからぬ、折角建てたとて区画整理で家を移転せねばならない、戦災者を労わるどころか、苛めるばかりの仕事しか役人にはできぬのだと

　あくまで新聞記事ではあるが、復興計画に対しての不安が吐露されたものと言えよう。区画整理で必ず家を移転しなくてはいけないわけではないが、そのように決めつけるほど問題視されていたと読むことができる。

　1946年10月、特別都市計画法のもとで戦災復興計画を行う115都市が内閣より告示され、前橋市も指定された（前橋戦災復興誌編集委員会1964：427-428）。1946年10月7日には、104万坪にわたる土地区画整理事業計画が発表され、1947年3月25日に一般に告示される。そもそも1928年に都市計画法の適用を受けていた前橋市であったが、29年に区域決定、その後街路決定、用途地域設定がなされたのみであった。具体的な事業実行に移ることなく、戦災を受けたため戦災復興計画においては改良が加えられることとなる。

　1946年11月26日に群馬県告示として出された「前橋戦災復興都市計画区域」は、103万5,000坪であり、罹災地区のみならずその周辺部も含まれ

ていた。その中心は土地区画整理であり、1947 年 3 月 10 日に内閣指令第 278 号として出された「前橋戦災復興土地区画整理」は、総面積 100 万 4,625 坪であって、やはりその区域は罹災地区だけではなくその周辺部も含んだものであった（前橋戦災復興誌編集委員会編 1964：649）。区画整理事業を中心として街路や広場、公園計画がたてられた。

　そもそも復興にあたって仮建築を強いられていた罹災者たちであったが、前橋戦災復興土地区画整理によって、どのような影響を受けたのであろうか。1946 年 12 月には、今後行われるであろう土地区画整理に対する不安の声が報じられる（上毛 1946 年 12 月 17 日）。「而して昭和二三年までには全区画の換地計画をすませ、緑地等のなかに含まれる家屋を除いては同年末までに全部移転しなければならないが、都市計画の最大のガンであり最も重要な役割をはたすこの計画は早くも前途多難を思わせるものがある」。そして、罹災者たちにとって重要な、移転にかかる費用についてもかなり不安を煽るような内容が書かれる。例えば道路拡張のために必要となった土地を生み出すため、移転することになったとして、「この補償であるが、百坪の私有地全部が道路にとられても一割五分の十五坪について補償されるだけで、現在の家屋を五十メートル動かすにしてもホンの涙金程度の補助しか出ず、あとは自費でやらなければならないので、いざとなると金がなくて移転ができないという問題も考えられるし、優秀な宅地を根こそぎ道路にとられて悪い宅地を貰ったということも起こるだろうし」とする。記事からは、減歩に対する誤解などがみられるが、補償金に対して不満があることがうかがえる。

　先行研究においても、関東大震災からの復興時、補償金が実際にかかった費用に対して過少であったことが指摘されている（田中 2006：169）。こうしたことも重なり、罹災者には不安が広がったものと考えられる。すでに敗戦から 1 年経ち、市街地にも家屋が造られるようになってきたが、戦災復興土地区画整理はそうした状況を考慮せず、範囲内においては強制的に事業が行われることとなったのである。

　以上は新聞記事を中心として、どのように情報が出され、それに対してどのような反応をしたのかについてみてきたものである。では、戦災復興計画

表 8-1　前橋市町別人口動態

（単位：人）

年	1942 年 （A）	1947 年 （B）	1955 年 （C）	A/C （％）	A/B （％）	B/C （％）
全域罹災した地区	18,466	16,314	17,309	93.7	88.3	106.1
一部罹災した地区	58,947	58,121	67,910	115.2	98.6	116.8
罹災を免れた地区	12,603	16,217	18,991	150.7	128.7	117.1

出所：前橋市史編さん委員会 1985：1008-1021 から筆者作成。
注：罹災の度合は、前橋市戦災復興誌編集委員会編（1964）120-121 にて記された「被害程度」
　　から、100％以下 90％以上を「全域罹災した地区」、90％未満 11％以上を「一部罹災した地
　　区」、10％未満「無被害」「僅少」を「罹災を免れた地区」とした。

の主要事業であった土地区画整理によって、施行地区に居住していた罹災者
を中心とする前橋市民はどのような対応をしていたのであろうか。

　表 8-1 は前橋市の罹災度合別に人口動態をみたものである。まず 1942～
47 年の変化をみてみると、やはり全域が罹災した地区の落ち込みが激しい
のがわかる。これは、戦災を受けてそもそも住む家を失ったということ、そ
して 1947 年時点ではそうした罹災者が戻ってきていなかったことを意味す
る。こうした甚大な被害を受けた場所に住民が戻ってこないという結果は、
既存研究で関東大震災を事例にしてすでに立証されていることでもあり、同
様のことが起こったと言えるであろう（田中 2006：50-121）。

　次に、1947～55 年までの変化をみてみると、全域罹災した地区は低いも
のの、一部罹災地区と免れた地区の人口増加率に大差がないことがわかる。
これは、先述の既存研究とした関東大震災後の東京とは少し異なる結果であ
る。東京では、罹災地区が著しい人口減少を起こしたのち、免れた地域を上
回る人口増加率を遂げていた地域もあった。前橋市では、急回復とまではい
かなかったのである。前橋市で伸びが著しいのは、前橋駅南にある罹災を免
れた箇所で、復興住宅が多く作られた郊外であった。

　最後に 1942～55 年までの人口動態とみてみると、その傾向が顕著である。
罹災を免れた地区が軒並み高い人口増加を遂げたのに対し、罹災を受けた地
区においては、免れた地区に比して増加率は低かった。全国的に戦災復興土
地区画整理の施工地域においては、平均して 2 割程度の減歩が行われたため、

その分建築面積は狭くなっている。しかし、東京では建物の階数を増やすことによって宅地減少による人口減少がカヴァーされてきた（田中 2006：79-80）。前橋市では、残念ながら階数の変化を追うことはできないものの、人口増加が必ずしも促されていないことをふまえると、同様の変化があったようには考えにくい。罹災地の人口増は伸び悩んでいた。

　それでは、前橋市の罹災者は土地を手放して郊外に移ったのであろうか。確かに戦災復興計画によって整形された土地は、地価が上がるとされるため、売却するインセンティブは働くであろう。先行研究において、時期は違うもののこの点は検討されている。土地区画整理の経済効果のひとつとしてあげられたのが、地価上昇によるキャピタルゲインである（持田 1993：148）。

　ここで、土地区画整理の手順を整理しておく。まず、最初に土地の境界を除き、一団の開発対象地区として整理地区を設定する。そして、減歩を行う。減歩は「道路の拡幅や公園等を配置するために一定の用地」をそこから控除することである。特別都市計画法のもとにおいては、区画整理施行前の土地に比して、関東大震災時では 10％、戦災復興時では 15％を超える宅地面積が減少した場合、補償金が給付されることとされた。つぎに、換地処分によって地主たちは開発された土地が従前の土地価格総額に比例して再分配される。ただし、土地で再配分できない部分は清算金によって相殺される。このような過程を経て、従来の不整形な町割が整備され、公共施設を充実させることができ、その結果地価上昇が起こるとされる。これが区画整理の経済効果の一つ、キャピタルゲインということであった。しかし、あくまでこれは平時を対象としている。戦災復興期の前橋市では、どれだけこうした机上で算出された受益にあずかれたのであろうか。

　ここで、前橋地方法務局に所蔵されている土地台帳をもとに土地所有の変化について考察していく。対象としたのは、戦火によって灰燼に帰し（前橋市戦災復興誌編集委員会編 1964：246）、町全体が戦災復興計画における戦災復興土地区画整理の対象地域（第一工区、1946 年に宅地整地開始）に入った連雀町である。名前が示すとおり、江戸時代以来続く前橋の繁華街の一画であって、現在も前橋市の中心市街地である。表 8-1 中では、全域が罹災した地区

表 8-2　前橋市連雀町 1945〜54 年間における土地所有の変化（n=208）

（単位：件）

年	1945	46	47	48	49	50	51	52	53	54	計
土地の所有権移転件数	3	6	8	15	7	8	1	3	5	7	63
内市内在住個人への移転	1	1	3	10	1	2	1	2	2	5	28
内市外在住個人への移転	0	0	0	2	1	1	0	0	0	0	3
内企業への移転	0	0	0	0	0	2	0	0	0	3	5
内官公庁・寺社への移転	0	1	5	0	1	2	0	1	3	0	13
内「売買」と表記される移転	3	5	7	10	6	0	0	0	0	0	31

出所：「土地台帳」から筆者作成。

注：内「売買」と表記される移転」のみ他の内訳と重複するケースがある。

に入る。人口・戸数ともに敗戦時では 1942 年を下回り、その後ゆるやかに回復している地区である。家督相続や明らかに親族間の所有権移転と思われるケースを除き、土地の移動が 1945 年 8 月 15 日から 1949 年 12 月 31 日までにあったのは、208 筆中 38 筆であって戦災復興計画が縮小されるまでに所有権移動と売買の 2 回所有権の移動が起こっている例、便宜上 1 筆とした。表 8-2 上では 2 回カウントされている）。戦災復興土地区画整理が収束に向かう 1954 年 12 月 31 日までに範囲を広げると、208 筆中 62 筆とおよそ 3 割強の移動がある。49 年 12 月 31 日までに所有の移動があった 39 筆中、個人以外の取得者をあげれば日本銀行が 4 筆、大蔵省が 2 筆、寺社が 1 筆であった。54 年 12 月 31 日までにすると三菱殖産会社が 1 筆、有限会社サカエヤ靴店（本店前橋市立川町）が 1 筆、大蔵省がさらに 2 筆、日本電信電話が 4 筆、大正海上火災保険株式会社が 2 筆の合計 10 筆であった。個人以外の土地所有権の移動は、ほぼ県外の会社や官公庁に移動していた。会社・官公庁の取得では複数筆を取得していることから、土地の集積が進んだことがわかる。それ以外は個人間の所有権移転移動ということになるが、そのうち県外者とわかるものは 49 年 12 月 31 日までで 2 筆（54 年 12 月 31 日までで追加 1 筆、以下同じ）のみで、市内在住者間の移動が 16 筆（28）であった。そのほかは移転前の住所記入がなく、詳細不明である。ただし、判明しているだけでも 49・54

年どちらの時点でも所有権が移動したうちの半数が市内移動であったことは連雀町の特徴といえるであろう。先行研究では大阪御堂筋建設（都市計画道路）を事例として、都市計画事業によって土地所有に変化が起こったことが指摘されている。その変化は、中小土地所有者による土地の放出と大企業による土地の取得を促進するというものであった（名武 2007：78）。戦災復興計画土地区画整理とは事情も事業の種類も違い、また前橋市と大阪市という都市の規模の差はある。しかし、市街地の形状を変える事業が行われた結果、土地所有自体にも影響があることは前橋市でも確認できた。連雀町においては、日本銀行と日本電信電話によって土地の集積がなされた。

　なぜ土地所有者が土地を手放したかどうかまでは史料の限界から判然としない。土地を売って利益を得ようとしたとも考えることできるが、推測の域を出ない。本章にとって重要なのは、土地を売却した住民は、金銭を得ることができるが、敗戦から 10 年経った時点でも 7 割の住民は同地の土地を手放すことはなかった点である。それらの人々は、金銭的な受益を得ることはない。これらの人々に、「受益」を根拠に金銭的な負担を求めることは困難であったと推察される。すでにみたように、住宅は自力建設によるもので、その費用負担が住民に課せられていた。こうした支出がなされたうえに明確な収入増や補助金が確約されないなかで、戦災復興計画による減歩が課されたのである。

　罹災地における土地の所有権移動が限定的であったことをふまえると、罹災した人々はどの程度費用負担をしていたのであろうか。前橋市で区画整理にあたって建物移転が必要とされた戸数は 1950 年までで 725 戸、55 年までで 2,750 戸である。冒頭で指摘したように前橋市の罹災戸数が 1 万 1,460 戸であるので、およそ敗戦から 10 年の間に罹災戸数 4 分の 1 程度の家屋が移転する計算である。実際に負担した額は資料制約から明らかにならないので、およその目安となる値を推計してみたい。

　1948 年の前橋市における家屋移転事業費は、建物 129 戸に対して 336 万円であった（前橋市戦災復興誌編集委員会編 1964：661）。一戸あたりにすると 2 万 6,046 円支払われていることになる。同年の用地買収補償費は 5 万 4,958

坪に対して 2,744 万 280 円支払われている。一坪当たり 499.3 円である[5]。補償金は県によって算定され家の規模などによって差がでてくるが、およそ全額補償されることはなかった。1947 年に罹災を免れた六供町において 11 坪の公営住宅が一戸当たり 6 万円の建設費として想定されていたことをふまえると、およそ 5,500 円弱（11 坪）の土地補償料、家屋移転に対して 2 万 6,046 円支払われたと想定したとしても自己資金を追加しないと公営住宅と同等程度の住宅は建設できなかったであろう。同時期は資材も統制下にあり、闇価格で購入すればこの価格以上かかることは疑う余地がない。さらに留意すべきは前述の減歩である。前橋戦災復興土地区画整理においては平均して 13％の減歩がとられた（前橋戦災復興事務所 1960：51）。このように、罹災者は住宅建設という点だけに絞っても、複数回の資金・労力・土地の負担を余儀なくされていたのである。

おわりに

　以上、本章は戦災復興期において市民たちによっていかに住宅建設が進められたか、そしてそれらが戦災復興計画の遂行とどのような関係性にあったのかについて検討してきた。

　終戦間近の大規模空襲ののち前橋市は、直ちに罹災者向けの住宅建設にとりかかる。しかし、資金・資材・労力も不足するなかで建設は困難を極めた。終戦後も引き続き市は対応に追われたが、財政難および物価高騰のなか罹災地の住宅建設を市がすべてを行うことは困難であった。行政が担ったのは罹災者から費用を徴収して建築するか、建築規制や建築資材の配給といった管理が中心であった。統計上は市によって住宅建設が進んだようにみることができる。その実態は、罹災者自身が受益者として費用を負担することによって住宅建設が進んでいたのである。さらに、費用負担できる人間はよかったが、負担できない罹災者の住宅復興は遅れをとることになった。そして、資金・資材不足に加え、労力の負担ができるかどうかも建設ができるかどうかを左右した。借家住まいだった罹災者は、地主たちが再建築してくれない

ケースもあった。このような問題に罹災者は直面した結果、中心市街地の人口はなかなか戦前水準を取り戻せなかったと言えよう。

　主に住民の自力建設によって罹災地の住宅復興が進められていた前橋市であったが、1946年に策定された復興計画の主要事業として行われた土地区画整理は大きな影響を罹災地の住宅建設に与えた。事業費自体は行政が負担するものであったが、区画整理に伴う住居の移転や撤去にかかる費用は補償されたものの、それは全額を補償するものではなかった。さらに、前橋市では土地区画整理にあたって平均13％の土地の減歩が行われた。土地を売却した住民は、その受益の根拠となる地価の上昇の恩恵を金銭的に受けられた。しかし、土地の売却を行わない罹災住民は一部の補償金を除いて減歩分を負担する必要があった。たとえ区画整理によって期待される資産価値の上昇があったとしても、復興期という困難な時期において資産価値の上昇は実感しにくかっただろう。戦災を受けた人々は、家屋の再建築を必要とした。前橋市としては国と県が費用の大半を負担してくれる土地区画整理の実行を急ぎたかったが、罹災住民の一部から土地区画整理実行に対して強い不満が表明され、反対運動が展開されるまでにいたった。罹災地の住宅建設が直面する問題は郊外に比べ複雑なものであった。既存研究では行政と住民の間の考え方のズレが指摘されていたが、本章で検討した事例においても度重なる復興にかかる費用等の負担への懸念も行政と住民との間にズレがあったことを示していると言えよう。

　それでは本章で明らかにした上記の点はどのようなことを現代に生きる我々に教えてくれるだろうか。ここで、興味深い事例を紹介したい。

　　土地区画整理事業の一つの大きなネックが減歩にあることがわかる。密集住宅地の細い道路を拡幅、直線化し、また公園をつくるために従前住宅地の面積から土地を削るのであり、それを減歩という。住民には「被災して家もなくなったのに土地まで削られる」という不満があふれる。
（岩崎 2012：11）

　上記は阪神淡路大震災発生後に実際にあった区画整理に対する不満である。本章の罹災原因とは違うが、ともに罹災者にとって復興が急務であったという点に共通点を見出すことはできる。復興計画にとって重要な制度であっても、罹災者にとっては現代においても受け入れがたいものであったのである。戦災復興にあたっては、罹災者は家の復興のために費用・労力を負担した。罹災という状況下であっても、受益者負担の原則が貫徹されていたのである。それは罹災者にとって重い負担であり、特に戦災復興計画による区画整理によって土地の移動を迫られた罹災者にとっては、たとえ補償金をもらえたとしても厳しい負担になったことは想像に易い。罹災の要因が「戦争」「災害」どちらであっても、誰が負担するのかという点には問題が残されているのである。それを引き起こしているのは、復興を行う主体ごとに違う復興のプロセスであったと言えよう。

　以上のように、罹災した前橋市民にとって、「復興」とは誰が行うか、どこが主導するかで翻弄されていたといってもよい。戦災という未曽有の困難下で、そうした混乱は市民生活を更に難しくしたことは想像に難くない。前橋市民は自分たちの考える復興、前橋市の考える復興、戦災復興院の考える復興という3つの復興のズレのなかで必死に復興しようとしていたのである。

注

1 ）特別都市計画法（昭和 20 年 12 月 30 日閣議決定）のもとに行われた「戦災復興計画」の実施期間は長く、区画整理の清算を含めると 1970 年台に及ぶ例もある（たとえば千葉戦災復興計画）。すべての期間を対象とすることは筆者の力量の限界から困難であるため、本章における「戦災復興期」とは、ドッジラインの影響によって戦災復興計画が全国的に縮小される 1950 年までを対象とする（1949 年 6 月戦災復興都市計画再検討の方針が閣議決定）。本章の目的の一つとして、戦災復興という非常時における住宅建設の費用負担過程を明らかにすることがある。ドッジライン以降は戦災の影響に加え地方財政の混乱という要素が色濃くなるため、1950 年以降については今後の課題としたい。

2 ）本章における「住宅」とは、いわゆる「バラック」建築も含める。バラックは田中傑によれば「バラック勅令（1923 年勅令第 414 号……引用者注）によって通常法令の適用を免れた、時限措置に基づいた建築物」（田中 2006：10）という。

　本章ではいわゆる「バラック」かどうかの判別がつく資料的根拠に乏しいため、住宅という場合これらが混在していることをご承知おきいただきたい。

3）本章では「戦災復興計画」は、特別都市計画法（昭和21年法律第19号）のもとに立案された計画を指し、「戦災復興事業」は同計画のもとに行われた事業を指すこととする。特別都市計画法に依らない、群馬県、前橋市による事業およびその計画については「復興事業」「復興計画」とする。「戦災復興」とする場合、これらすべてを含むものとする。

4）たとえばティラッソーらは、各都市の戦災復興計画を立案する都市計画地方委員会の人員構成が民意を反映させるようにはなっていなかったと指摘した。結果として、「事業執行の方法すなわち実際が現実とマッチしていない」とする（ティラッソー他2006：180）。さらに、東京の戦災復興が挫折した理由として、戦災復興計画の非現実性、政府主導という戦前から続く都市計画システムを挙げた（ティラッソー他2006：222）。沼尻晃伸は戦災復興計画において、「都市公共団体」による土地買収がうまくいかず、地元に関係の深いものの土地買収のあっせんに頼らざるをえなかったことを指摘した（沼尻2002：235）。石田は東京の戦災復興計画に対して「都市計画・都市開発によって土地所有に発生する開発利益の帰属の問題がほとんど検討され」なかったと指摘した（石田2004：201）。

5）群馬県総務部秘書課「昭和23年度知事事務引き継ぎ書」知事82A4、群馬県文書館蔵。

参考文献

◎1次史料
前橋地方法務局所蔵「土地台帳」

◎邦文（著者50音順）
石田頼房（2004）『日本近代都市計画の展開1868-2003』自治体研究社。

岩崎信彦（2012）「震災復興と地域コミュニティ」阪神・淡路大震災記念 人と防災未来センター資料室『阪神淡路大震災における住まいの再建——論説と資料』所収。

小野浩（2010）「第二次世界大戦直後の応急住宅対策——建築資材・資金問題を中心に」『立教経済学研究』第63巻第4号。

小野浩（2014）「1940年代後半の戦災都市における住宅復興——戦時統制下の住空間の創出と分配」社会経済史学会『社会経済史学』第79巻第2号。

大本圭野（1991）『［証言］日本の住宅政策』日本評論社。

群馬県総務部統計課（1950）『群馬県統計年鑑 昭和24年 1編』。

田中傑（2006）『帝都復興と生活空間——関東大震災後の市街地形成の論理』東京
　　大学出版会。

ニック・ティラッソー他（2006）『戦災復興の日英比較』知泉書館。

東京市政調査会（1949）『日本都市年鑑　昭和 24 年用』。

名武なつ紀（2007）『都市の展開と土地所有』日本経済評論社。

西野（2020）『日本地域電化史論』日本経済評論社。

沼尻晃伸（2002）『工場立地と都市計画』東京大学出版会。

前橋市史編さん委員会（1985）『前橋市史　第 7 巻　資料編』。

前橋市戦災復興誌編集委員会編（1964）『戦災と復興』。

前橋戦災復興事務所（1960）『前橋戦災復興誌』。

持田信樹（1993）『都市財政の研究』東京大学出版会。

第9章

タンザニアの自律的なエネルギー生産と消費
農村部の自家水力発電

黒崎　龍悟

はじめに

　本章では、東アフリカ・タンザニアの農村部で展開される自家水力発電に着目して、エネルギーの生産と消費という観点から、「持続可能な地域」について考えていく。

　サハラ以南アフリカ（以下、アフリカ）は発展途上地域のなかでも突出して電化率が低い。地方に限定すればその割合はさらに低くなる（図9-1）。アフリカ諸国の政府は、産業の発展のための電源確保に力を入れるとともに、地方電化の達成を目標として国際機関や企業、支援団体と連携しながら取組を進めている。

　本章が対象とするタンザニアも他のアフリカ諸国と同様に、未電化地域が多く残されている。タンザニア政府はナショナルグリッド（電力公社が構築する全国的な電力網）を拡大しつつ、地方での電化を効率的に進めるためミニグリッド（地域電力網）の普及にも力を入れている。近年、その動きは加速し、地方の人々に電化された生活を期待させているが、後で詳しく述べるように課題もあり、電気の恩恵を享受できないままの住民が多くいる。その一方で、南部高地（southern highlands）と呼ばれる山岳地帯の未電化地域では、住民の手づくりによるごく小規模の水力発電によって、ささやかな電気を利用している村々が存在する。この水力発電システムは、主に廃棄品などを組み合わせてつくりあげたもので、そのために修理や改良なども住民が行える。1年を通して枯れない谷川を利用しており、発電は地域のほかの住民

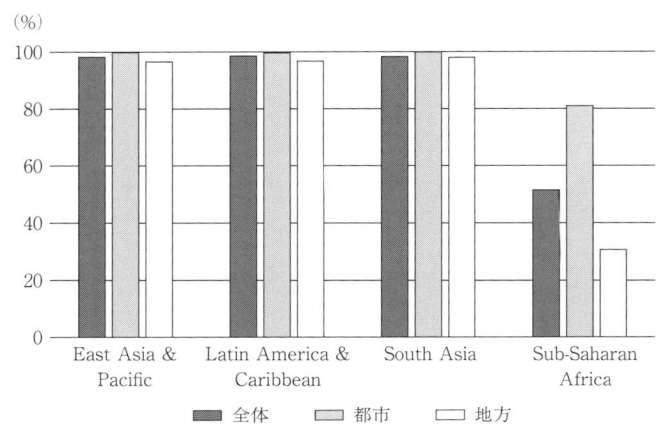

図 9-1　地域間の電化率の比較（2022 年）

出所：世界銀行データベース（https://data.worldbank.org/）における "access to electricity"、"access to electricity, rural"、"access to electricity, urban" をもとに作成。

にも電気の恩恵をもたらし、山奥の生活を活気づけていた。特筆すべきは、発電システムの所有者が電気の利用者とともに持続的な運用を目指して水源の涵養や保全活動を組み込んでいる事例もみられることである。このようないわば地産地消型のエネルギーは、地域の持続可能な発展と結びつく重要な取組として注目できる（黒崎 2016）。

　本章では、タンザニアを事例に、地方電化政策がどのように進展しているかについて、そこにみられる課題とともに述べていく。そして、電化をめぐる大きな動きのなかで、人々による草の根の自家水力発電がどのような影響を受け、またどのような役割を果たしているのかを明らかにする。そのうえで自家水力発電にみられる自律的なエネルギー生産と消費が有する意義について考察することを目的とする。

　本章の内容は、タンザニア南部高地に位置するンジョンベ州ルデワ県を対象としたものであり、2010〜24 年にわたり断続的に調査したデータに依拠している。以下では、まずタンザニアの電力事情を概観した後、住民による自家水力発電の特徴について説明する。次に関連する政策を中心にタンザニ

アの地方電化の動向についてまとめる。その後、ルデワ県で進展するミニグリッド・プロジェクトについて説明し、そこにみられる課題について明らかにする。その内容を踏まえて、ミニグリッドと住民の自家水力発電の関係について述べ、最後の考察へとつなげる。また、所与の条件が違うことを踏まえつつも、この事例から現代の日本のエネルギー問題を考えるための示唆を得ることも試みる。

1. タンザニアの電力事情の概要

タンザニアでは、タンザニア電力供給公社（Tanzania Electric Supply Company Limited）がナショナルグリッドをはじめとする国内の電力供給を担っている。電気へのアクセスは 2022 年の時点で総人口に対して 46％、都市で 70％、地方では 36％となっている（Tanzania National Bureau of Statistics 2023）。地方電化は喫緊の課題とされ、政府は国際機関と連携しつつ電化を進めるためにさまざまな政策や支援を展開している。

そもそも、地方（農村部）の人々はどのように電気を必要としているのだろうか。まずその実態について触れておきたい。現在においても、地方の未電化地域、とくに経済的に豊かではない地域では、薪を燃やすときの炎を夜間の光源としている。金銭的な余裕がある世帯は、灯油ランプを使うこともあったが、継続的に購入することは難しいため、日常的に使えるものではなかった。そのような状況ではあったが、だんだんと地方にも消費電力の少ない LED を使った機器が出回り、安価な電池式のトーチが普及するようになった。消費電力の少ない LED のおかげで灯油はほぼ駆逐され、夜に灯りが必要な場合は電池式のトーチを使う世帯が増えていった。しかし、電池の購入にかかる費用を捻出し続けることもやはり難しく、日々の生活において食卓や、家のなかを十分に照らすための恒常的な電気を利用したいというのが、切実な願いとなっている。一方、このような状況にもかかわらず、携帯電話会社のし烈な競争による電波エリアの拡大を背景に、携帯電話の普及率は年々高まっている。農村部の女性でも所有しているのは珍しくない[1]。携

帯電話が重要なのは、その通話やメッセージ機能もさることながら、送金機能が活躍するからである。都市部で学ぶ子どもの学費の送金や、出稼ぎ先からの送金などにおいて携帯電話は重宝されている。そのために多くの人が携帯電話を充電しておきたいと望んでいるのだが、電化がそれに追いついていない。また、医療や教育などの公共サービスを向上させるために、医療機関や教育施設においても電気は必要とされている。

2. ルデワ県の農村にみられる自家水力発電

（1）ルデワ県の概況

　ルデワ県の人口は 2022 年のセンサスで約 15 万人である（URT et al. 2022）。およそ標高 1,500～2,000 m の山岳地帯に位置し、降水量は 1,000～1,600 mm の範囲で、季節は明瞭な雨季と乾季に分かれるが、乾季でも枯れない川が谷筋に沿っていくつも形成されている。ンジョンベ州が位置する南部高地は、降雨と比較的肥沃な土壌に恵まれ、国の重要な食糧供給地と位置づけられているが、農村部の基本的なインフラは十分に整備されているわけではなく、ナショナルグリッドの届く範囲も県の中心部などに限定されている。

　南部高地は 19 世紀末からドイツやスイスを本拠地とするローマン・カトリック教会が布教活動を始めた地域で、カトリック信徒が多い。県内の教会には農場、牧場、食品加工場、病院、車の修理工場（ワークショップ）、鉄工所などを備えるものが多い。1970 年代以降は、地方行政機関と連携しながら水力発電事業を運営してきた教会も複数ある（Klunne and Michael 2010）。

　水力発電は規模に応じて明瞭に区分されているわけではないが、一般的には出力 1,000 kW 以下を小水力発電、100 kW 以下をマイクロ水力発電と呼び、さらに規模が小さい数 kW 程度かそれ以下のものをピコ水力発電と大まかに区別している。小水力以下の規模は基本的にダムなどを造成せずに、川の本流から等高線とほぼ平行に水路を掘り、その末端に貯水池を設ける。水力発電の出力は、水の落差と流量の積に比例する。貯水池から発電システムの間に落差を作り出し、水を勢いよくタービン（水車）に当てて回転させ、そ

の動力を発電機に伝えることで発電させるのである。この地域の教会が運営してきた水力発電は75〜150 kW のマイクロ水力・小水力の規模であった。教会が発電する電気は、布教のために設立された教会施設を維持するためのもので、教会そのものや教会関係者の住宅、付設の病院の運営などに使われていた。余剰があれば周辺住民にも配電されていたようだが、ごく限られた人々へのサービスで、かなり小規模な範囲のミニグリッドであったといえる。このような発電事業は、専門的な機器や設備が必要で、管理主体の一アクターとして住民を部分的に組み入れることはあったものの、あくまで教会が主導となる取組であった。

（2）自家水力発電の特徴

　しかし、そうした施設を身近で見てその原理を理解していた一部の住民は、2000 年を過ぎたころになって、ごく小規模な水力発電に着手していった。すでに触れたようにそれは身近に流れる谷川の落差を利用しており、また廃材や中古部品などを最大限に活用するものであった。農業で得られた資金を少しずつ用いながら、教会に併設されている鉄工所やワークショップなどで鉄板を溶接して水車をつくり、工夫を重ねて発電に成功していた。廃棄されたガソリン式のジェネレーターのモーター部分だけを取り出して発電機代わりにしたり、自転車の車輪を増速機（ギア）の部品としたり、動力を伝えるベルトは古タイヤを切り出すなど、ブリコラージュ（器用仕事）の真骨頂とでもいえるものであった（図9-2）。さらに電気の利用者たちや行政機関と連携しながら水源の保全活動を組み込んでいる村々もあり、持続的な運用をみすえた発電事業として注目できる事例もあった。専門的教育を受けたわけではない、ふつうの農民でありながら、発明の気質を持つ人々がこのような水力による自家発電を担っていたのである（黒崎 2016)[2]。その多くは自宅やその近隣世帯での利用だが、なかには数十世帯に配電する事例もあり、草の根レベルのミニグリッドといえるものもある。

　なお、後述するように、とくに 2015 年ごろからソーラーパネルの価格低下[3]で家庭用の太陽光発電（Solar Home System: SHS）が普及し、未電化地

図 9-2　自家水力発電の一例

左が増速装置。滑車（プーリー）代わりの自転車の車輪がみえる。右は手作りの
タービン（水車）。

出所：筆者撮影。

域において携帯電話の充電や、LED 電灯の利用を可能にしている。この地
域の自家水力発電が始まった当時は、SHS はまだそれほど普及していなかっ
た。SHS が普及したことによる自家水力発電への影響についても、後で触
れる。

3.　ルデワ県におけるミニグリッド・プロジェクトの展開

（1）ミニグリッドとタンザニアの電化政策

ナショナルグリッドが国の全域をカバーしようとする電力網を指すのに対
して、ミニグリッドとは、基本的にはそれが届かない地域における分散型の
電力網である。ひとつ以上のエネルギー源（石油／ディーゼル発電機、水力、
太陽光、風力など）と時に蓄電を組み込んだシステムが、複数のユーザーに
配電する地域の電力網につながれたものとおおまかに定義される。アフリカ
ではとくに低緯度地域の豊富な日射量を生かした太陽光発電や、広範囲に存
在する山岳地帯の標高差を利用した水力発電を活用する例が多い。発電規模
はとくに限定されないが、ミニグリッドを類型化した Pedersen（2016）に

よると、おおよそ 0.2 kW〜2 MW の範囲とされる。ミニグリッドは、ナショナルグリッドと連系する場合もあるし、完全に独立している場合もある。連系している場合は、ミニグリッド内で電気が足りない時、ナショナルグリッドから電気を購入して利用し、逆に電気が余っている時はナショナルグリッドに売電することができる。完全にナショナルグリッドから独立している場合は、オフグリッド（独立電源）となる。なお、オフグリッドはミニグリッドも含めてさまざまな規模があり、個人の家屋に設置した SHS も典型的なオフグリッドの例である。

　現在、ミニグリッドはタンザニアに限らず地方電化を進めるうえで重要視されているのだが、それには以下のような理由がある。経済的に豊かでない地域では、ナショナルグリッドを延伸したとしても、そもそも電気の消費量が少なく、また人口密度が低いため送電設備にコストがかかり、原資を回収するのに時間がかかる。そのためにナショナルグリッドの拡大を担う電力公社は地方電化に消極的となる傾向があった。ミニグリッドは、ナショナルグリッドよりも低いコストではやく構築できるため、周縁地の消費者にも電気を届けやすい。また、消費者の電気利用に応じた柔軟な運用をしやすい[4]。地域で調達できる再生可能エネルギーを利用すれば、エネルギー源の確保や運用コスト、環境負荷の観点から事業の持続性を高められると考えられている。ソーラーパネルの価格が下がってきたことで、完全なオフグリッドである SHS が広く取り入れられるようになってはいるものの、SHS では出力に限界があり、用途も限られる。そこで、ナショナルグリッドと世帯レベルの SHS のような電源との間を埋めるように、ミニグリッドへの期待が高まっているのである（Tenenbaum et al. 2014；Blimpo and Cosgrove-Davies 2019）。

　タンザニアの電化政策や地方電化の動向をみてみると、タンザニア政府は、2005 年に地方エネルギー法（Rural Energy Act）を制定し、2007 年に地方エネルギー庁（Rural Energy Agency）という政策実施機関をエネルギー資源省（当時）の下に設置して地方の電化を促進してきた。2008 年に発布された電気法（Electricity Act）で個人や企業も発電事業に参加できるように規制が緩和されたことを受けて、同庁では、コスト・シェアリングを基本としつつ住

民主体の小規模な電化事業も支援してきた。ミニグリッド、オフグリッドによる電化もこのような法整備に後押しされて拡大し、他のアフリカ諸国よりもはやく 2010 年代のはじめからミニグリッドが普及し始めた（Bloomberg Finance L. P. 2020）。2020 年の時点においてタンザニア国内には 209 のミニグリッドがあり、その合計出力は 231.7 MW、全体の発電量の 15％を占めている（Bloomberg Finance L. P. 2020）。

　近年では、世界銀行の支援により地方電化を推進する「国家地方電化プログラム」を 2013～22 年にわたり実施した。このプログラムではナショナルグリッドの延伸、オフグリッド技術の普及などを進めた。同時期に「地方電化拡大プログラム」（2016～22 年）を開始し、再生可能エネルギーの利用による地方電化の強化を目指した。この資金を地方エネルギー庁が差配することによってミニグリッド／オフグリッドの電化を推進しているのである。政府はナショナルグリッドの延伸やミニグリッド、オフグリッド電源の普及で 2021 年までに国内すべての村 1 万 2,268 村が電化されることを目標に掲げていた。大きな進捗はあったものの、未だ達成されておらず、地方電化は引き続き重要な課題として取り組まれている（URT National Audit House 2018）。

　以下では地方電化の実態を明らかにするために、ルデワ県における 2 つのプロジェクトを事例にして、ミニグリッドの課題を検討する。

（2）ミニグリッド・プロジェクトの課題

　まず、以下では事例とする 2 つのプロジェクトの概要について説明する。1 つ目の事例が、配電先の地域の頭文字をとって名づけられたルママ（LUMAMA）・プロジェクトと呼ばれるものである。このプロジェクトは水力発電によるミニグリッド設置を目的としたもので、ンジョンベ州のカトリック司教管区と国際 NGO（ACRACCS、本部イタリア）が企画し、イタリア政府などが資金を提供して 2006 年に始まった。ダムをつくるほどの規模ではない小水力のカテゴリーに分類されるが、複数の村落を対象とする大事業であった。2017 年の時点で発電規模は 300 kW、8 村、1,700 のコネクションを達成しており、ナショナルグリッドに連系していないミニグリッドを構

築した[5]。

　ルママ・プロジェクトはステークホールダーに住民を巻き込み、住民参加を促している（Ahlborg and Sjöstedt 2015）ものの、主要な機器や部品は海外から輸入していて一般の住民が保守管理に関与できる余地はほとんどない。機器や部品は壊れたら、イタリアまで送り返して修理するなどの手続きが必要になる。

　2 つ目の事例が、マドペ（Madope）・プロジェクトである。ルママ・プロジェクトと同様に、イタリアの国際 NGO が主導となるもので、2014 年に20 村へ配電することを目指して始められた。プロジェクトの正式名称は"Hydroelectric Energy for 20 Isolated Rural Villages in Ludewa District"であるが、利用する川の名前から現地ではマドペ・プロジェクトと呼ばれることが多いので、ここでもマドペ・プロジェクトと表記する。前述のようにルデワ県では複数の教会によるマイクロ水力・小水力発電事業の経験があった。マドペ・プロジェクトは、1979 年から小水力発電を運営管理してきたルガラワ（Lugarawa）教会をプロジェクト範囲に含め、その経験を生かしながらスケールアップするかたちでプロジェクトをデザインした（Poala 2019）。

　このプロジェクトは、ルママ・プロジェクトよりも規模が大きく、最大発電能力 1.7 MW となっている。当然のことながらシステム構築は専門家が手がけ住民が関与する余地はほとんどない。ただし、運営には、ルママ・プロジェクトと同様に住民で構成する委員会が組織され関与している。マドペ・プロジェクトはルママ・プロジェクトと異なり、ナショナルグリッドと連系している。ミニグリッドの電気が不足するときはナショナルグリッドから調達し、逆に電気があまるときはナショナルグリッドに売ることを目的に連系を選択したのである（Poala 2019）。

　これらのプロジェクトは、地方電化の実現に一定程度貢献していることは間違いないが、問題も抱えている。まず、ルママ・プロジェクトであるが、このプロジェクトでは、その持続的な運用のために、水源や河川両岸の土地の利用を厳しく制限したことが人々の不満の種となっている（黒崎 2016）。これらの土地は、タンザニアの土地法では政府の管理下に置かれているため、

法律的には住民は所有したり使えたりはしないのだが、プロジェクトが始まるまでは、土地法が村レベルではそれほど厳しく運用されておらず、農地・放牧地として慣習的な利用が続いている状態であった。ルママ・プロジェクトは法律どおりに厳しく取り締まることを求め、人々は河川沿いの土地の耕作や放牧を制限されることになった。電気と引き換えにこのような制約を受けるのであれば住民は納得したのであろうが、電気は基本的に村の中心部を通るのみであって、村の周辺部には届いていなかったことが、人々の間に不公平感を呼び起こした。

　ナショナルグリッドによる地方電化でも同様ではあるが、村に電気がきても、それは村全体が電化されることを意味しない。幹線の近くに居住する人々は電線を引き込みやすいが、周辺部に住む人々は、引き込みのための電線の延長と電柱の設置を自己負担しなければならない。多くの住民はそれだけの負担をする用意ができていないために、それぞれの村のなかで電気を供給できる地域とできない地域が明確に分けられてしまう。ルママ・プロジェクトでは受電できない村人も一方的に水源や河川両岸の土地利用の制限を課されたかたちになるので、それが人々の不満の種となっていたのである。分散型電源としても、このように一度に問題を解決できるわけではなく、未電化地域のなかにかえって相対的な格差を感じさせる取組となってしまう場合がある[6]。

　さらにいえば、地元で運営委員会を組織するなど、地域に根差した取組とはいえ、前述したように、この規模の水力発電は関連機器・設備の精度が求められて、イタリアからそれらを取り寄せている。一度、関連機器などが故障すると国内で修理できないことがあり、その間、地域一帯は停電になってしまう。受電する多くの住民は、そのような状態になっても事情を知らされることはほとんどなく、電気のない日々を過ごすという。ダムを造成しない程度の発電事業とはいえ、技術や知識のオーナーシップという点からは、外部機関に依存する割合が高いのである。

　もうひとつのマドペ・プロジェクトについては、以下に述べるように、ナショナルグリッドと接続しているという点でルママ・プロジェクトとはまた

別の問題を抱えていることが考えられた。

　マドペ・プロジェクトでは 2019 年ごろに発電が開始され、地方電化の進展を期待させた。当初 20 村への配電を計画していたが、その目標を達成する途上の 2020 年にタンザニア電力公社と電気の売買契約を交わした。その後、配電予定であった村々に電気が来ない、配電されていた村々において計画停電が頻発するなどの問題が生じ、2021、2022 年と住民の訴えが全国ニュースに取り上げられるほどになった。

　Web 上で見つけることのできた関連する 2 つのニュース映像の内容をみてみると、2021 年 2 月にアップロードされていたものでは、送電線の容量が足りないために必要な電流を流せず、村々に供給できないという技術的問題が指摘されていた。そして関係者らは政府が仲介に入ってほしいということをひたすら訴えていた[7]。しかし、このような説明には疑問が残る。当初から想定された発電能力に合わせて送電線が用意されるわけであって、稼働後に容量が足りないというのは、この規模の事業において起こるとは考えにくい。その後、2022 年 8 月にアップロードされたもうひとつのニュースでは、エネルギー省の大臣がみずから視察にきている様子を伝えている。ニュースの映像のなかで大臣は視察の後、解決策としてマドペのミニグリッドからタンザニア電力公社が電気を買い取るので、その売電利益で送電線を整備すればよい、という提案を述べていた[8]。

　筆者がマドペ・プロジェクトの対象村の住民へ聞き取りをしたところ、2022 年、おそらくこの大臣の視察の後に停電がなくなり、電気が以前よりも安定するようになったということであった。しかし、それは送電線が整備されたからということではなく、電気が不足がちな都市部のためにタンザニア電力公社への売電が優先されていて、批判が高まったから売電をやめてもとどおり村々に配電を再開したからではないか、というのが人々の話し合っていたことであった。実際、大臣が視察して、政府が電気を買い取りはじめて利益を得たとしても、送電線を整備するまでには相応の時間が必要となるはずなので、このような住民の推察は妥当であると思われる。実際、この時期は都市部での停電が頻発して問題化していたこと、政府としては目標とし

ている再生可能エネルギー利用の割合を高めるというのは歓迎すべき状況であるので、これらもタンザニア電力公社が買い取っていたと考える理由になるだろう。

　ミニグリッドは分散型として地方電化に確かに有効である反面、電気供給の安定性のためにナショナルグリッドとの連系を採用すると、このような政治的思惑に巻き込まれ不利益をこうむる可能性がある。たとえ、この推測が当たっていなかったとしても、政策において都市部を優先する論理は常にはたらく。現在タンザニアでは、発電能力 2,115 MW という巨大な水力発電所をエジプトの企業の出資のもとに建設し、完成が間近とされている。この水力発電ひとつだけでタンザニア電力公社が現在ナショナルグリッドに供給している発電量の合計をゆうに上回る[9]。高速鉄道やその他の産業の発展とともに地方電化が一気に進むことが期待されているが、投じられた莫大な資金を償還する必要があり、近隣国への売電も計画されているという。借金返済や都市部への電気供給が優先されて、地方電化は後回しになったり、今回のように電気が召し上げられたりする可能性は多いにあるだろう。アフリカの他の地域においては、延伸してきたナショナルグリッドへミニグリッドが不利な条件で吸収されるという事例も報告されている（Bloomberg Finance L. P. 2020）。

　また、ルママ・プロジェクトと同様に、配電される地域と配電されない地域の境界はどうしてもできてしまう。幹線から分岐して周辺部でも電気を引き込みやすいように地方エネルギー庁は補助金を設定しているが、それでも農村部の住民にとって独自に電気を引き込むのは金銭的なハードルが高く、大きな決断となるのだろう。

4.　ミニグリッド・プロジェクトと自家水力発電の関係

　前述の、住民による自家水力発電の取組は、もともと未電化地域の人々のニーズを満たすものとして重要であったが、ミニグリッド・プロジェクトの進展にともなって、それを補完する側面を有するようになっている。いわば

この地域の分散型エネルギーを支えるものとしての役割を持つ。すべての事例を網羅できているわけではないが、どのような特徴があるかを、マドペ・ミニグリッド・プロジェクトの範囲内の地域に焦点を当てて以下にみていきたい。

（1）ミニグリッドの自家水力発電への影響

マドペ・プロジェクトの範囲内にあるU村では、ある住民が2009年から数百ワットの規模で水力発電を実践してきた。もともと自宅を含む1、2世帯に電気を供給しつつ、電動バリカンを使う床屋や携帯の充電などの商売にも活用していた。ここはマドペ・プロジェクトのミニグリッドの範囲ではあるものの、幹線からはずれており、電線の引き込みに費用がかかるため、自家発電を継続しているという。また太陽光発電に切り替えるのも機器の変更など（蓄電用のバッテリーの購入や太陽光発電の直流電源用の機器）にコストがかかるため、慣れている水力発電を継続しているとのことであった。前述のように、村に電気が来るといっても全域が電化されるわけではないので電気を得られる世帯とそうでない世帯に不公平感を抱かせる。そのような不公平感を和らげ、人々の必要とする電気をささやかながら供給してきたのがこの事例である。現在ではサッカー観戦などのためのテレビ小屋を増築するまでになっており、周辺住民によるこの自家水力発電への依存や期待が大きいことを推察できる。

次にみるのは、2008年から水力による自家発電を続けているK村での事例である。商店を経営する住民がやはり近くの谷川を利用した水力発電をして、近隣20世帯と数店舗の雑貨屋などに電気を供給し、毎週電気代を徴収していた。この住民は、自家発電で得られた利益で子どもを私立学校に通わせたり、家を新築したりしたということであった。ここはマドペ・ミニグリッドの電気が利用できる範囲でありながら、住民による自家水力発電が併存し、電気の供給を継続している。

図9-3はこの住民が電気を供給している村内の服の仕立て屋である。ミニグリッドは前述のように停電が頻発していたため、この図のようにミニグ

図9-3　３つの電源による電灯が併存する家屋（自家水力発電、ミニグリッド、太陽光発電）

出所：筆者撮影。

リッドの電気が使えるようになっても、自家水力発電によって使われる電球が取り去られることなく使われている。さらに近年価格が低下して入手しやすくなっている太陽光発電による電球も組み合わされており、どれかひとつの電源を選択するというのではなく、３つの電源が併存して使い分けられている。

　一方、ミニグリッドがきたことによって自家水力発電をやめているケースもある。M村のある人物は2010年から発電して、自宅を含む２世帯に電気を供給していたが、2017年に部品などが壊れて発電事業を一時休止していた。そのような状況のなか、たまたまこの地域にミニグリッドの幹線がとおることから直接ミニグリッドの電力に接続できるようになり、自家発電の修理をあきらめるかたちで切り替えを決断したということであった。

　ミニグリッドの電気が届かないところで自家発電が継続するのは理解しやすい対応である。その一方で、ミニグリッドの電気が使える状況においては自家発電を継続していたりやめていたりと、地域条件や所有者の考えなどを反映して対応は一様ではない。自家発電を継続しているのは、ミニグリッドで停電が頻発して信頼できないというのが大きな理由であった。ミニグリッドの電気が使える状況において自家発電をやめるのは、積極的にミニグリッドに切り替えるというよりは、機器の故障や環境の変化などが影響しており、むしろ消極的な理由による中止とみることができる[10]。

（2）ミニグリッドを補完する自家水力発電

　マドペ・ミニグリッドが前述のような問題を抱えるなか、注目すべき動きがある。自家水力発電による電力網の構築である。K 村の事例でも 20 世帯への配電をしていたと述べたが、それよりもやや規模の大きい電力網を構築した事例となる。これは、ンジョンベ州都を拠点とする金属加工の職人グループによる取組で、マドペ・ミニグリッドで電気が行き届かない村の周縁部に配電することを目的としたものであった。これもミニグリッドの範疇に入るものだが、すでに述べたプロジェクトと区別するためにここでは「電力網」と表記する。

　この職人グループのリーダーである R 氏はマドペ・ミニグリッドの供給範囲の M 村の出身で、将来的に出身地に戻って、工房を開き、そこで若手を育てたいと考えていた。しかし、当然ながら M 村を含む周辺地域は電化されておらず、金属加工に必須の溶接ができる環境にない。そこで出自の村を含む 3 村への電力供給を目的として、マドペ・プロジェクトが始まるよりも前の 2006 年にマイクロ水力規模の発電を計画して着工したのであった。資金の調達のために、この事業を始めた当初すでに M 村に大規模に植林していたユーカリやマツを木材・製材として販売していた[11]。その後、アボカドのマーケットが拡大することを見据えて改良種を先駆的に栽培してきた。現在ではアボカドは主に国外へと販売し、そこから継続的に資金を調達している。

　R 氏もやはり専門的な教育を受けたわけではないが、水力発電に情熱を持った人物で、その活動の当初から水力発電の持続的な運用を念頭において、水源に適した樹種の植林も組織的に進めてきた。

　ただし、最初から大きい規模の発電を目指したせいか、資金や人手不足の問題を常に抱えていて、ながらく完成には至らなかった。そのため、数年前から異なる水源を取水場所とし、発電規模をスケールダウンして取り組むようになっていた。比較的安価に入手できる中国製の発電機を用いながら試行錯誤の末、2023 年に 15 kW の発電を実現した。そしてその電気を、独自の電力網をとおして隣接村に届けるようになったのである。

図9-4　R氏と職人グループが手がけた自家水力発電所（左）とその電気を
　　　受電する中学校

出所：筆者撮影。

　この村はマドペ・ミニグリッドが引かれている村ではあるものの、やはり
電気を利用できるのは村の中心部だけで村の周辺部に電気は届いていなかっ
た。そこで、R氏らはミニグリッドの電気の届かない村の周辺部の60世帯
と1つの中学校に電力網をつくりあげ、人々に電気を届けるようになった
（図9-4）。

　もっとも当初、地域住民はR氏の電気を供給するという申し出を断り、
マドペ・プロジェクトの電気を使うことを希望して、プロジェクトの電気が
届くのを待っていた。しかし、いつまで待っても配電が実現されないことか
ら、改めてR氏に彼らの電力網を利用することを願い出た。このような経
緯があったにもかかわらずR氏は、2年間は電気料金の徴収はしないという
前提で当該地へ配電を実行したのである。

　R氏はかつてUNIDO（国連工業開発機関）とも仕事をした経験があり、中
国への海外視察なども経て、見聞を広めてきた。そのなかで分散型エネル
ギーの重要性について理解を深めていった。M村とその周辺にマドペ・ミ
ニグリッドがやってくるとわかっても独自の事業を継続することを重視し、
現在へと至っている。政府関係者を含め、電化事業に関心を持つ多くの人々
がこの草の根の電力網の取組の話を聞きつけ、見学に訪れている。

（3）自家水力発電の意義

　住民によるごく小規模な自家水力発電はやめているケースもあったが、ここではとくに継続しているケースにみられたように、それが複数の電源オプションのひとつとして活用され続けている例や、幹線から外れたところでミニグリッドを補完するように活用される例に着目したい。人々の間で複数の電源を保持する動きは、ナショナルグリッドやミニグリッドのようなグリッド系電気への不信感が背景にあると考えられる。つまりグリッドといえど、電気供給が安定しない点や、電気価格が一方的に決められてしまう点、前述したように住民のあずかりしらないところで電気が融通され、結果として地方社会が周縁化されやすいといったことが影響していると考えられる[12]。このような考えは他の地域でもよく聞かれる。たとえばナショナルグリッドを受電するようになっても、それまで使っていたソーラーパネルを手放さずに家庭内でのサブ電源として利用するという事例は数多くある。

　本章の冒頭では、ここに紹介してきた自家水力発電について、保守管理・修理対応、水源保全、運用のガバナンスが住民の主導でなされることの重要性を述べた。以上のことに加えて、自家水力発電はグリッド系電気に依存することのリスク分散という観点からも再評価できるだろう。さらに、グリッドの電気が届かない地域での発電を担うことで、草の根レベルの不公平感を低減させる役割も持つことも明らかになった。また、小規模な水力発電は、水路の整備、タービン（水車）をはじめとする構成パーツの微調整などの工夫や改良の結果を発電量としてすぐに確認できるために達成感を得られやすい。自家発電をしている人々には工夫や改良による達成感を楽しんでいる側面があり、そのことが技術の底上げを促すとともに水源保全という地域環境への配慮をも生み出し、事業の持続性を支える要因となっている（黒崎 2021）。

　身近に活用できる再生可能エネルギーを、やはり身近に活用できる技術で生み出し、利用するという、いわば自律性を保ったエネルギー生産・消費は多様な意義を持つ。農村部の人々の生活の基盤を安定させるためには、国家的な電化事業の便益を受けつつも、引き続き自律的なエネルギー生産・消費

を保持しておくことは重要である。

おわりに

　地方電化のためにミニグリッドのような分散型電源が重要であることには疑いがない。しかし、草の根レベルでみれば、そのようなミニグリッドも課題を抱えていることが明らかになった。そしてそれを補うかたちで住民による自家水力発電があることを本章では示してきた。グリッド系の電気の質が改善されることで自家水力発電は影響を受ける可能性もあるが、それでもこのようなリスク分散を基本とする取組は根強く維持され、人々の生活を支えていくのではないかと考えられる。アフリカの多くの地域では、独立以後、長い間にわたって行政サービスや外部からの支援が行き届かず、あったとしても住民が望むものとは限らず、また長期的な関心を得られにくい状況が続いてきた。そのために政策や外部からの支援に対しては、人々はそれを無条件に受け入れるというよりも、生業基盤の確保を優先しながら、有用性が実証されたものを慎重に選び取るという姿勢を堅持してきた[13]。

　公的な社会保障が整備されていないがゆえに、利益の最大化よりもリスクの最小化を優先する世界のなかで生きている人々は、生業を支える技術や知識、資源を不用意に手放さず自分たちの社会や個人につなぎとめておこうとする。そのために、電化ということに対しても、それが政府や外部機関主導で行われる限りにおいては、同様の姿勢で自家水力発電の知識・技術を手放さず対応していくだろう[14]。つまり、生活の基盤を容易に他者にゆだねない（アウトソースしない）社会である。

　このようなアフリカの特質について理解を深めることは、日本のエネルギー問題にも重要な意味を持つ。ここまでアフリカを事例にエネルギーの生産と消費を考察してきたが、本章の事例が今後の日本のエネルギー問題にどのような示唆を与えるか、最後に考えてみたい。

　西野（2022）が、日本の農山村地域の多様な事例で実証的に示したように、戦前の日本では分散型エネルギー社会が実現していた。戦前の電気事業は民

間主導で始まったが、電力会社が経営上の理由から電化の対象としなかった農山村地域において、住民が寄付金や出資金を供出しながら組合や村営、町営の個性豊かな電気事業を担い、公平な配電に努めていた。そのような電気事業のほとんどが農山村の豊かな水資源を利用したマイクロ水力発電によるものであった。それらが第二次世界大戦中の国家総動員法を契機として国に接収され、そのまま戦後の 9 電力体制へと引き継がれていった（西野 2022）。人々は電気をつくりだす生産者でありながらその消費者でもあったが、戦後の経済発展のなかで大規模集中型のエネルギー供給体制が整うにつれて生産と消費は乖離していった。かつては生産を担っていた人々は身近な資源を利用したエネルギー生産に関する技術や知識を手放し、消費するだけになってしまった。

　先進諸国で広く採用されてきた大規模集中型のエネルギーシステムでは電気をひたすら供給して消費を刺激する一方、トラブルが起これば広範囲の電力供給に障害を発生させ、消費者はかけた梯子を外された状態になる。しかし、原発事故を契機として分散型エネルギーの重要性が認識されるなか、かつての農山村の公的電化事業にも光が当てられ、その意義が再評価されている。そして、日本のさまざまな地域において再生可能エネルギーを共通の関心とした多様なエネルギー・コミュニティが形成されつつある（たとえば、室田他編 2014；小林編 2020）。

　日本でも改めて分散型のエネルギー社会をつくりあげようと、さまざまな組織や個人が試行錯誤している[15]。アフリカにみられる、すべてをアウトソースしてしまわない自律的なエネルギー社会から学べることは少なくないだろう。多様な主体が多様なレベルで実践する取組から、同時代的にアフリカと日本がお互いの「持続可能な地域」を構想するうえで共有できる議論はあると考えられる。

注

　1 ）Mamlaka ya Mawasiliano Tanzania（2024）によれば、2024 年 6 月の時点でタンザニアの携帯電話のサービス登録数は約 7,660 万。全人口が 2022 年の時点

で 6,550 万人である。複数の携帯電話サービスを登録する人を含んだ統計だが、それでもかなりの程度普及していることがわかる。

2 ）もともとこの地域に住む主要な民族であるパングワ（Pangwa）は、鉄を加工する職人集団としての歴史を持つ。工作や発明に労を惜しまない文化が根づいていたこともこのような現代の動きにつながっていたと考えられる。

3 ）International Renewable Energy Agency https://www.irena.org/Data/View-data-by-topic/Costs/Solar-costs（最終閲覧 2024 年 10 月 13 日、以下ウェブページは同様）。

4 ）運用の柔軟性については、たとえば小林（2014）を参照のこと。大規模集中型の電力システムでは常に同じ出力で発電せざるを得ない場合が多いが、分散型であれば地域のベース需要・ピーク需要に対応しながら供給を調整できる。また、分散型エネルギーの利点を詳細にまとめたロビンズ（2005）も参考になる。

5 ）Foundazione ACRA https://www.slideshare.net/slideshow/ludewa-district-rural-electrification-programme-mini-hydropower/72695911。

6 ）たとえばタンザニアのルヴマ州の事例をあつかった荒木（2021）による論考に同様の問題が指摘されている。

7 ）MICHUZI TV https://www.youtube.com/watch?v=7SBhS5xKT2Y。

8 ）Wasafi Media https://www.youtube.com/watch?v=cSBYBS8tbUE、また、タンザニアのエネルギー省 HP にも同様の記事が掲載されている。https://www.nishati.go.tz/news/mgawo-wa-umeme-katika-vijiji-20-ludewa-wapatiwa-ufumbuzi-na-makamba。

9 ）Tanzania Electric Supply Company Limited https://www.tanesco.co.tz/attachments/media/publications/kMsEqkZ8Ry_lo8j2pMHufUpETYBKUL4M_MAENDELEO%20YA%20BWAWA%20LA%20MWALIMU%20NYERERE_2022_12_02_11_28_45.pdf。

10）ルママ・プロジェクトの対象地域の村において自家水力発電をやめてしまったケースでは、それまで利用料金を払っていた村人がミニグリッドの電気に切り替えてしまい、結果的に管理費を捻出できなくなったことが理由であった。この事例も積極的にミニグリッドの電気を選択するというよりも、消極的な理由での中止というように捉えることができる。

11）タンザニアでは 2000 年ごろから地下資源の輸出による経済成長の影響で、都市部では建築ラッシュが続いてきた。建築の資材や、建築現場の足場として木材資源の需要が高まり、農村部でも造林活動が盛んになっていた。詳しい内容は近藤（2016）を参照のこと。

12）筆者がタンザニアの別の地域で住民とともに自家水力発電を試行した際も、彼

らは自分たちの裁量で利用できる電気が必要ということをモチベーションのひとつとしていた（黒崎 2021）。

13）国家建設や開発援助と地域社会の関係に焦点を当てた多くの民族誌がそのことを示している。たとえば掛谷・伊谷編（2011）に収められた事例群を参照されたい。また鶴田（2007）では、関連する理論をわかりやすく整理している。

14）ミニグリッドがやってきて、自家水力発電を中止したケースがあったことを述べたが、もしミニグリッドが機能不全になるなど状況が変われば、自家水力発電を再開することは十分に考えられる。知識や技術が潜在化しても、それらがそのまま消え去ってしまうわけではなく、個人や社会のなかで保持され、時を経て新たな役割を持ち顕在化することもある（たとえば黒崎 2014）。

15）なかでも、先進的な技術だけではなく、ローテクと組み合わせることの有用性や、地域住民によって運用されやすい発電システムを検証した瀧本（2021）の研究は、再生可能エネルギーの生産と消費を柔軟に考えることの有用性を示しており、また、アフリカでの応用をイメージさせやすい点においてきわめて重要である。

参考文献
◎邦文（著者 50 音順）

荒木美奈子（2021）「水車を介した国境を越えた協働――「ゆるやかな共」の繋がりから考える地域水力」伊谷他編（2021）所収。

伊谷樹一・荒木美奈子・黒崎龍悟編（2021）『地域水力を考える』昭和堂。

掛谷誠・伊谷樹一編（2011）『アフリカ地域研究と農村開発』京都大学学術出版会。

黒崎龍悟（2014）「タンザニア・マテンゴ高地における植林の受容と継承――外来技術の在来化に関する一視点」『国立民族学博物館研究報告』第 39 巻第 2 号。

黒崎龍悟（2016）「水資源の活用と環境の再生――小型水力発電をめぐって」重田・伊谷編（2016）所収。

黒崎龍悟（2021）「創造的模倣としての水力発電――タンザニア農村における試みから」伊谷他編（2021）所収。

小林久（2014）「コミュニティ・エネルギーに挑む農山村――小水力発電を中心に」室田他編（2014）所収。

小林久編（2020）『再エネで地域社会をデザインする』京都大学学術出版会。

近藤史（2016）「半乾燥地域の林業を支える火との付きあい方――タンザニア南部, ベナの農村の事例から」重田・伊谷編（2016）所収。

重田眞義・伊谷樹一編（2016）『シリーズ アフリカの潜在力 第 4 巻 争わないための生業実践』京都大学学術出版会。

瀧本裕士（2021）「現代日本における地域水力の意義と可能性」伊谷他編（2021）所収。

鶴田格（2007）「モラル・エコノミー論からみたアフリカ農民経済――アフリカと東南アジアをめぐる農民論比較のこころみ」『アフリカ研究』第70巻。

西野寿章（2022）『日本地域電化史論』日本経済評論社。

室田武他編（2014）『シリーズ地域の再生⑬ コミュニティ・エネルギー――小水力発電・森林バイオマスを中心に』農山漁村文化協会。

ロビンズ、エイモリー（2005）『スモール・イズ・プロフィッタブル』財団法人省エネルギーセンター。

◎外国語文献（著者アルファベット順）

Ahlborg, H., and M. Sjöstedt（2015）"Small-scale hydropower in Africa: Socio-technical designs for renewable energy in Tanzanian villages", *Energy Research & Social Science*, Vol. 5.

Blimpo, Moussa P. and Malcolm Cosgrove-Davies（2019）*Electricity Access in Sub-Saharan Africa: Uptake, Reliability, and Complementary Factors for Economic Impact. Africa Development Forum Series.* Washington, DC: World Bank.

Bloomberg Finance L. P.（2020）*State of the Global Mini-grids Market Report 2020.*（https://www.seforall.org/publications/state-of-the-global-mini-grids-market-report2020 最終閲覧2024年10月13日、以下ウェブページは同様）.

Klunne, W. J. and E. G. Michael（2010）"Increasing sustainability of rural community electricity schemes: Case study of small hydropower in Tanzania", *Low Carbon Technologies*, Vol. 5.

Mamlaka ya Mawasiliano Tanzania（2024）*Takwimu za Mawasiliano Robo ya mwaka inayoishia Juni 2024 Toleo Na. 1.1.*（https://www.tcra.go.tz/uploads/text-editor/files/Communication%20Statistics%20report%20for%20end%20of%20June%202024_KSW_1721315071.pdf）.

Pedersen, M. B.（2016）"Deconstructing the concept of renewable energy-based mini-grids for rural electrification in East Africa", *Wiley Interdisciplinary Reviews: Energy and Environment*, Vol. 5.

Poala, V. B.（2019）*Italian Involvement in Rural Electrification: Lessons Learnt and Way Forward*, Milano: Politecnico di Milano（Master of Science, Energy Engineering）.

Tanzania National Bureau of Statistics（2023）*Impact of Access to Sustainable En-*

ergy Survey (IASES 2021/2022): Access to Modern Electricity and Modern Cooking Solutions Key Findings. (https://www.nbs.go.tz/nbs/takwimu/Energy/The%202021-22%20Impact%20of%20Access%20to%20Sustainable%20Energy%20Survey%20-%20English-Key%20Findings%20Report.pdf).

Tenenbaum, Bernard, Chris Greacen, Tilak Siyambalapitiya, and James Knuckles (2014) *From the Bottom Up: How Small Power Producers and Mini-Grids Can Deliver Electrification and Renewable Energy in Africa. Directions in Development.* Washington, DC: World Bank.

URT (The United Republic of Tanzania), Ministry of Finance and Planning, Tanzania National Bureau of Statistics and President's Office - Finance and Planning, Office of the Chief Government Statistician, Zanzibar (2022) *The 2022 Population and Housing Census: Administrative Units Population Distribution Report*; Tanzania Mainland. (https://www.nbs.go.tz/nbs/takwimu/Census2022/Administrative_units_Population_Distribution_Report_Tanzania_volume1a.pdf).

URT (The United Republic of Tanzania) National Audit House (2018) *Report of the Controller and Auditor General on the Audit of Financial Statements of the Rural Energy Agency and Fund for the Year Ended 30th June, 2017.* (https://documents1.worldbank.org/curated/en/699331520837851860/pdf/REA-Agency-and-other-Funds-Audit-report-FYE-June-2017.pdf).

あとがき

　序章で述べたとおり、本書は、高崎経済大学地域科学研究所の研究プロジェクト「日本における「持続可能な地域」実現の展望と課題——ガバナンスと域内経済循環の観点を中心に」の成果報告書である。本研究プロジェクト（SuCoP: Sustainable Community Project）のリーダーは、とりあえず私（矢野）が務めたが、メンバーに入り大黒柱の役を担っていただいたのは、地域政策・地域づくりに通じた西野寿章先生である。

　SuCoP は、先生が定年退職を迎えられる年を完成年度とし成果報告書が出せるよう、着手する予定であった。諸般の事情により、それは叶わなかったが、「地方消滅」レポート第 2 弾が発出され、日本全国で「地方創生」ビジネス、「消滅可能性」対応ビジネスが勢いづくなか、「地域の持続」をあらためて問い直す小編を世に送り出せたのは、時期的にかえって良かったのかもしれない。

　西野先生は、1988 年 4 月の着任以来、35 年の長きにわたり、高崎経済大学に多大な貢献を果たされた。西野先生の専門は農村地理学・経済地理学だが、ご関心、研究業績の範囲は、資源・エネルギー、交通論など、多岐にわたる。

　その中でも、とりわけ注目すべきは、2020 年に日本経済評論社から出版され、人文地理学会賞を受賞した『日本地域電化史論——住民が電気を灯した歴史に学ぶ』であろう。本文でも触れたが、この著作は、狭義の地理学研究というより、これまで必ずしも正当な評価をされてこなかった日本の地域電化に関する緻密な社会経済史研究である。条件不利地域の住民が電気を灯した歴史を一巻の書物の形で読めるのは、各地の膨大な資料を発掘し、インタビューを含め、長年にわたり分析した西野先生の労力と力量の賜物である。

　高崎経済大学在職中、先生は、深い学識と多様な経験をもとに学生を熱心

に指導された。特筆すべきは、ゼミ生とともに、山村を中心として毎年行われた過疎地域のフィールド調査である。先生指導のもとでまとめられた調査報告書『山村地域研究』シリーズの質の高さは、学部生のレベルを完全に超え、自治体行政に活用されたこともある。

SuCoP の実施母体である地域科学研究所にしても、もしも西野先生がおられなければ、現在のような機関にまで発展することはなかっただろう。前身である高崎経済大学附属産業研究所以来、細かな制度設計から、教職員に対する一言二言のアドバイスまで、所長であった時も、そうでなかった時も、研究所を支えてこられたのが西野先生だった。

今でこそ学生定員が1学年 400 名を超え、50 名に及ぶ専任教員を抱えるまでに発展した本学地域政策学部も、四半世紀以上も前、設置認可に至るまで、まさに東奔西走された西野先生の奮闘がなければ、そもそも全国初の学部は生まれていなかった。

本書は、様々な形で西野先生の薫陶を受けたメンバーが集まり、「地域の持続」という日本における喫緊の課題に向き合うとともに、先生の功労を顕彰する意味も込めて編まれたものだが、完成に至るまでには、数多くの方々にお世話になった。

SuCoP の研究会や講演会に講師としておいでいただいた方々は序章で紹介したので、ここではお名前を繰り返さない。諸先生には、数多くの有益な示唆を与えていただいた。

一倉真一氏（前・研究グループリーダー）、高橋史郎氏（前・研究支援チームリーダー）、井野翔紀氏（研究支援チーム）をはじめ、地域科学研究所のスタッフには、日常業務に忙しいなかでも、研究会・講演会の開催、出版社との調整などを全力で支えていただいた。

また、年度内出版が義務づけられているにもかかわらず、原稿のとりまとめが遅れ、柿崎均氏、新井由紀子氏はじめ日本経済評論社の皆さんには、多大なご苦労をかけてしまった。

SuCoP に最後までお力添えいただいたすべての方々に、この場をお借りして、あらためて感謝申し上げたい。

　本書の編集中、産業研究所所長を務められたお二人の名誉教授、長谷川秀男先生と北條勇作先生の訃報に接した。予算のやりくりなど、研究所草創期の諸課題を乗り越えられたからこそ、今がある。末筆となったが、母校のため、長年にわたりご尽力いただいた両先生のご冥福を心よりお祈りする。

　　　　　　　　　　　　　　　　　　　　　　矢野　修一

　　　　　　　　2024 年 11 月 3 日、第 67 回三扇祭で賑わう
　　　　　　　　　　　　　キャンパス内、研究室にて

執筆者紹介 (執筆順)

矢野 修一 (やの しゅういち)　編者　序章・第1章担当

　現在、高崎経済大学経済学部教授。

　1960年愛知県生まれ。

　専攻は世界経済論。

　主な著作は、『可能性の政治経済学』（法政大学出版局、2004年）、『経済学のパラレルワールド』（共著、新評論、2019年）、『アジア経済論』（共編著、文眞堂、2022年）、翻訳：A. O. ハーシュマン『離脱・発言・忠誠』（ミネルヴァ書房、2005年）、同『連帯経済の可能性』（共訳、法政大学出版局、2008年）、I. ゴールディン『未来救済宣言』（白水社、2022年）ほか。

天羽 正継 (あもう まさつぐ)　第2章担当

　現在、高崎経済大学経済学部准教授。

　1978年千葉県生まれ。

　専攻は財政学、地方財政論、財政金融史。

　主な著作は、「日本における地方債制度の構想と創設」（日本地方財政学会編『地方における圏域行政・連携中枢都市圏（日本地方財政学会研究叢書第27号）』五絃舎、2020年）、『地方債の経済分析』（共著、有斐閣、2018年）、『福祉財政〈福祉 + α 11〉』（共著、ミネルヴァ書房、2018年）ほか。

宮﨑 義久 (みやざき よしひさ)　第3章担当

　現在、宮城大学事業構想学群准教授。

　1981年宮城県生まれ。

　専攻は進化経済学、地域経済学、経済思想史。

　主な著作は、『地域通貨〈福祉 + α 3〉』（共編共訳、ミネルヴァ書房、2013年）、『地域通貨によるコミュニティ・ドック』（共著、専修大学出版局、2018年）、*Monetary Plurality in Local, Regional and Global Economies*（共著、Routledge、2018年）、『北海道社会の課題とその解決』（共著、ナカニシヤ出版、2019年）ほか。

西野 寿章 (にしの としあき)　第4章担当

　現在、高崎経済大学名誉教授。

　1957年京都府生まれ。

　専攻は経済地理学。

　主な著作は、『日本地域電化史論』（日本経済評論社、2020年、人文地理学会賞（学術図書部門）受賞）、『山村における事業展開と共有林の機能』（原書房、2013年、地理空間学会学術賞受賞）、『山村地域振興論』（原書房、2008年）、『日本農業の存続・発展』（共編著、農林統計出版、2021年）ほか。

永田　瞬（ながた しゅん）　　第5章担当

現在、高崎経済大学経済学部教授。

1980年東京都生まれ。

専攻は経営労務論。

主な著作は、『働く人のための人事労務管理』（共編著、八千代出版、2023年）、『入門 人的資源管理論』（共著、法律文化社、2024年）、『サステイナブルな地域と経済の構想――岡山県倉敷市を中心に』（共著、御茶の水書房、2016年）ほか。

八木橋 慶一（やぎはし けいいち）　　第6章担当

現在、高崎経済大学地域政策学部教授。

1973年鳥取県生まれ。

専攻は社会起業論、ローカル・ガバナンス論。

主な著作は、『ニューミュニシパリズム』（共編著、明石書店、2022年）、『福祉社会デザイン論』（共著、敬文堂、2021年）、「終活における行政の役割」『都市問題』2023年8月号（後藤・安田記念東京都市研究所）ほか。

佐藤 英人（さとう ひでと）　　第7章担当

現在、高崎経済大学地域政策学部教授。

1972年京都府生まれ。

専攻は都市地理学、経済地理学、地理情報システム。

主な著作は、『東京大都市圏郊外の変化とオフィス立地――オフィス移転からみた業務核都市のすがた』（古今書院、2016年）、『空き家問題の背景と対策――未利用不動産の有効活用』（共著、日本経済評論社、2019年）、『地方都市における中心市街地の課題――人口減少時代におけるまちづくり』（共著、日本経済評論社、2024年）ほか。

小林 啓祐（こばやし けいすけ）　　第8章担当

現在、周南公立大学経済経営学部准教授。

1980年千葉県生まれ。

専攻は経済史、日本経済史、都市計画史。

主な著作は、「都市計画法施行前後の名古屋市における街路整備費用負担方法の特質――受益者負担を中心に」『歴史と経済』第59巻第1号（政治経済学経済史学会、2016年）、『地方都市における中心市街地の課題――人口減少時代とまちづくり』（共著、日本経済評論社、2024年）ほか。

黒崎 龍悟（くろさき りゅうご）　　第9章担当

現在、高崎経済大学経済学部准教授。

1977年群馬県生まれ。

専攻はアフリカ地域研究、適正技術論。

主な著作は、『地域水力を考える――日本とアフリカの農村から』（共編著、昭和堂、2021年）、『アフリカ潜在力 シリーズ第4巻 争わないための生業実践――生態資源と人びとの関わり』（共著、京都大学学術出版会、2016年）、『アフリカ地域研究と農村開発』（共著、京都大学学術出版会、2011年）ほか。

地方消滅からの脱却
　　——持続可能な地域をめざして

2025年3月26日　　第1刷発行

編　者　高崎経済大学
　　　　地域科学研究所

編著者　矢　野　修　一

発行者　柿　﨑　　　均

発行所　株式会社　日本経済評論社
〒101-0062　東京都千代田区神田駿河台1-7-7
電話 03-5577-7286　FAX 03-5577-2803
URL：http://www.nikkeihyo.co.jp/

印刷：藤原印刷株式会社／製本：誠製本株式会社
装幀：渡辺美知子